U0524998

智库丛书
Think Tank Series
国家发展与战略丛书
人大国发院智库丛书

企业异质性的结构估计与政策模拟

The Structural Estimation of
Firm Heterogeneity and Policy Simulation

尹恒 著

中国社会科学出版社

图书在版编目（CIP）数据

企业异质性的结构估计与政策模拟 / 尹恒著 . —北京：中国社会科学出版社，2023.6

（国家发展与战略丛书）

ISBN 978 – 7 – 5227 – 2106 – 4

Ⅰ. ①企… Ⅱ. ①尹… Ⅲ. ①企业经济—研究—中国 Ⅳ. ①F279.2

中国国家版本馆 CIP 数据核字（2023）第 112733 号

出 版 人	赵剑英
责任编辑	郭曼曼
责任校对	夏慧萍
责任印制	王 超

出　版	中国社会科学出版社
社　址	北京鼓楼西大街甲 158 号
邮　编	100720
网　址	http://www.csspw.cn
发行部	010 – 84083685
门市部	010 – 84029450
经　销	新华书店及其他书店
印　刷	北京明恒达印务有限公司
装　订	廊坊市广阳区广增装订厂
版　次	2023 年 6 月第 1 版
印　次	2023 年 6 月第 1 次印刷
开　本	710×1000　1/16
印　张	18.5
插　页	2
字　数	225 千字
定　价	98.00 元

凡购买中国社会科学出版社图书，如有质量问题请与本社营销中心联系调换
电话：010 – 84083683
版权所有　侵权必究

前　言

　　企业异质性是现实世界里十分明显的现象，即使在最细分的行业里企业间也存在巨大的差异。个别企业的规模、市场份额和绩效可能是另一些企业的数倍甚至数十倍。囿于理论上的困难（代表性企业在理论上处理起来容易得多）及微观计量方法和数据的缺乏，理论上和经验上对企业异质性的正式处理直到最近才发展起来。近十多年来，对企业异质性的重视是推动经济学各领域发展的一个重要力量，经济学家们尝试在异质企业环境下对传统经济理论进行全方位审视。例如，Melitz 强调企业效率（生产率）的异质性（Melitz, 2003），Schott 等强调企业产品质量的差异（Schott, 2004；Khandelwal, 2010；Johnson, 2012；Fieler et al., 2014），De Loecker 等强调企业溢价（markups）的异质性（De Loecker, Warzynski, 2012；De Loecker et al., 2016），Das 等强调企业沉没成本的异质性（Das et al., 2007），Bernard 等强调企业供给的产品种类和组合的差异（Bernard et al., 2010, 2011；Eckel, Neary, 2010；Mayer et al., 2014），等等。企业异质性的考虑正在给宏观经济学、产业组织、国际贸易、金融等经济学各个领域注入全新的活力。

　　结构估计是分析企业生产率、企业成本加成率等企业异质性的重要工具。简式（Reduced form）估计和结构估计是经济学中的两大经验研究（Empirical research）方法。两者的关键区别在于对经济理论的应用。简式估计的工具相对简单，即各式各样的回归方法（Regression），它基本上不需要用到经济理论。① 经济数据产生的基础是经济人受到的约束及其行为，而经济理论正是致力于解释这些受约束的行为及其经济结果。因此，结构估计尽量纳入经济理论（这就是所谓的"结构"），打开现实世界数据产生过程（Data-Generating Process）这个黑箱，实现经济理论与经验（计量）方法的统一。

简式估计面临的最大挑战是内生性问题。为什么右边不放入（或者放入）某个变量？遗漏重要的解释变量，会造成误差项与所关心的解释变量间的相关，即遗漏重要变量的内生性问题。为什么因果关系一定是右边影响左边？即逆向因果造成的内生性问题。解决内生性问题的一个重要思路是工具变量方法，② 而如何选择工具变量、评价工具变量的好坏，都需要借助经济理论的解释。这就是说，内生性的处理越多，简式估计对经济理论的涉及就越强。结构估计中经济变量及其相互关系都直接源于经济理论，它可以从建构上解决内生性问题。从这个角度看，简式估计和结构估计的区分是相对的。随着计量经济学方法的发展、数据覆盖面越来越广、对内生性的处理越充分，经济学中的经验（计量）研究涉及的经济理论就越多，简式估计也就越来越向结构估计靠近。

结构估计与简式估计相比的重要优势是可以用来进行政策模拟。

---

① 当然，在回归方程的右边到底放哪些变量需要借助经济理论，除此之外基本不再涉及经济理论。

② 解决内生性问题的另一个思路是实验经济学方法，可控实验数据能够消除对内生性的担心。断点回归（Regression Discontinuity）方法类似可控实验，也能够大大减轻对内生性的担心。不过，经济学毕竟是社会科学，可控实验的领域受到很大限制。

由于简式估计先验给定回归方程，所估计的参数基本上不是原始参数（即刻画经济人行为和经济制度的参数）。具体地说，简式回归参数是经济行为人与政策制定者博弈的结果。如果政策制定者想要依据简式回归结果调整政策，经济主体的行为也会随之改变，这将导致简式回归参数发生变化，从而导致政策失效。这就是"卢卡斯批判"的实质。"卢卡斯批判"表明简式回归不适宜进行预测和政策模拟，尤其无法预测和模拟从来没实施过的政策会有什么影响。因此，简式估计更多地尝试解释经济现象、挖掘历史数据中的因果关系。与之对照，由于结构估计将经验分析与经济理论整合在一起，它致力于直接估计经济理论（模型）中的原始参数（即那些在偏好和技术方程中刻画经济人行为和经济制度的参数）。这些参数不会随政策实施而变化，从而结构估计得出的政策预测能够避免"卢卡斯批判"所担心的问题。也就是说，结构估计不仅能够揭示历史数据中隐含的因果关系，更重要的是它还能够用从历史数据中提取的信息预测未来，并进行政策模拟，即评估政策设计（即从来没实施过的政策）会产生什么影响。

结构估计原创于考尔斯基金会（Cowles Foundation，现位于耶鲁大学），Jacob Marschak 是早期的阐述者。Marschak 和 Andrews 在评价简式生产率回归的转换偏误（Transmission bias）时意识到，为了克服静态投入（如原材料）的内生性问题，必须纳入更多的企业行为方面的经济理论（Marschak，Andrews，1944）。20 世纪 60 年代，随着在宏观领域大型联立方程组模型的开发，结构估计达到其发展的第一个高峰。然而，20 世纪 70 年代"卢卡斯批判"使这方面的研究热情迅速冷却下来。其实，这些大型宏观联立方程组模型虽然试图纳入更多的经济理论因素，但正如当时宏观经济理论缺乏微观基础，其每一个构成方程实质上还是简式方程，并没有立足于经济主体的偏好与约束，从而其参数并不是"原始参数"。

20世纪80年代以GMM为核心的计量经济理论发展，为新一代结构估计提供了强有力的工具。微观数据资料的日渐丰富，以及数据处理能力的空前扩大，是推动结构估计发展的另一个关键因素。如前文所述，从经验方法发展来看，简式估计和结构估计的区分是相对的，受制于经济理论、计量理论、数据可获得性以及数据处理能力。正是这些领域的发展，推动了经济研究中的经验方法越来越"结构化"。

随着大数据时代的来临，经济数据逐渐深化、细化，这为结构估计提供了现实基础。结构估计方法将经济理论与经验分析有机地整合在一起，在多个学科领域展现出广泛的应用前景，从而吸引了大量研究者。目前结构估计在产业组织、国际贸易和劳动经济学等领域逐渐成为重要的经验研究方法，顶级经济学期刊上发表的论文基本上都采用这一方法。中国微观数据也日益丰富，并成为重要的生产要素，理论界对因果关系可靠性的探求将更深入，实践领域对预测和政策模拟的需求将更迫切，我们相信结构估计存在巨大的发展空间。

本书尝试提出一套企业生产率、企业成本加成率和企业产能利用率等重要企业异质性的结构估计方法。这些方法同时考虑企业在投入和产出两方面的异质性，而且不需要使用详细的产品产量、质量特征甚至企业层面价格的数据，具有广泛的应用性。本书借助中国工业企业数据和全国税收调查数据这些大样本微观数据库，运用这些新方法估计了中国制造业和服务业各行业的企业生产率、企业成本加成率和企业产能利用率，描述了重要的特征事实和进行变化趋势分析。在此基础上，本书提出评估政策效应的模拟方法，对优化资源配置效率的改革政策、增值税税率简并政策、增值税减税政策、社会保险降费政策等近年来重要的经济政策进行了系统的政策评估和分析。希望本书能够丰富企业异质性的结构估计方法，推动结构估计在中国的发展，为经济政策评估提供新的思路，并为我国经济政策的决策和有效实施提供重要参考。

目 录

第一章 企业生产率的结构估计 …………………………………… (1)
   第一节 导言 ……………………………………………………… (2)
   第二节 投入产出和需求异质企业的生产率结构估计模型 …… (8)
   第三节 数据与变量描述 ………………………………………… (17)
   第四节 估计结果 ………………………………………………… (21)
   第五节 总结 ……………………………………………………… (29)
   附 录 ……………………………………………………………… (30)

第二章 企业加成率的结构估计 …………………………………… (44)
   第一节 导言 ……………………………………………………… (45)
   第二节 加成率的生产端估计与 DLW 方法存在的问题 …… (48)
   第三节 生产函数参数和加成率的整合估计 …………………… (56)
   第四节 基本估计结果 …………………………………………… (63)
   第五节 与中国制造业加成率分析的既有结果比较 ………… (67)
   第六节 总结 ……………………………………………………… (79)

第三章　企业产能利用率的结构估计 ……………………（82）
 第一节　导言 ………………………………………………（82）
 第二节　产能利用率估计方法评述 ………………………（86）
 第三节　产能利用率的估计思路 …………………………（92）
 第四节　数据说明 …………………………………………（97）
 第五节　估计结果 …………………………………………（98）
 第六节　敏感性分析 ………………………………………（108）
 第七节　影响因素分析 ……………………………………（113）
 第八节　总结 ………………………………………………（116）
 附　录 ………………………………………………………（117）

第四章　优化资源配置效率改革的政策效应模拟 …………（119）
 第一节　导言 ………………………………………………（120）
 第二节　资源配置效率改善空间的定义 …………………（126）
 第三节　资源配置效率改善空间的结构估计 ……………（130）
 第四节　数据和变量定义 …………………………………（138）
 第五节　估计结果 …………………………………………（140）
 第六节　总结 ………………………………………………（150）
 附　录 ………………………………………………………（151）

第五章　增值税税率简并改革的政策效应模拟 ……………（159）
 第一节　导言 ………………………………………………（159）
 第二节　文献综述 …………………………………………（162）
 第三节　企业异质环境下行业增值税超额负担的界定 …（167）
 第四节　基础参数和企业异质性的结构估计 ……………（173）

第五节	数据和变量描述	(181)
第六节	估计结果	(184)
第七节	敏感性分析和政策模拟	(193)
第八节	总结	(201)
附　录		(203)

第六章　增值税减税改革的政策效应模拟 (209)

第一节	导言	(210)
第二节	增值税减税效应分析框架	(214)
第三节	参数与企业异质性的结构估计	(221)
第四节	估计结果	(228)
第五节	总结	(237)
附　录		(238)

第七章　社会保险降费改革的政策效应模拟 (240)

第一节	导言	(241)
第二节	估计框架	(247)
第三节	数据来源和变量描述	(250)
第四节	估计结果	(254)
第五节	总结	(262)
附　录		(263)

参考文献 (266)

第一章

企业生产率的结构估计

本章尝试提出一种企业层面生产率的结构估计方法，同时考虑企业投入和产出两方面的异质性。这一方法运用不变质量指数调整投入质量差异，运用根据企业产出质量选择和销售决策构建的结构估计方程控制产出异质性。它不需要使用详细的产品产量、质量特征甚至企业层面价格的数据，具有广泛的适用性。使用1998—2013年中国工业企业数据对制造业10个大类行业的分析表明，该方法得到的生产函数参数估计和生产率分布比较满意，溢价估计也处于合理区间。估计企业生产率近似于对数正态分布。这些分布也提供了中国制造业企业的生产率变动趋势相当稳健的证据，总体上看样本期内企业生产率明显改善，不过在样本期末端企业生产率却呈全面下滑趋势。生产率分解分析表明资源配置效率的影响存在较大的行业异质性，造纸印刷、化学医药、金属冶炼和制造、通用和专业设备制造等行业配置效率改善平均贡献的生产率增长超过3个百分点，而食品饮料、非金属冶炼和制造、运输设备制造、电气电子制造资源配置反而拖累了生产率的增长。诸如出口、进入、退出等类型企业的生产率特征也同样呈现出行业异质性。

第一节 导言

企业全要素生产率（TFP）测量企业的投入产出效率或成本有效性，能够提供关于企业核心能力的重要信息（Van Biesebroeck，2007）。[①] 企业TFP估计也是分析经济体系宏观效率的基础。宏观TFP和资源配置效率是否在改善？经济环境是否能够鼓励TFP高的企业发展、抑制甚至淘汰TFP低的企业？这些问题的满意回答都取决于可靠的企业层面TFP估计。因此，企业层面TFP估计对宏观和微观经济学家来说都是充满魅力的话题。

现代TFP估计始于Tinbergen用柯布—道格拉斯总量生产函数讨论美国1870—1914年间经济增长（Tinbergen，1942）。Solow用新古典总量生产函数讨论经济增长，其提出的"Solow剩余"成为经验研究中TFP的标准定义（Solow，1957）。建立在代表性企业基础之上的宏观TFP分析能够用简洁的方式加深我们对经济增长因素的理解，但毕竟平均掉了企业层面的丰富信息。近年来以企业TFP为代表的企业异质性受到广泛的重视，并成为推动经济学各领域发展的一个重要力量。[②] 随着计量方法的发展和微观数据的日益丰富，企业层面TFP作

[①] Schmalensee讨论了财务数据的局限性，认为企业TFP比利润为主体的财务指标更适合测量企业的核心能力（Schmalensee，1989）。

[②] 例如，Melitz将企业微观层面的生产率异质性引入国际贸易研究领域，开拓了国际贸易理论研究的新思路（Melitz，2003）。

为企业异质性的一个重要方面，其经验估计也受到广泛的重视。①

早在1944年Marschak和Andrews就敏锐地指出了企业TFP估计面临的两个关键性问题：转换偏误（Transmission bias）和投入与产出测量问题（Marschak，Andrews，1944）。转换偏误的实质是内生性问题：企业是在掌握了其生产率信息前提下选择可变投入的，从而分析者不可观测的生产率（被放入误差项）就会与企业投入相关。这使得投入弹性参数的估计不一致、生产率估计发生偏误。解决内生性问题是企业TFP估计文献发展的重要推动力。较早的尝试是用投入价格作为工具变量，但这基本上是不成功的（Ackerberg et al.，2015）。随后的文献尝试运用对生产率或误差项的设定以应对内生性问题。例如，Arellano和Bond设定生产率包含不随时间变化的部分和随时间变化的部分，先差分掉不随时间变化的部分，再利用投入变量的滞后值作工具估计弹性参数（Arellano，Bond，1991）。Olley和Pakes（以下简称OP）开创了运用代理方法处理内生性问题的生产率结构估计思路（Olley，Pakes，1996）。他们注意到分析者可以观测到的企业投资综合了企业生产率的信息，因而可以将企业投资作为生产率的代理变量，运用半参数方法估计TFP。Olley和Pakes推动了企业生产率结构估计方法的迅速发展，比较有代表性的文献包括Levinsohn等的研究（Levinsohn，Petrin，2003；Doraszelski，Jaumandreu，2013；Ackerberg et al.，2015）。

---

① 这方面中英文文献浩如烟海，而且继续占据着重要学术期刊的大量版面。Syverson等比较全面地综述了这一领域的发展（Syverson，2011）。最近的中文文献包括谢千里等的研究（谢千里等，2008；刘小玄、吴延兵，2009；姚战琪，2009；张军等，2009；张杰等，2009；聂辉华、贾瑞雪，2011；鲁晓东、连玉君，2012；杨汝岱，2015；尹恒等，2015）。这还只是其中的小部分。

Marschak 和 Andrews 指出的另一个关键性问题,即投入与产出测量问题,首先在宏观 TFP 估计中得到重视(Marschak,Andrews,1944)。Jorgenson 和 Griliches 首先尝试用劳动和资本投入的不变质量指数(Constant Quality Index)调整这些要素投入的质量差异,并用国民生产总值(GNP)取代国民生产净值(NNP)度量产出,发现在宏观 TFP 估计中投入和产出的测量对估计结果存在重要的影响(Jorgenson,Griliches,1967)。他们的做法在宏观 TFP 估计领域被学术界和官方广泛接受。[①] 然而,在企业 TFP 估计领域产出的异质性和测量问题更为复杂,并不是简单地用指数平减就能解决的。例如,大多数企业 TFP 分析所用的数据库只有企业的销售收入,缺乏对企业层面价格和实际产出的信息。通常的做法是用行业水平的价格指数平减企业销售收入,以此作为企业产出的代理指标。如果行业内企业产品同质、充分竞争,这当然是一个完美的做法。然而如果企业具有一定的市场力量,需求的异质性以及价格的异质性随同企业销售收入进入生产率估计方程。最早讨论这一问题的是 Klette 和 Griliches,他们在估计规模收益时意识到,在不完全竞争环境下,企业层面的价格实质上涉及企业需求,忽视这种需求异质性会造成生产函数参数与 TFP 估计的严重偏误。[②] 而且,企业需求方面的异质性会造成企业 TFP 结构估计的标准方法(OP 代理变量方法)面临严重问题。也就是说,代理变量方法要求分析者所不可观测到的企业生产率与其可观测到的作为生产率代理的变量必须一一对应。如果还存在其他企业层面的异质性,可

---

① 例如,美国劳工局的 TFP 核算框架从 1983 年开始引入不变质量指数调整资本投入,从 1994 年开始又构建不变质量指数调整劳动投入。

② Mairesse 和 Jaumandreu 也系统分析了行业内价格差异对生产函数和生产率估计的影响(Mairesse,Jaumandreu,2005)。

逆性不再成立，OP 型代理变量方法就可能产生偏误。①

最近，在不完全竞争环境下用综合生产函数和需求函数来估计企业生产率成为一个热点。例如，De Loecker 发展了一个兼具生产率异质性和需求异质性的经验模型来估计生产率，并分析比利时纺织品市场贸易保护的下降对企业生产率的影响（De Loecker，2011）。他们利用贸易配额的减少这种外生需求变化，将收入方程中的需求扰动分离出去，得到可靠的生产函数参数和生产率估计。Aw 等估计了出口和 R&D 投入的动态结构模型，以分析出口、企业 R&D 投入和生产率增长间的联系，并模拟出口需求扩张对 R&D 投入和生产率的长期影响（Aw et al.，2011）。他们也同时估计需求函数和生产率演化过程的参数，据此进行企业生产率的测度。② Doraszelski 和 Jaumandreu 发展了一个 R&D 投入的内生生产率估计模型，评估企业 R&D 对企业间生产率的横向差异和企业内生产率纵向变化的影响（Doraszelski，Jaumandreu，2013）。他们设定企业拥有一定的市场力量，根据不完全竞争下企业的短期利润最大化问题，求解出生产率函数形式。通过这种方式，他们也综合了需求函数和生产函数的估计，以分析影响企业生产率变化的因素。De Loecker 发展了使用企业层面数据估计溢价（Markup）的方法，分析溢价与企业出口行为间的关系（De Loecker，2012）。他们同样根据不完全竞争企业的短期利润最大化问题，从可

---

① Jaumandreu 和 Yin 分析了企业需求异质性可能造成的估计偏误（Jaumandreu，Yin，2017）。

② Aw 等使用了较强的假定：Cobb-Douglas 生产函数，短期规模参数为常数，从而边际成本与产量无关，这样抽象掉了静态投入弹性系数的估计问题，也简化了需求弹性参数的估计。他们还抽象掉了需求扰动因素，只是在参数估计中纳入不完全竞争因素（Aw et al.，2011）。

变投入的一阶条件求解出溢价的生产率函数。①

然而,这些生产函数和生产率估计文献开始注意到企业需求方面的异质性,但没有正式处理产出的异质性。② 即使能够获得企业层面的价格数据,用销售收入除以价格得到了实际产量,但如果产品存在异质性,估计的TFP仍然存在严重的偏误。例如,企业可以选择质量战略,即在生产过程中投入更多的资源以改善产品质量,如购买质量更高的原材料、使用更多的人力和资本进行精加工等,消费者也愿意为此支付更高的价格。用销售收入除以价格所得到的实际产量测量产出,估计的仅仅是数量效率,这会严重低估专注于改善产品质量的企业的生产率。因为在投入量相同的情况下,他们的产量更低,从而单价更高。虽然需求估计的微观计量文献已经注意到质量差异,并取得了一些进展(Goldberg, 1995; Nevo, 2001),但生产率估计文献与需求估计文献基本上是独立在发展,很少互相引用(Melitz, 2000)。这可能是由于需求估计文献中用到了关于产品物理特征、质量特征的详细信息,而生产率估计文献所使用的数据库极少具有这些信息。质量差异问题在企业生产率估计领域还没有得到认真的考虑,如Levinsohn和Melitz指出,生产率估计文献处理企业质量差异的方法是要么干脆不管它,要么很沮丧地认为这是无法解决的问题(Levinsohn, Melitz, 2006)。Foster等旨在分离企业的技术和需求异质性,从而分析生产率和需求因素对企业进入与退出、行业资源配置效率的影响(Foster et al., 2008)。他们意识到质量差异会对他们的分析产生严重的干

---

① De Loecker等最终还是选择作用产量方程估计生产函数参数和生产率(De Loecker, 2012; Doraszelski, Jaumandreu, 2013)。

② Grieco和MacDevitt的研究是迄今为止的一个例外,他们在讨论美国肾透析站的效率时考虑了透析服务的质量差异(Grieco, MacDevitt, 2017)。

扰。不过他们的选择是利用特别的数据回避这一问题："我们有不寻常的数据，可以计算出物理意义上的生产效率。"他们使用咖啡、糖、散装水泥、炭黑等他们认为物理意义上同质的行业数据，并能够观测企业层面详细的产量和价格信息。

本章尝试同时考虑企业投入和产出两方面的异质性，探讨在不完全竞争和产品质量存在差异的情形下，可靠的企业层面 TFP 结构估计方法。投入质量的处理相对简单，本书运用 Jorgenson 和 Griliches 提出的不变质量指数（Constant Quality Index）来调整资本、劳动和材料投入的质量差异（Jorgenson，Griliches，1967）。由于企业在某时期的产出（产出数量和产出质量）是其占用和消耗资本、劳动和材料等的结果，若市场能够有效地对企业的产出（包括产品质量）进行定价，企业的实际销售收入就是对该时期产出的更好的测度。因此，本章在估计 TFP 时，控制企业产出质量的基本思路，建立在实际销售收入方程基础之上。① 由于企业还可以投入资源建立需求优势，本章的 TFP 估计还进一步利用了企业销售投入和市场方面的信息。本书的方法不需要使用详细的产品产量、质量特征甚至企业层面价格的数据，一般企业 TFP 估计文献所使用的数据库都能满足这一要求，从而这一方法具有广泛的应用性。

使用 1998—2013 年中国工业企业数据，对制造业 10 个大类行业的分析表明，根据本章方法得到的生产函数参数估计、生产率的分布

---

① Foster 等比较了用产量和销售收入测度产出、估计 TFP 的差别（Foster et al.，2008）。他们的结论是产量方程更为合适。然而在他们的理论模型中，异质性来源于需求而不是产品质量。这样产量就是企业一定时期产出（工作量）的准确测度，而根据收入方程得到的生产率估计混入了异质性的需求因素。在经验模型中，他们把注意力集中在他们认为物理意义上具有同质性的产品。得到用产量测度产出比实际销售收入更合适的结果就不奇怪了。

是比较令人满意的，溢价的估计也处于合理区间。企业生产率确实近似于对数正态分布。这些分布也提供了中国制造业企业生产率变动趋势相当稳健的证据，总体上看样本期内企业生产率明显改善，不过在样本期末端企业生产率却全面下滑。造纸印刷、化学医药、金属冶炼和制造、通用和专业设备制造等行业配置效率改善平均贡献的生产率增长超过3个百分点，而食品饮料、非金属冶炼和制造、运输设备制造、电气电子制造资源配置反而拖累了生产率的增长。对于文献中经常讨论的相关企业生产率话题，本章的企业生产率估计同样显示出行业异质性，例如食品饮料、造纸印刷、非金属冶炼和制造、金属冶炼和制造、运输设备制造等行业出口企业的生产率更高，而纺织服装、木材家具、设备制造和电气电子等行业则刚好相反。

◇ 第二节 投入产出和需求异质企业的生产率结构估计模型

一 行业和企业环境设定

考虑垄断竞争行业的企业 i 在时期 t 可以选择异质的资本 K_{it}、劳动 L_{it} 和材料 M_{it} 生产异质的产出 Y_{it}。使用价格为 P_{Mit} 的高质量材料、雇用工资率为 w_{it} 的熟练工人和价格为 P_{Kit} 的高质量设备（资本），能够生产出更高质量的产品。本书借鉴 Jorgenson 和 Griliches 在宏观 TFP

估计中的方法处理投入的质量差异。① 具体地，本书用行业平均的投入质量指数 P_{Kt}、w_t 和 P_{Mt} 将异质投入转换成标准质量投入量：$K_{it}^S = \frac{K_{it}P_{Kit}}{P_{Kt}}$、$L_{it}^S = \frac{L_{it}w_{it}}{w_t}$ 和 $M_{it}^S = \frac{M_{it}P_{Mit}}{P_{Mt}}$。行业标准质量的投入产出关系由柯布—道格拉斯生产函数描述：

$$Y_{it}^S = (K_{it}^S)^{\beta_K}(L_{it}^S)^{\beta_L}(M_{it}^S)^{\beta_M}\exp(\omega_{it}) \tag{1.1}$$

ω_{it} 正是企业的全要素生产率，它测度企业 i 在时期 t，如果选择标准质量的投入生产标准质量产出，效率有多大。虽然企业间投入的质量不同、产出的质量也各异，但定义在标准投入和产出关系上的 ω_{it} 是可以比较的。根据 Olley 和 Pakes 企业生产率估计文献的标准设定，ω_{it} 为一阶 Markov 过程：

$$\omega_{it} = \gamma_t + f(\omega_{it-1}) + \xi_{it} \tag{1.2}$$

ξ_{it} 为生产率的随机扰动，γ_t 为生产率的时间趋势。企业 i 在时期 t 的产出质量为 δ_{Qit}。企业的实际产出 Y_{it} 可以通过质量指数 $\alpha(\delta_{Qit})$ 转换成标准质量产出量：$Y_{it}^S = Y_{it}\exp(\alpha(\delta_{Qit}))$。产出质量 δ_{Qit} 越高，换算成的标准产出就越大，即质量指数 $\alpha'(\cdot) > 0$。$\alpha(\cdot)$ 也可以理解为生产高质量产品在成本方面的代价：企业使用同样数量的标准投入，产出质量越高，产量就越低。这样生产函数变为：

---

① 最近 De Loecker 等提出使用控制函数方法处理投入的异质性（De Loecker et al., 2016）。

$$Y_{it} = (U_t K_{it}^S)^{\beta_K} (L_{it}^S)^{\beta_L} (M_{it}^S)^{\beta_M} \exp(\omega_{it} - \alpha(\delta_{Qit})) \tag{1.3}$$

U_t 为资本利用率，$U_t K_{it}^S$ 为企业投入使用的（标准）资本量。这里只考虑企业资本利用率在经济周期中的变化。

市场对企业 i 产品的需求量不仅受到其价格的影响，还取决于两方面的产品异质性：纵向产品差异 δ_{Qit}（产品质量）和横向产品差异 δ_{Hit}。两者的差异在于，纵向产品差异 δ_{Qit} 需要付出更高的生产成本才能获得，横向产品差异 δ_{Hit} 则来源于企业的促销、市场（区位）等，与企业生产成本无关。具体地，设企业 i 的需求函数为：

$$Y_{it} = \Phi \left(\frac{P_{it}}{\exp(\delta_{Qit})} \right)^{-\eta_i} \exp(\delta_{Hit}) \tag{1.4}$$

这里考虑了每个企业的市场力量（需求价格弹性 η_i）都是不同的。

综合函数（1.3）和函数（1.4），企业的销售收入（销售环节税前）[①] 为：

$$\begin{aligned} r_{it} = & \frac{1}{\eta_i}\varphi + \left(1 - \frac{1}{\eta_i}\right)\ln\lambda_{it} + \left(1 - \frac{1}{\eta_i}\right)\beta_K u_t \\ & + \left(1 - \frac{1}{\eta_i}\right)(\beta_K k_{it}^S + \beta_L l_{it}^S + \beta_M m_{it}^S) \\ & + \left(1 - \frac{1}{\eta_i}\right)\gamma_t + \left(1 - \frac{1}{\eta_i}\right)f(\omega_{it-1}) \end{aligned}$$

[①] 由于需求函数（1.4）中的价格是消费者支付的总价格（流转税前），因此，这里的销售收入也应该是企业的主营业收入（净销售收入）加上流转税。

$$-\left(1-\frac{1}{\eta_i}\right)\alpha(\delta_{Qit})+\delta_{Qit}$$

$$+\frac{1}{\eta_i}\delta_{Hit}+\psi_{it} \tag{1.5}$$

小写变量为相应大写变量的对数，下同。这里还考虑了企业每期生产量和销售量的差异，λ_{it} 为当期销售量与当期生产量之比。ψ_{it} 为独立同分布的纯粹扰动项，包括随机测量误差、变量的实际值对计划值的偏离等，还包括生产率的扰动 ξ_{it}。

这里 τ_{it} 为企业的综合销售税率，τ_{Mit} 为综合材料税率。

根据企业的短期利润最大化（选择标准材料投入量）决策：

$$\left(1-\frac{1}{\eta_i}\right)\omega_{it}=\ln(1-\tau_{Mit})+p_{Mt}-\frac{1}{\eta_i}\varphi+\left(\frac{1}{\eta_i}-1\right)\beta_K u_t$$

$$-\ln\beta_M-\ln\left(1-\frac{1}{\eta_i}\right)+\left(\frac{1}{\eta_i}-1\right)\beta_K k_{it}^S$$

$$+\left(\frac{1}{\eta_i}-1\right)\beta_L l_{it}^S+\left(\frac{1}{\eta_i}\beta_M-\beta_M+1\right)m_{it}^S$$

$$-\ln(1-\tau_{it})-\left(1-\frac{1}{\eta_i}\right)\ln\lambda_{it}$$

$$+\left(1-\frac{1}{\eta_i}\right)\alpha(\delta_{Qit})-\delta_{Qit}-\frac{1}{\eta_i}\delta_{Hit} \tag{1.6}$$

二 企业产品质量选择

设企业质量的调整成本可以忽略，则质量选择变成一个静态问题。对于生产函数（1.3）和需求函数（1.4），根据成本最小化问题可以得到短期成本为：

$$vc(K_{it}^S, W_{it}, P_{Mit}, \tau_{it}, \tau_{Mit}) Y_{it}^{\frac{1}{\beta_L+\beta_M}} e^{-\frac{\omega_{it}}{\beta_L+\beta_M}+\frac{\alpha(\delta_{Qit})}{\beta_L+\beta_M}}$$

从而企业的产出量和质量选择问题为：

$$\max_{\delta_{Qit}, Y_{it}} \Pi = (1-\tau_{Fit}) \left[(1-\tau_{it})\Phi e^{\delta_{Qit}+\delta_{Hit}} Y_{it}^{1-\frac{1}{\eta_i}} - vc(K_{it}^S, W_{it}, P_{Mit}, \tau_{it}, \tau_{Mit}) Y_{it}^{\frac{1}{\beta_L+\beta_M}} e^{-\frac{\omega_{it}}{\beta_L+\beta_M}+\frac{\alpha(\delta_{Qit})}{\beta_L+\beta_M}} \right]$$

τ_F 为企业所得税率。根据 δ_{Qit} 的一阶条件和 Y_{it} 的一阶条件：

$$(1-\tau_{it})\Phi e^{\delta_{Qit}+\delta_{Hit}} Y_{it}^{1-\frac{1}{\eta_i}}$$
$$= \frac{1}{\beta_L+\beta_M} vc(K_{it}^S, W_{it}, P_{Mit}, \tau_{it}, \tau_{Mit}) Y_{it}^{\frac{1}{\beta_L+\beta_M}} e^{-\frac{\omega_{it}}{\beta_L+\beta_M}+\frac{\alpha(\delta_{Qit})}{\beta_L+\beta_M}} \alpha'_{it}$$

$$\left(1-\frac{1}{\eta_i}\right)(1-\tau_{it})\Phi e^{\delta_{Qit}+\delta_{Hit}} Y_{it}^{-\frac{1}{\eta_i}}$$
$$= \frac{1}{\beta_L+\beta_M} vc(K_{it}^S, W_{it}, P_{Mit}, \tau_{it}, \tau_{Mit}) Y_{it}^{\frac{1}{\beta_L+\beta_M}-1} e^{-\frac{\omega_{it}}{\beta_L+\beta_M}+\frac{\alpha(\delta_{Qit})}{\beta_L+\beta_M}}$$

从而：

$$\alpha'_{it} = \frac{\eta_i}{\eta_i - 1}$$

可以定义质量 $\alpha_{it}(0) = 0$，有：

$$\left(1-\frac{1}{\eta_i}\right)\alpha(\delta_{Qit}) \approx \delta_{Qit} \qquad (1.7)$$

直观地，企业产品质量提高对销售收入有两方面的影响：因价格上升增加销售收入，因产量下降减少销售收入。如果企业选择最优质量，产品质量对销售收入的这两种效应刚好抵消。

由于只能观测到持续经营的样本，退出企业的样本缺失可能导致选择偏误。考虑样本选择问题后（见附录1.1）：

$$r_{it} = \frac{1}{\eta_i}\varphi + \left(1 - \frac{1}{\eta_i}\right)\ln\lambda_{it} + \left(1 - \frac{1}{\eta_i}\right)\beta_K u_t$$

$$+ \left(1 - \frac{1}{\eta_i}\right)(\beta_K k_{it}^S + \beta_L l_{it}^S + \beta_M m_{it}^S)$$

$$+ \left(1 - \frac{1}{\eta_i}\right)\gamma_t + \left(1 - \frac{1}{\eta_i}\right)f(\omega_{it-1}, \text{Pr}_{it|t-1})$$

$$+ \frac{1}{\eta_i}\delta_{Hit} + \psi_{it} \tag{1.8}$$

$\text{Pr}_{it|t-1}$ 为企业 i 在时期 t 持续经营的概率。

同样，根据企业的短期利润最大化问题：

$$\left(1 - \frac{1}{\eta_i}\right)\omega_{it-1} = \ln(1 - \tau_{Mit-1}) + p_{Mt-1} - \frac{1}{\eta_i}\varphi + \left(\frac{1}{\eta_i} - 1\right)\beta_K u_{t-1}$$

$$- \ln\beta_M - \ln\left(1 - \frac{1}{\eta_i}\right) + \left(\frac{1}{\eta_i} - 1\right)\beta_K k_{it-1}^S$$

$$+ \left(\frac{1}{\eta_i} - 1\right)\beta_L l_{it-1}^S + \left(\frac{1}{\eta_i}\beta_M - \beta_M + 1\right)m_{it-1}^S$$

$$- \ln(1 - \tau_{it-1}) - \left(1 - \frac{1}{\eta_i}\right)\ln\lambda_{it-1}$$

$$- \frac{1}{\eta_i}\delta_{Hit-1} \tag{1.9}$$

式 (1.8) 和式 (1.9) 是估计参数和企业 TFP 的基本系统。由于 $EM_{it} = P_{Mt}M_{it}^S$ 为总材料支出，则 $em_{it} = m_{it} + p_{Mt}$，式 (1.8) 可以改写为：

$$r_{it} = \frac{1}{\eta_i}\varphi + \left(1 - \frac{1}{\eta_i}\right)\ln\lambda_{it} + \left(1 - \frac{1}{\eta_i}\right)\beta_K u_t - \left(1 - \frac{1}{\eta_i}\right)\beta_M p_{Mt}$$

$$+ \left(1 - \frac{1}{\eta_i}\right)(\beta_K k_{it}^S + \beta_L l_{it}^S) + \left(1 - \frac{1}{\eta_i}\right)\beta_M em_{it}$$

$$+ \left(1 - \frac{1}{\eta_i}\right)\gamma_t + \left(1 - \frac{1}{\eta_i}\right)f(\omega_{it-1}, \Pr_{it|t-1}) + \frac{1}{\eta_i}\delta_{Hit} + \psi_{it}$$

(1.10)

三　估计方法

根据设定，式 (1.10) 中的扰动项 ψ_{it} 满足：

$$E[Z_{it} \cdot \psi_{it}] = 0$$

估计参数 θ 的 GMM 问题：

$$\min_{\theta} \left[\frac{1}{N}\sum_i \sum_{T_i} Z_{it}\psi_{it}(\theta)\right]' W_N \left[\frac{1}{N}\sum_i \sum_{T_i} Z_{it}\psi_{it}(\theta)\right] \quad (1.11)$$

Z 为工具向量，W_N 为权重矩阵，T_i 为企业 i 的观测数，N 为总观测数。

根据式 (1.9) 和式 (1.10)，估计 $\hat{\psi}_{it}$ 的系统为：

$$\hat{\psi}_{it} = r_{it} - \left(1 - \frac{1}{\eta_i}\right)(\beta_K k_{it}^S + \beta_L l_{it}^S + \beta_M em_{it}) - \left(1 - \frac{1}{\eta_i}\right)\ln\lambda_{it}$$

$$- \frac{1}{\eta_i}\hat{\delta}_{Hit} - (c_0 + \gamma_1 \cdot d00 + \gamma_2 \cdot d01 + \cdots)\left(1 - \frac{1}{\eta_i}\right)$$

$$- \frac{1}{\eta_i}c_1 - \left(1 - \frac{1}{\eta_i}\right)f(\omega_{it-1}, \hat{Pr}_{it|t-1}) \quad (1.12)$$

$$\left(1 - \frac{1}{\eta_i}\right)\hat{\omega}_{it-1} = \ln(1 - \tau_{M_{it-1}}) - \ln\left(1 - \frac{1}{\eta_i}\right) + \left(1 - \frac{1}{\eta_i}\right)\beta_m p_{Mt-1}$$

$$- \left(1 - \frac{1}{\eta_i}\right)\gamma_p p_{t-1} - \ln\beta_m - \left(1 - \frac{1}{\eta_i}\right)\beta_K k_{it-1}^S$$

$$- \left(1 - \frac{1}{\eta_i}\right)\beta_L l_{it-1}^S - \left(1 - \frac{1}{\eta_i}\right)\beta_M em_{it-1} + em_{it-1}$$

$$- \ln(1 - \tau_{it}) - \left(1 - \frac{1}{\eta_i}\right)\ln\lambda_{it-1}$$

$$- \frac{1}{\eta_i}(a_0 + \hat{\delta}_{Hit-1}) \quad (1.13)$$

$$\hat{\delta}_{Hit} = a_1 sc_{it} + a_2 sc_{it}^2 + a_3 sc_{it}^3 + a_4 east_{it} + a_5 middle_{it} + a_6 export_{it}$$

$$+ a_7 core_{it} + a_8 ccity_{it} + a_9 entrant_{it} \quad (1.14)$$

$$\hat{Pr}_{it|t-1} = \Gamma(k_{it-1}^S, l_{it-1}^S, em_{it-1}, sc_{it-1}) \quad (1.15)$$

影响企业横向产品差异 $\hat{\delta}_{Hit}$ 的因素包括企业的营销努力 sc_{it}（这里用三阶多项式控制其对横向产品差异的非线性影响）和企业的区位因素虚拟变量：$east_{it}$（东部地区）、$middle_{it}$（中部地区）、$core_{it}$（地级市及以上的城区）和 $ccity_{it}$（省会），出口虚拟变量 $export_{it}$（企业出口大于0），以及新进入市场虚拟变量 $entrant_{it}$。式（1.10）中的 $\left(1 - \frac{1}{\eta_i}\right)p_{Mt}$、$\left(1 - \frac{1}{\eta_i}\right)\beta_K u_t$ 和 $\left(1 - \frac{1}{\eta_i}\right)\gamma_t$ 由时间虚拟变量序列 $d00$ — $d13$ 刻画，时间趋势中的基准项和生产率控制函数中的常数合

并在 c_0 中，需求函数中参数 φ 和横向产品差异控制函数中的常数合并在 c_1。式（1.13）中设产能利用率是一般价格水平 p 的线性函数，a_0 为横向产品差异控制函数中的常数。

原则上可以估计式（1.12）—式（1.15），但其非线性程度很高，影响 GMM 估计中用数值方法搜索极值的稳定性。为了降低系统的非线性程度，本章尝试对估计系统加以简化。① 根据企业成本最小化问题可得：

$$\ln\left(\frac{\eta_{it}}{\eta_{it}-1}\right) = \ln\left(\frac{(1-\tau_{it})R_{it}}{(1-\tau_{Mit})EM_{it}+W_{it}L_{it}}\right) + \ln(\beta_L+\beta_M) - \psi_{it}$$

由于 ψ_{it} 为纯粹的白噪音，对每个企业取时间均值以消除 ψ_{it}：

$$\ln\eta_i = \frac{1}{N_i}\sum_{t=1}^{N_i}\ln\left(\frac{(1-\tau_{it})R_{it}}{(1-\tau_{Mit})EM_{it}+W_{it}L_{it}}\right) + \ln(\beta_L+\beta_M) \qquad (1.16)$$

这表明替代弹性与短期要素的产出弹性参数存在密切的关系。本章实际估计的系统为式（1.12）—式（1.16）。基本识别包括 31 个参数：投入弹性（β_K、β_L、β_M），产能利用参数（γ_p），常数（c_0），需求移动参数（10 个），时间趋势参数（11 个），生产率未知函数逼近参数（5 个）。本章借鉴 Doraszelski 和 Jaumandreu 的降维方法（Doraszelski，Jaumandreu，2013），将 17 个线性参数（c_0、时间趋势参数、生产率逼近参数）表示成余下 14 个非线性参数的函数，

---

① 这一思路来源于 Hall 等的研究中也采用类似的处理方法（Hall，1988，1990；Jaumandreu，Yin，2017，2018）。

这样在实际估计中最优化程序只需要搜索 14 个参数，大大提高了 GMM 估计的收敛性和稳健性。式（1.11）中的工具向量 Z 由外生变量的多项式组成。① 基本工具集包括常数、时间虚拟变量、sc_{it-1}、sc_{it-1}^2、sc_{it-1}^3、$east_{it-1}$、$middle_{it-1}$、$core_{it-1}$、$ccity_{it-1}$、$export_{it-1}$、age_{it-1}、soe_{it-1}，以及 k_{it-1}、l_{it-1} 和 m_{it-1} 的三阶多项式，共 40 个。

参数估计出来后，根据式（1.13），企业 TFP 的估计如下：

$$\hat{\omega}_{it} = \frac{\eta_i}{\eta_i - 1} \begin{bmatrix} \ln(1 - \tau_{Mit}) - \ln\left(1 - \frac{1}{\eta_i}\right) + \left(1 - \frac{1}{\eta_i}\right)\beta_m p_{Mt} - \left(1 - \frac{1}{\eta_i}\right)\gamma_p p_t \\ - \ln\beta_m - \left(1 - \frac{1}{\eta_i}\right)\beta_K k_{it}^S - \left(1 - \frac{1}{\eta_i}\right)\beta_L l_{it}^S - \left(1 - \frac{1}{\eta_i}\right)\beta_M em_{it} \\ + em_{it} - \ln(1 - \tau_{it}) - \left(1 - \frac{1}{\eta_i}\right)\ln\lambda_{it} - \frac{1}{\eta_i}(a_0 + \hat{\delta}_{Hit}) \end{bmatrix}$$

(1.17)

◇◇ 第三节　数据与变量描述

数据来自国家统计局的"全部国有及规模以上非国有工业企业数据库"（以下简称"工业企业数据库"），样本期为 1998—2013 年（由于 2010 年数据异常，本章不包括该年数据）。样本范围为全部国

---

① 这一方法在贸易和经验产业组织中广泛使用，例如 Berry 等的研究（Berry et al., 1995；Olley, Pakes, 1996；Levinsohn, Petrin, 2003；Ackerberg et al., 2015；Wooldridge, 2009；Doraszelski, Jaumandreu, 2013, 2018），还包括 Ai 和 Chen 提出的格点估计方法（sieveestimation）（Ai, Chen, 2003；2007）。

有工业企业及年主营业务收入（销售额）超过500万元（含）的非国有工业企业。① 这一数据库覆盖时间长、指标丰富，接近于全样本，是学术界广泛使用的中国企业层面数据库。然而正如聂辉华等指出，该数据库也存在个别指标缺失、数据异常和个别变量定义模糊等问题（聂辉华、江艇、杨汝岱，2012）。本章对数据库进行了细致整理，仔细界定所用变量，并参照Brandt等跨期匹配、构建面板数据，尽量使数据更可靠，过程见附录1.2。

样本期经历两次行业定义和代码调整，即2002年5月10日发布的《国民经济行业分类》（GB/T4754 – 2002）和2011年4月29日发布的《国民经济行业分类》（GB/T4754 – 2011）。工业企业数据库中相应的行业代码变化始于2003年和2013年。本章将行业定义和代码统一调整为最新版本。由于烟草制品业偏离垄断竞争行业的市场结构，本章排除这个行业，分析其余的27个二位数制造业行业。

恰当定义估计系统中的可观测变量，对于估计的准确性来说极为重要。根据增值税的会计处理，数据中企业报告的销售收入（主营业务收入）中不包含增值税销项税额，但包含营业税金及附加（包括消费税、营业税、城市维护建设税、资源税和教育费附加等）。增值税进项税也没有进入材料成本。注意到需求函数（1.4）中价格是消费者面临的价格，即包括增值税的价格，从而式（1.5）中销售收入也应该包括消费者承担的增值税销项税额。因此，本章定义企业销售收入 R_{it} 为企业报告的销售收入加上增值税销项税额。由于增值税通过

---

① 2006年（含）后不包括年主营业务收入低于500万元的国有企业，2011年（含）后调查范围调整为主营业务收入超过2000万元（含）的工业企业。

产品销售和材料成本两个渠道影响企业的短期利润，本章定义：①

$$\tau_{it} = \frac{销项税额}{企业报告的主营业务收入 + 增值税销项税额}$$

$$\tau_{Mit} = \frac{进项税额}{企业材料支出 + 进项税额}$$

模型中一个重要变量是产销率：

$$\lambda_{it} = \frac{当期销售量}{当期生产量}$$

$$= \frac{当期产品销售成本}{当期产品销售成本 + 期末产成品金额 - 期初产成品金额}$$

其余变量的构建，参见附录1.3。

参数估计时需要持续经营的企业（涉及相关变量的滞后值），而根据式（1.17）估计企业生产率时则不需要。因此本章对样本按照一般清理和特别清理两个标准进行，后者更严格。具体标准参见附录1.4。参数估计对样本要求严格，同时用两个标准清理样本。得到参数后估计企业TFP时，本章只使用第一步清理，从而样本覆盖面更宽。例如，由于利润最大化和成本最小化假定对国有企业可能不完全适用，在参数估计时排除国有企业的样本，但在估计超额负担时把它

---

① 2009年和2013年增值税销项税额和进项税额数据缺失。为减少样本损耗，本书分别用企业前一年的相应数据替代。在参数和生产率估计时，τ_{it}的分子为销项税额 + 产品销售税金及附加。从2009年开始，全面实施增值税从生产型转向消费型的改革，进项税额中不仅包括原材料对应的抵扣，还包括固定资产的抵扣。本章所用的数据无法将其分开，但在样本清理时尝试从以下几个方面缓解这个问题：第一，删除当期进项税或销项税小于或等于0的样本；第二，删除进项税率大于1（原材料小于进项税）的样本；第三，删除当期进项税大于当期销项税的样本；第四，删除进项税率和销项税率的两端各1%的野值。另外，由于每期产销可能是不平衡的，增值税进项税额不完全是当期销售产品中对应的材料抵扣额，即存在留抵税款问题，对此本章用产销率进行调整，数据清理标准也一定程度上缓解了这一问题。

们纳入样本。表1-1和表1-2分别列示了清理前、清理后分时间和行业的样本的主要变量统计描述，包括销售收入、资本与劳动的平均水平和增长率，以及传统指数方法①估计的TFP增长率等。

表1-1　　　　　　　　制造业数据清理前的基本统计

	企业数（家）	平均值（万元，人）				平均增长率（％）				
		收入	资本	劳动	原材料	收入	资本	劳动	原材料	TFP
1998年	146260	3627	2437	343	—	—	—	—	—	—
1999年	148042	4087	2777	334	3548	7.31	8.16	0.51	—	—
2000年	151721	5683	3054	362	5166	13.93	6.67	2.34	26.81	1.02
2001年	161655	6198	3134	354	5778	6.63	8.69	1.83	14.43	-0.44
2002年	172985	6948	3283	341	6473	10.35	11.96	3.67	15.48	1.37
2003年	189169	8526	3186	327	8472	21.81	19.07	5.95	32.96	2.52
2004年	262429	10847	3207	318	11745	27.90	25.16	6.55	45.34	1.85
2005年	265777	12829	3240	308	14235	28.39	29.78	7.79	38.35	3.42
2006年	291362	13022	2841	267	14840	26.17	28.26	6.20	33.45	3.32
2007年	322768	16120	3018	263	18041	29.96	27.84	6.50	34.93	5.42
2008年	394414	19077	3212	250	22008	28.36	49.53	8.34	39.28	1.55
2009年	364122	17180	2700	226	19810	12.57	2.85	3.43	15.08	2.36
2011年	299742	33693	4625	342	45875	—	—	—	—	—
2012年	315731	40145	6105	367	47339	13.16	37.06	0.30	13.67	1.40
2013年	319544	40463	6335	467	48297	14.23	39.88	68.96	14.11	-5.36

注：TFP增长率为使用传统指数方法估计的生产率增长率（Caves et al., 1982），即产出（对数）的增量扣除投入（对数）的加权增量。

资料来源：笔者计算。

---

① 指数方法源于Solow对经济增长的核算（Solow, 1957），Caves等将其扩展到不完全竞争、规模收益不为1的情形（Caves et al., 1982）。

表1-2　　　　　　　　数据清理后按行业的基本统计

代码	行业简称	企业数（家）	观测数（家）	1998—2013年简单平均（未加权）						
				收入（万元）	资本（万元）	劳动（人）	原材料（万元）	TFP增长率（%）	产销率（%）	可变成本率（%）	销售费率（%）
1	食品	36786	120986	18949	4446	379	10475	2.17	100.76	19.00	4.71
2	纺织	64896	231630	10072	1899	363	5394	3.38	100.45	12.51	1.76
3	木材	14720	45388	10126	1862	288	5115	3.16	100.38	15.40	2.99
4	造纸	19640	80610	10583	3602	280	5065	4.06	100.40	16.20	2.38
5	化学	63624	248846	15597	4408	317	8710	3.28	100.40	19.06	3.93
6	非金	31437	116334	11846	3998	358	6134	5.33	100.56	18.77	3.56
7	金属	49672	175871	25884	8770	484	17785	2.70	100.49	13.38	1.96
8	设备	45770	175146	12928	2436	325	6410	3.37	100.56	18.38	3.37
9	运输	18221	72474	39114	6000	516	17197	5.00	100.18	16.35	2.56
10	电气	43618	163424	26976	3147	367	10602	4.23	100.44	17.42	3.39

注：TFP增长率同表1-1。

资料来源：笔者计算。

◇◇ 第四节　估计结果

表1-3列示了10个行业的生产函数参数估计结果。各行业资本、劳动和中间材料的弹性均处在合理的范围内，且都相当显著。大部分行业（除行业1和6）工具变量的选择通过了过度识别检验。短期规模参数（劳动和中间材料弹性之和）在1左右，与文献的标准结

果是一致的。① 与运用中国工业企业数据的生产函数参数估计文献比较，资本和劳动产出弹性系数估计值稍高，② 但可能更合理。③ 溢价的估计值也处于合理区间。

表1-3　　　　　　　　　　参数估计

代码	行业简称	函数值	自由度	p值	K 系数	K 标准误	L 系数	L 标准误	M 系数	M 标准误	平均溢价
1	食品	79.31	9	0	0.068	0.010	0.043	0.015	0.791	0.016	1.078
2	纺织	9.85	5	0.080	0.123	0.024	0.176	0.032	0.860	0.056	1.185
3	木材	20.89	6	0.002	0.127	0.051	0.266	0.111	0.770	0.148	1.253
4	造纸	10.84	7	0.146	0.158	0.048	0.439	0.101	0.452	0.094	1.098
5	化学	9.63	5	0.086	0.153	0.038	0.269	0.110	0.699	0.150	1.180
6	非金	95.86	10	0	0.148	0.026	0.226	0.065	0.759	0.092	1.243
7	金属	3.59	7	0.825	0.179	0.083	0.335	0.114	0.706	0.091	1.230
8	设备	2.46	5	0.783	0.268	0.039	0.288	0.059	0.728	0.075	1.234
9	运输	16.73	9	0.053	0.080	0.020	0.069	0.033	0.923	0.104	1.225
10	电气	19.59	6	0.003	0.073	0.044	0.225	0.063	0.662	0.070	1.118

资料来源：笔者计算。

---

① 例如，Aw等的结构估计模型中直接设定短期规模参数为1（Aw et al.，2011）。

② 例如，聂辉华和贾瑞雪运用Olley和Pakes的方法估计全部制造业，资本系数为0.06，劳动系数为0.05，中间投入系数是0.9（Olley，Pakes，1996；聂辉华、贾瑞雪，2011）。

③ Olley和Pakes指出，在生产函数估计中经常出现资本弹性系数过低的偏误（Olley，Pakes，1996）。

图1-1列示了10个行业在4个样本期间（1998—2000年、2001—2004年、2005—2009年和2011—2013年）的生产率的分布。可以看到在所有行业和所有时段，企业生产率确实近似于对数正态分布，这也为理论研究中广泛使用的企业生产率对数正态分布假定（Melitz，2003）提供了支持。这些分布也提供了样本期内企业生产率变动趋势的直观证据。所有行业期末（2011—2013年）生产率的分布明显位于期初（1998—2000年）的右边，表明样本期内所有行业的企业生产率都有显著改善。食品饮料（行业1）、木材家具（行业3）、造纸印刷（行业4）、化学医药（行业5）、非金属（行业6）、金属（行业7）和设备制造（行业8）7个行业生产率分布更是在所有4个期间内明显渐次右移。总体上看，样本期内中国制造业的企业生产率明显改善。

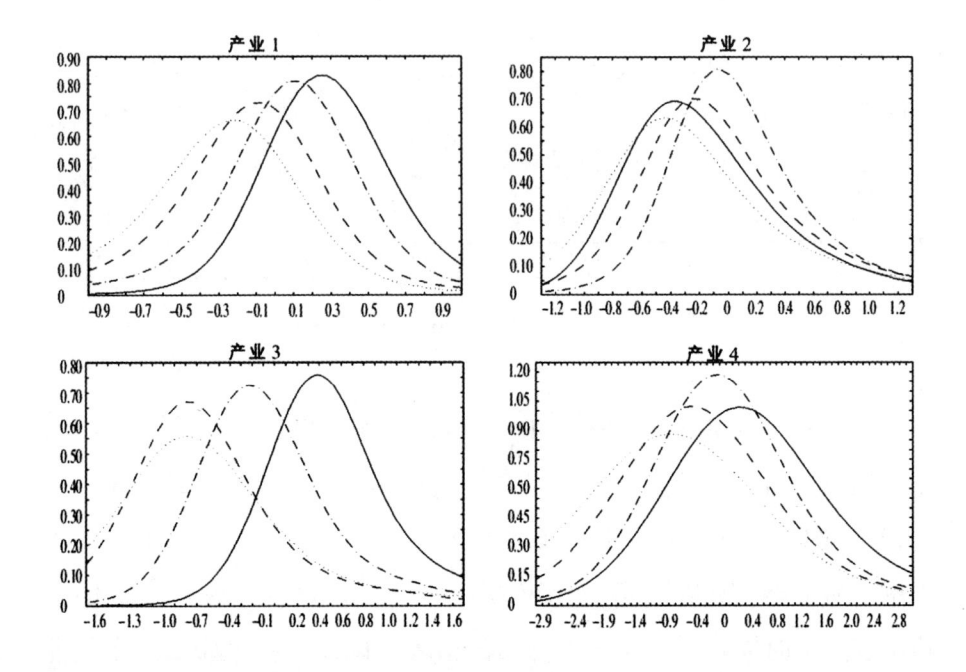

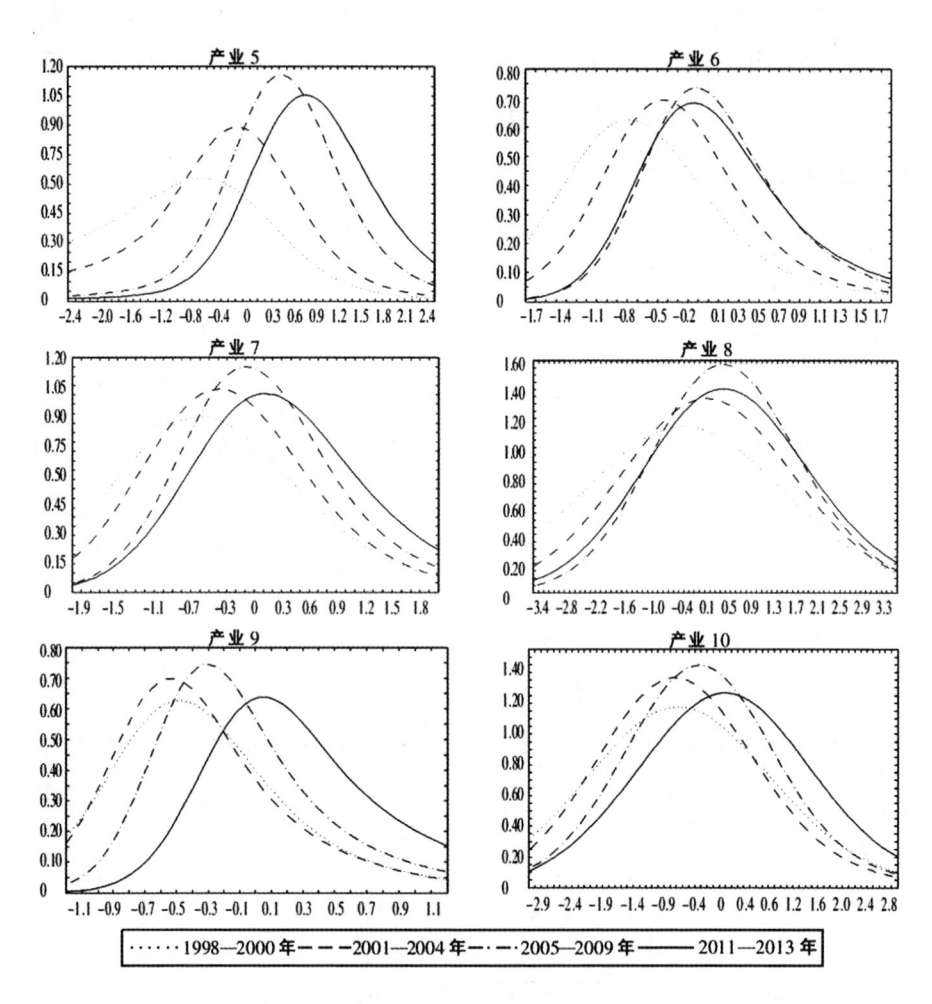

图 1-1 生产率分布

美国次贷危机之后（即样本期末端），中国制造业企业生产率的变动趋势如何？类似图 1-1，分年分行业画出企业生产率的分布，所有行业 2013 年的分布都处于 2012 年左边，说明这期间整体上企业生产率明显下降。篇幅所限，本书没有列出对应的图。不过，表 1-4 给出了这一时期各行业生产率分布的检验，以及一些主要生产率估计方法结果的比较。对于所有行业，本章估计的2012年企业生产率比2013年在分布上，十分显著地随机占优（Kolmogorov-Smirnov检验的思路见附录1.6）。这明确地显示，这一时期制造业生产率在全面下滑。其他常用的生产率估计方法也基本支持这一结果，制造业企业生产率全面下滑是一个相当稳健的结论。

表1-4　　　　2012—2013年企业生产率的变动和分布检验

代码	SOW（%）	ω均值及KS检验			OP均值及KS检验			LP均值及KS检验			ACF均值及KS检验		
		2012年	2013年	KS	2012年	2013年	KS	2012年	2013年	KS	2012年	2013年	KS
1	-2.97	1.431	1.408	0.848	1.295	1.300	—	-0.218	-0.183	—	0.699	0.689	0.025
2	-3.50	0.462	0.352	0.999	1.071	1.067	0.989	-0.630	-0.604	—	0.499	0.505	—
3	-3.95	3.132	3.039	0.999	0.921	0.918	0.971	0.844	0.843	0.952	0.809	0.806	0.517
4	-1.32	1.616	1.453	0.993	1.204	1.204	0.141	0.212	0.234	—	1.184	1.170	0.997
5	-0.24	2.175	2.034	0.992	1.268	1.269	0	-0.569	-0.509	—	1.031	1.029	0.001
6	-1.00	1.785	1.635	0.989	0.842	0.836	0.999	0.823	0.812	0.999	1.048	1.020	1.000
7	0.95	1.757	1.580	0.995	1.052	1.051	0.999	1.043	1.040	0.523	1.051	1.043	0.881
8	-2.53	1.174	1.036	0.998	1.226	1.227	0.003	1.158	1.148	0.971	1.480	1.463	0.377
9	-1.69	1.245	1.192	0.935	1.185	1.185	0.218	0.669	0.675	—	0.585	0.593	—
10	-0.93	1.382	1.135	1.000	1.367	1.368	0.095	0.725	0.732	—	1.146	1.145	0.581

注：SOW传统指数方法估计的2012—2013年的生产率增长率，即"Solow剩余"。KS：零假设为"2012年企业生产率比2013年在分布上随机占优"的Kolmogorov-Smirnov检验的p值。

资料来源：笔者计算。

表1-5列示了几种方法的企业生产率增长率和离散度。本章的企业TFP估计考虑了投入与产业的异质，目前文献中并没有直接可比的结果。在整个样本期，本章估计的TFP增长率比较接近于指数方法

(SOW),明显大于另外三种方法的结果。从生产率的方差和分位比来看,$\hat{\omega}$ 比 SOW 大,比 OP、LP 和 ACF 更是大出很多。本章的结果与使用同样数据的 Hsieh 和 Klenow 估计的中国制造业企业生产率的方差(0.95)比较接近(Hsieh,Klenow,2009),比 Foster 等使用美国同质产品行业估计的企业生产率的方差(0.26)要小得多(Foster et al.,2008)。这是可以理解的。Foster 等选择的是具有很强同质性的行业样本。

表1-5　　比较几种方法估计的生产率增长与分布离散度

代码	平均生产率增长率(%)					生产率(对数)标准差					生产率(水平)90分位—10分位比				
	$\hat{\omega}$	SOW	OP	LP	ACF	$\hat{\omega}$	SOW	OP	LP	ACF	$\hat{\omega}$	SOW	OP	LP	ACF
1	3.3	1.6	0.1	-1.8	-0.6	0.60	0.37	0.06	0.20	0.10	2.84	2.46	1.13	1.64	1.25
2	0.1	2.9	0.0	-1.5	-0.5	0.62	0.32	0.05	0.26	0.13	3.81	2.15	1.10	1.87	1.27
3	6.0	1.9	0.0	-0.2	-0.3	0.91	0.35	0.04	0.05	0.07	6.52	2.33	1.09	1.07	1.12
4	4.5	3.8	0.1	-1.0	0.1	1.34	0.33	0.05	0.15	0.09	12.81	2.22	1.09	1.40	1.21
5	9.0	3.0	0.1	-2.1	-0.2	1.76	0.34	0.05	0.29	0.12	20.43	2.26	1.08	1.90	1.26
6	3.9	3.4	0.1	-0.2	-0.1	0.91	0.34	0.06	0.08	0.09	6.79	2.32	1.15	1.15	1.21
7	3.8	2.1	0.0	0.0	-0.1	0.88	0.30	0.06	0.06	0.07	6.95	2.09	1.04	1.10	1.14
8	4.2	2.8	0.1	0.0	0.2	0.98	0.35	0.04	0.09	0.11	8.33	2.31	1.08	1.16	1.28
9	3.5	4.1	0.1	-0.5	-0.8	0.70	0.35	0.04	0.09	0.11	4.59	2.35	1.09	1.18	1.24
10	3.5	4.0	0.1	-0.5	-0.2	1.31	0.45	0.04	0.12	0.10	9.06	2.98	1.09	1.27	1.21

注:生产率增长率为整个样本期间(1998—2013年)的年平均增长率。
资料来源:笔者计算。

为了探寻分析期企业生产率变动的一般特征,表1-6运用 Melitz 和 Polanec 的动态 Olley-Pakes 分解方法(见附录1.7)

（Melitz，Polanec，2015），将几种方法估计的行业收入加权生产率增长的因素分解为持续经营企业的 TFP 增长、行业配置效率的改善、企业进入与退出的影响。由于篇幅所限，只列出了配置效率和进入与退出对行业收入加权生产率增长的贡献。可以看出行业间存在较大的异质性，一些行业配置效率改善明显。如造纸印刷（行业4）、化学医药（行业5）、金属冶炼和制造（行业7）和设备制造（行业8）配置效率改善贡献的加权生产率增长超过3个百分点，而食品饮料（行业1）、非金属冶炼和制造（行业6）、运输设备（行业9）、电气电子（行业10）资源配置反而拖累了加权生产率的增长。由于进入企业的生产率平均偏低，7个行业（食品饮料、纺织服装、木材家具、造纸印刷、金属冶炼和制造、运输设备和电气电子）新进入企业拖累了加权生产率增长；而纺织服装、非金属冶炼和制造、金属冶炼和制造、电气电子行业由于进入的企业平均生产率更高，其对加权生产率的贡献也为负。在其他几种生产率估计方法中，这些影响要小得多。

表1-6　　　　　　　　生产率增长贡献分解　　　　　（单位：百分点）

代码	配置效率改善				进入				退出			
	$\hat{\omega}$	OP	LP	ACF	$\hat{\omega}$	OP	LP	ACF	$\hat{\omega}$	OP	LP	ACF
1	-0.277	0.161	-0.276	-0.541	-1.288	-0.255	0.001	0	1.977	0.314	-0.483	-0.370
2	1.938	0.171	-0.798	-0.033	-0.273	0.144	0	0	-0.076	-0.092	-0.736	-0.425
3	1.542	0.160	-0.048	0.067	-1.202	0.167	0	0	2.253	-0.154	-0.070	-0.147
4	3.228	0.223	-0.175	0.270	-1.518	-0.076	0	0	3.649	0.087	-0.375	-0.149

续表

代码	配置效率改善				进入				退出			
	$\hat{\omega}$	OP	LP	ACF	$\hat{\omega}$	OP	LP	ACF	$\hat{\omega}$	OP	LP	ACF
5	3.710	0.108	-0.228	0.450	1.314	-0.017	0	0	1.892	0.014	-0.589	-0.040
6	-1.143	0.218	-0.052	-0.022	0.986	0.073	0	0	-1.982	-0.082	0.008	0.107
7	3.063	0.089	0.247	0.399	-0.650	0.060	0	0	-0.172	-0.036	-0.091	-0.206
8	3.622	0.255	0.112	0.253	0.835	-0.082	0	0	0.264	0.011	-0.049	0.049
9	-1.018	-0.050	0.023	0.398	-0.256	-0.131	0	0	0.723	0.017	-0.053	0.013
10	-7.493	0.224	-0.329	0.169	-1.906	-0.164	0	0	-0.697	-0.116	-0.159	-0.043

资料来源：笔者计算。

企业生产率估计有助于回答很多有意思的问题，如出口、研发、企业所有制和区域特征是否对生产率存在系统性影响？篇幅所限，表1-7仅选取了本章的估计生产率$\hat{\omega}$，涉及出口、进入和退出三个方面。由于估计生产率的离散度比较大，单个参数（如生产率平均增长率）容易受到极端值的影响，我们尝试比较不同企业组的生产率分布。据表1-7，答案依然呈现明显的行业异质性。就出口而言，一些行业出口企业的生产率更高（如食品饮料、造纸印刷、非金属冶炼和制造、金属冶炼和制造、运输设备制造），另一些行业则刚好相反（纺织服装、木材家具、设备制造和电气电子行业），而化学医药行业出口与内销企业生产率并无明显差异。对于进入企业生产率更高、退出企业生产率较低这样的常规结果，非金属冶炼和制造（退出企业）、电气电子（进入和退出企业）行业更是给出了反例。其中的具体原因，值得分行业进行更深入的分析。

表 1-7　　各类型企业生产率的均值和分布检验

代码	行业简称	出口（$\hat{\omega}$均值）			新进入企业均值（$\hat{\omega}$均值）			退出企业均值（$\hat{\omega}$均值）		
		有	无	KS检验（p值）	是	否	KS检验（p值）	是	否	KS检验（p值）
1	食品	1.288	1.086	1.000	1.088	1.156	0.000*	0.797	1.147	1.000
2	纺织	0.535	0.583	0.003*	0.596	0.521	0.605	0.553	0.566	0.002
3	木材	2.276	2.537	0.959*	2.564	2.292	1.000	2.332	2.490	0.834
4	造纸	1.190	0.944	0.997	1.046	0.904	0	0.768	0.987	0.993
5	化学	1.268	1.225	0	1.363	1.097	0	0.927	1.257	1.000
6	非金	1.573	1.507	0.997	1.758	1.270	1.000	2.545	1.433	1.000*
7	金属	1.501	1.271	1.000	1.366	1.245	1.000	1.199	1.324	0.843
8	设备	0.808	0.861	0.488*	0.976	0.734	1.000	0.772	0.854	0.347
9	运输	1.059	0.809	1.000	0.872	0.850	0	0.642	0.875	0.998
10	电气	0.805	1.014	0.895*	0.710	1.213	0.999*	2.605	0.822	1.000*

注：*表示零假设为"没有出口、持续经营或者退出的企业生产率在分布上随机占优"的Kolmogorov-Smirnov检验的p值。

资料来源：笔者计算。

第五节　总结

本章尝试提出一种新的企业层面生产率结构估计方法，同时考虑企业投入和产出两方面的异质性。本书运用不变质量指数调整投入质量差异，运用根据企业产出质量选择和销售决策构建的结构估计方程控制产出异质。本章的方法不需要使用详细的产品产量、质量特征甚至企业层面价格的数据，一般的企业层面数据库都能满足这一要求，从而具有广泛的适用性。

对中国制造业 10 个大类行业 1998—2013 年的数据分析表明，这一方法得到的生产函数参数估计、生产率的分布是比较满意的，溢价的估计也处于合理区间。企业生产率确实近似于对数正态分布。这些分布也提供了中国制造业企业的生产率变动趋势相当稳健的证据，总体上看样本期内企业生产率明显改善，不过在样本期末端企业生产率却全面下滑。对企业生产率变动一般特征的分解分析表明，行业间存在较大的异质性，一些行业配置效率改善明显，另一些行业资源配置反而拖累了生产率的增长。对于文献中经常讨论的相关企业生产率话题，本章的企业生产率估计同样显示出明显的行业异质性，例如一些行业出口企业的生产率更高，而另一些行业则刚好相反。呈现这些行业异质性的具体原因，值得分行业进行更深入的分析。

附　录

附录 1.1：企业退出的样本选择问题

由于只能观测到持续经营的样本，退出企业生产信息的疏漏可能导致企业生产率估计的偏误。[①] 具体地，只可观测到持续经营企业的收入方程，即生产率演化过程式（1.2）只刻画持续经营的企业：

[①] 样本期内中国制造业企业进入和退出频繁，这表明样本选择是一个需要注意的问题。毛其淋等也作了类似处理（毛其淋、盛斌，2013；孙浦阳、蒋为、张龑，2013）。

$$\omega_{it} = \gamma_t + g(\omega_{it-1}, \theta_t = 1) + \xi_{it}$$

借鉴 Olley 和 Pakes 的思路（Olley, Pakes, 1996），[①] 设企业退出决策取决于其综合异质性水平 ω_{it}。设企业当期在不低于门槛水平时（$\omega_{it} \geq \underline{\omega}_{it}$）继续经营（$\theta_{it} = 1$），否则退出。从而：

$$\begin{aligned} g(\omega_{it-1}, \theta_t = 1) &= E_t[\omega_{it} | \omega_{it-1}, \theta_t = 1] \\ &= E_t[\omega_{it} | \omega_{it-1}, \omega_{it} \geq \underline{\omega}_{it}] \\ &= \varphi(\omega_{it-1}, \underline{\omega}_{it}) \end{aligned}$$

又由于企业 i 在第 t 期持续经营的概率可以表示为：

$$\begin{aligned} \Pr_{it|t-1} &= \Pr(\theta_t = 1 | \omega_{it-1}, I_{t-1}) \\ &= \Pr(\omega_{it} \geq \underline{\omega}_{it} | \omega_{it-1}, I_{t-1}) \\ &= \Psi_{t-1}(\underline{\omega}_{it}, \omega_{it-1}) \end{aligned}$$

其中，I_{t-1} 为 $t-1$ 期除了 ω_{it-1} 之外的所有信息集。由此企业门槛生产率水平 $\underline{\omega}_{it} = \Psi_{t-1}^{-1}(\Pr_{it|t-1}, \omega_{it-1})$，将其代入生产率的条件期望：

$$\varphi(\omega_{it-1}, \underline{\omega}_{it}) = \varphi(\omega_{it-1}, \Psi_{t-1}^{-1}(\Pr_{it|t-1}, \omega_{it-1})) = f(\omega_{it-1}, \Pr_{it|t-1})$$

从而，只需要在生产率的一阶马尔科夫过程中加入在 $t-1$ 期对

[①] Collard-Wexler 和 De Loecker 在分析技术变化对美国钢铁业生产率以及再配置效应的影响时，也沿用了这一方法（Collard-Wexler, De Loecker, 2015）。

企业在下一期继续存在的概率预测,即可以解决因企业退出引起的样本选择问题。具体地,估计企业的持续经营概率:

$$\Pr\nolimits_{it|t-1} = \Gamma(k_{it-1}, l_{it-1}, m_{it-1}, h_{it-1})$$

然后用 $f(\omega_{it-1}, \Pr_{it|t-1})$ 代替式(1.5)中的期望生产率。

附录1.2：跨年匹配和面板构建

面板数据构建具体思路分为三步。

1. 利用企业代码在任意两个年份间进行尽量精确的匹配

在每年删除很少的重复企业代码后,企业共用代码的可能性很小了。但为了进一步控制可能共用代码的错误,尽量保证代码相同的企业,无论是纵向（时间）还是横向（截面）,确实是同一企业,我们还要求代码相同的企业在企业名称、法人代表姓名、地址、电话号码、邮政编码、行业代码、开业年份7项信息中至少一项完全相同。

2. 对剩余的样本利用企业代码之外的信息在任意两个年份间尽量广泛地匹配

根据企业代码之外的其他信息跨年识别企业,并据此在这两个年份间的企业法人代码间建立对应联系。

对于第一步没有在两个年份间建立匹配关系的样本,进行如下处理。首先,根据某组识别信息分别对两年的样本进行分组,即识别信息唯一的样本组和识别信息重复的样本组。其次,在这两年识别信息唯一的样本组间进行匹配,识别信息完全一样的企业被认为是同一企业,在同一企业两年的企业代码间建立对应联系,这样得到根据该组

第一章 企业生产率的结构估计

信息识别为同一企业的样本集。然后，将各年该类信息重复的样本与根据该类信息不能识别的样本合并在一起，再用另一组识别信息重复以上过程。最后，将各类信息识别的结果（包括第一步）合并在一起。

关键是识别信息的选取。我们可能利用的企业代码之外的基本识别信息包括企业名称、法人代表姓名、企业所在省市县6位代码、企业地址、邮编、固定电话号码、行业代码、主要产品名称、开业年份等。然而在样本期间，这些基本信息都可能发生变化。例如企业可能改变名称、法人代表可能更换、固定电话号码可能改变。而且，企业在填报这些基本信息时表现出一定的随意性，如企业名称有时填"××公司"、有时填"××有限责任公司"，有些年份企业填写从省市开始的详细地址，而有时只填写"××镇（街）××号"。单独使用某项基本信息识别效果很差。为此我们对基本信息进行合并、重组，运用检测程序找到识别结果完善的信息组合。

本书用于匹配的识别信息组合：企业名称+省市县6位代码的前4位，即同一省、地（市）；企业名称+开业年份的后两位数字（企业一般填写4位，如1980，也有只填后两位的，如80）；企业名称+邮编；企业名称+行业代码；企业名称+法人姓名；企业名称的后9个字符+开业年份+企业地址；企业名称的后9个字符+法人姓名+省市县6位代码的前4位；企业名称的后9个字符+省市县6位代码的前4位+固定电话号码；企业名称的倒数第14—9位字符+开业年份；企业名称的倒数第12—5位字符+法人姓名+省市县6位代码的前4位；企业名称的倒数第12—5位字符+固定电话号码；企业名称的倒数第13—9位字符+行业代码+邮编；企业名称的倒数第12—5位字符+行业代码+邮政编码；企业名称前8个字符+开业年份+邮编；企业名称前 8 个字符 + 法人姓名；企业名称前 8 个字符 + 固定电话号码；企业名称前 13 个字符 + 行业代码 + 邮编；法人姓名 + 固定电话号码；法人姓名 + 行业代码 + 开业年份 + 省市县 6 位代码；法人姓名 + 邮编 + 开业年份；法人姓名 + 邮编 + 行业代码 + 省市县 6 位代码；固定电话号码 + 行业代码 + 省市县 6 位代码 + 开业年份；固定电话号码 + 行业代码 + 邮编 + 开业年份；企业地址 + 行业代码 + 开业年份 + 省市县 6 位代码；企业代码的前 6 位 + 法人姓名 + 行业代码。

经过以上信息组合识别后，我们对两个年份间未匹配上的样本进行了程序检测和手工检测，发现根据已有信息基本上不能进行有效匹配。

3. 构建面板，同时检验、修正利用企业代码之外的信息时可能发生的错配

利用以上两年间匹配结果，可以构建任意时段的不平衡面板数据。构建面板还可以进一步增加两两匹配效果，这是因为更充分地利用了两两匹配的信息。例如，若某企业由于在样本期间发生了企业代码变更，进行两两匹配时，一些年份匹配上了，而一些年份没有匹配上。构建面板数据时不仅综合了两两匹配的直接信息，也利用了间接匹配信息，这就可能有更多的年份匹配。

构建面板过程还具有另外一个重要的作用，即纠正错配。这种错配源于在第二阶段两两直接匹配过程中运用非企业代码匹配。[①] 虽然在第二阶段我们将错配的可能性降低到了最小，然而由于样本量巨大、企业个别情形复杂，错配还是有可能发生的。例如，同一自然人可能拥有名称相似的多个企业，运用企业名称或其他信息匹配时就有

---

① 第一步已经尽量控制了根据企业代码匹配可能发生的错配。

可能出错。在构建面板时，如果某年两个不同的企业出现了相同的代码，就表明出现了错配。[①]

第一步，从相邻三年开始，在相邻的子区间内运用前向法和后向法形成核心变量，使之成为在截面维度和时间维度上都能识别企业的标志，然后根据核心变量分别构建相邻三年子区间内的非平衡面板。然后把所有相邻三年的子区间内非平衡面板的匹配信息合并到前一步形成的整个研究区间内初步的非平衡面板中。

运用前（后）向法形成核心变量：从每个企业出现的最近（早）一年开始，将当年的企业代码赋值给该变量；利用这一年与上（下）一年企业代码间的对应关系，将能够匹配上的企业的该变量替代为上（下）一年的企业代码；重复这一过程，一直到样本区内的最早（近）年份。这样，本书把每个企业的核心变量都设定为其第一次（最后一次）出现时的企业代码。利用这两个核心变量，构建相邻三年的不平衡面板，并检测每年是否出现重复企业代码，否则取消匹配信息。

第二步，逐步扩大子区间的长度，重复第一步，直至形成覆盖整个样本区间的面板。

第三步，利用两两直接匹配信息，对上一步形成的整个研究区间内的非平衡面板进行更新、补充。上一步形成的非平衡面板可能遗失部分直接匹配的信息，这一步将这些遗失的匹配信息重新找回。基础

[①] 一个错配的例子。某企业 1998 年企业代码为 101103682，1999 年其代码没有发生变化，所以用企业代码能够与 1999 年的样本匹配上。根据法人代表姓名和固定电话号码，1998 年它也与 2000 年企业代码为 101135983 的企业匹配上了（但 1999 年与 2000 年没有匹配上）。然而，在 1999 年、2000 年都有另外一个企业代码也为 101135983。这样在合并面板时，2000 年就出现了两个企业的代码都是 101135983 的情形。本章仔细核对，发现两个企业法人代表姓名和固定电话号码都相同，但确实不是同一个企业。

思路是先利用两两直接匹配信息，构建排除了错配的整个样本区间面板，然后将其合并到第二步形成的面板中，最后再进行一次错配检测。这样，就把所有直接和间接匹配的信息都整合到了整个研究区间内的非平衡面板中，而且尽最大可能减少了错配。

附录1.3：变量定义

实际资本存量 K_{it}。企业报告的固定资产原价合计是每一年名义投资的累加，一方面缺少反映投资价格逐年变化的信息，另一方面没有考虑折旧。本章借鉴 Brandt 等的思路（Brandt et al., 2012），采用永续盘存法估计企业实际资本存量。具体地，本章根据企业成立的时间不同，分两种情况对资本和投资进行平滑，以得到企业实际资本存量。1998年之前成立的企业，假设名义资产以稳定速度增长，计算出名义资本增长率。结合1998年（或之后任意一年）的名义资本存量，反推出企业建立时的名义资本存量，通过固定资产投资价格指数，可以得到企业建立年的实际资本。最后利用永续盘存法，逐年计算企业的实际投资和资本存量。名义投资额在1998年之前根据名义资本增长率计算，1998年之后由两年固定资产原价合计的差额进行计算。如果存在数据缺失情况，则用1998年之前数据的估算方法得到名义投资。这个过程中，假设企业的折旧率为9%。1998年（含1998年）之后成立的企业，建立年的固定资产原价合计即为企业建立年的名义资本存量，根据固定资产投资价格指数将其转化为实际资本之后，同样利用永续盘存法得到每年的实际资本存量。其中每年新增投资由两年的固定资产原价合计的差值得到，如果有数据缺失情况，计算平均增长率进行进一步估算。投资价格平减指数包括两个来源：2006 年之前使用 Brandt-Rawski 投资价格指数，2006 年之后用《中国统计年鉴》的全国固定资产投资价格指数。

材料支出（中间投入）$P_{Mt}M_{it}$。与本章模型相关的材料支出强调企业生产阶段的可变成本，即生产过程的中间投入（直接材料+生产耗用的间接材料）。本章采用统一的方法重新估计样本期内的材料支出。具体地，按照会计处理规则，产品销售成本项目核算的是企业当年产品销售收入对应的直接材料、直接人工和制造费用。因此，材料支出等于产品销售成本扣除不属于材料投入的部分，即制造费用中包含的劳动者报酬（工资、福利费等）和折旧费。2005—2007 年有根据国家统计局定义的中间投入分项数据，包括制造费用中的中间投入、管理费用中的中间投入和营业费用中的中间投入。本章设企业劳动者报酬和折旧费在制造费用、管理费用和营业费用中分摊的比例是稳定的，利用 2005—2007 年数据中相应比例，估算产品销售成本中需要扣除的不属于材料投入的部分。

材料价格 P_{Mt}。来源于《中国统计年鉴》（2014 年）中工业生产者购进价格指数。这个指数以上一年为 100 给出，换算成以 1998 年定基的价格指数。本章考虑了 1998 年基数的省际差异，设定北京市为 100，其他省份根据 1998 年各省份 CPI 水平进行换算。

工资福利总额 $W_{it}L_{it}$。包括工资总额、职工福利费、劳动保险费、待业保险费、养老保险和医疗保险费、住房公积金和住房补贴。

劳动 L_{it}。全部从业人数（平均数）。

产出价格 P_t。来源于各年《中国统计年鉴》中的按工业行业分工业生产者出厂价格指数。由于年鉴中二位数行业出厂价格指数的行业定义从 2015 年才开始调整，本章按照《国民经济行业分类》（GB/T4754－2011）与《国民经济行业分类》（GB/T4754－2002）的对应内容将该指数调整为新的行业定义。

营销努力 sc_{it}。营业费用（产品销售费用）除以销售收入（企业报告的销售收入加上增值税销项税额）。

经营历史 age_{it}。年轻企业（年龄小于等于 8）为 1。稍稍调整年龄门槛，结果维持不变。

国有企业虚拟变量 soe_{it}。实收资本中国有股份大于 0，则 $soe_{it}=1$。本章还尝试了按登记注册类型定义国有企业，即注册登记类型为国有企业（110）、集体企业（120）、国有联营企业（141）、集体联营企业（142）、国有与集体联营企业（143）或国有独资公司（151），结果维持不变。

附录 1.4：行业定义

行业 1	13 农副食品加工业
	14 食品制造业
	15 酒、饮料和精制茶制造业
	16 烟草制品业
行业 2	17 纺织业
	18 纺织服装、服饰业
	19 皮革、毛皮、羽毛及其制品和制鞋业
行业 3	20 木材加工和木、竹、藤、棕、草制品业
	21 家具制造业
行业 4	22 造纸及纸制品业
	23 印刷业和记录媒介的复制
行业 5	26 化学原料及化学制品制造业
	27 医药制造业
	28 化学纤维制造业
	29 橡胶和塑料制品业

续表

行业 6	30 非金属矿物制品业
行业 7	31 黑色金属冶炼及压延加工业 32 有色金属冶炼及压延加工业 33 金属制品业
行业 8	34 通用设备制造业 35 专用设备制造业
行业 9	36 汽车制造业 37 铁路、船舶、航空航天和其他运输设备制造业
行业 10	38 电气机械和器材制造业 39 计算机、通信和其他电子设备制造业 40 仪器仪表制造业

资料来源：笔者整理。

附录 1.5：样本清理标准

1. 一般清理

将如下变量的缺失值和负值调整为 0：产品销售费用、产品销售税金及附加、管理费用中列支的税金、劳动保险费、待业保险费、养老保险和医疗保险费、住房公积金和住房补贴。

由于 2009 年和 2013 年增值税销项税额、增值税进项税额数据缺失，将其调整为上一年的值。

将如下情形设为缺失值：实际资本存量 $K_{it} \leq 0$、全部从业人数 $L_{it} \leq 0$、材料支出 $P_{Mt}M_{it} \leq 0$、工资福利总额 $W_{it}L_{it} \leq 0$、企业报告的销售收入（主营业务收入）小于等于 0、企业报告的销售收入（主营业务收入）小于等于产品销售税金及附加。

删除当期进项税或销项税为小于或等于 0 的样本。

删除进项税率大于 1（原材料小于进项税）的样本。

删除当期进项税大于当期销项税的样本。

最后，删除进项税率和销项税率的两端各 1% 的野值。

2. 特别清理

在如下情形将关键变量（实际资本）设为缺失值：

全部从业人数（年平均）小于 8 人。

实际资本 $K_{it} \leq 30000$、材料支出 $P_{Mt}M_{it} \leq 30000$、企业报告的销售收入（主营业务收入）小于 3 万元。

企业报告的销售收入（主营业务收入）小于出口交货值，企业报告的销售收入（主营业务收入）小于工资福利总额，企业报告的销售收入（主营业务收入）小于材料支出，实收资本小于国家资本金、集体资本金与外商资本金之和，企业报告的销售收入（主营业务收入）小于或等于产品销售费用，开业时间早于 1950 年，注册登记类型为国有企业（110）、集体企业（120）、国有联营企业（141）、集体联营企业（142）、国有与集体联营企业（143）、国有独资公司（151）。

产销率最低和最高的 1%。

删除任何一个变量为缺失值的观测值，选择 1998—2013 年最长的连续序列（大于或等于 2 期）企业（时期）样本。

附录 1.6：Kolmogorov-Smirnov（KS）检验

作为一种非参数检验方法，KS 检验可以确定两组样本量的分布是否显著相同。该检验不依赖均值的位置，具有较强的稳健性。具体地，设 $G_{N_1}(\cdot)$ 和 $F_{N_0}(\cdot)$ 分别是有研发和无研发的企业生产率的分布函数，N_1 和 N_0 分别是有研发和无研发的企业数目。双边检验的原假

设是两组企业生产率的分布相同,即:

$$H_0: G_{N_1}(\bar{g}) - F_{N_0}(\bar{g}) = 0 \qquad \forall \bar{g}$$

单边检验的原假设是有研发投入的企业比没有研发投入的企业在分布上随机占优,即:

$$H_0: G_{N_1}(\bar{g}) \geqslant F_{N_0}(\bar{g}) \qquad \forall \bar{g}$$

检验统计量分别为:

$$S^1 = \sqrt{\frac{N_0 N_1}{N_0 + N_1}} \max_{\bar{g}} \{|G_{N_1}(\bar{g}) - F_{N_0}(\bar{g})|\}$$

$$S^2 = \sqrt{\frac{N_0 N_1}{N_0 + N_1}} \max_{\bar{g}} \{G_{N_1}(\bar{g}) - F_{N_0}(\bar{g})\}$$

概率值的计算通过极限分布得到:

$$P(S^1 > c) = -2 \sum_{k=1}^{\infty} (-1)^k \exp(-2k^2 c^2)$$

$$P(S^2 > c) = \exp(-2c^2)$$

附录 1.7:Melitz 和 Polanec 的动态 Olley-Pakes 分解

设 φ_{it} 为 t 期 i 企业的生产率(对数生产率,因此讨论的是各组对生产率增长的影响)。定义加总的生产率:

$$\Phi_t = \sum_i s_{it}\varphi_{it}$$

$s_{it} = \dfrac{R_{it}}{\sum_{i=1}^{N} R_{it}}$ 为 t 期 i 企业的权重份额，如 R_{it} 为 t 期 i 企业的销售收入；份额和生产率的定义可以是多样的。

从加总生产率定义 $\Phi_t = \sum_i s_{it}\varphi_{it}$ 开始。在第 1 期：

$$\Phi_1 = (1 - s_X)\Phi_{S1} + s_X\Phi_X = \Phi_{S1} + s_X(\Phi_X - \Phi_{S1})$$

s_{S1}、s_X 分别为持续经营的企业在第 1 期的总权重和退出的企业总权重。

对于第 2 期：

$$\Phi_2 = (1 - s_{21})\Phi_{S2} + s_E\Phi_E = \Phi_{S2} + s_E(\Phi_E - \Phi_{S2})$$

s_{S2}、s_E 分别为持续经营的企业在第 1 期的总权重和进入的企业总权重。

因此：

$$\Delta\Phi = (\Phi_{S2} - \Phi_{S1}) + s_E(\Phi_E - \Phi_{S2}) + s_X(\Phi_{S1} - \Phi_X)$$

又由于：$\Phi_{S2} - \Phi_{S1} = \Delta\bar{\varphi}_S + \Delta\text{cov}_S$，$\Delta\text{cov}_S \equiv \text{cov}(s'_{i2},\varphi_{i2}) - \text{cov}(s'_{i1},\varphi_{i1})$，$i \in S$，所以：

$$\Delta \Phi = \Delta \bar{\varphi}_S + \Delta \text{cov}_S + s_E(\Phi_E - \Phi_{S2}) + s_X(\Phi_{S1} - \Phi_X)$$

这就是 Melitz 和 Polanec 的动态 Olley-Pakes 分解公式（Melitz, Polanec，2015）。

第二章

企业加成率的结构估计

De Loecker 和 Warzynski（以下简称 DLW）开创了企业加成率估计的新思路（De Loecker，Warzynski，2012），然而其对企业需求异质性处理不足，可能存在严重偏误。本章提出一个充分考虑需求异质性的企业加成率的结构估计方法，将生产函数估计和加成率整合在一个估计系统中，并正式处理纵向产品差异和横向产品差异两类不可观测的需求异质性。本章使用 1998—2013 年中国工业企业数据中的 10 个制造业大类行业，对本章提出的加成率估计方法和 DLW 三步法进行了全面比较。结果表明，两种方法的企业加成率估计确实差别明显。在所有 10 个行业中，本章估计的企业加成率分布都更为集中；企业加成率水平比 DLW 的估计低很多。样本期内所有制造业行业的加成率稳步下降，制造业竞争度渐次提升；出口市场竞争性更强、出口企业加成率更低；东部地区企业市场力量最弱，中部地区次之，西部地区最高。而 DLW 估计显示的画面则刚好相反。进一步分析表明，本章的估计方法与 DLW 方法在企业加成率水平、企业加成率动态变化以及企业加成率离散度等多个维度具有显著的差异。这些结果至少表明，目前广泛使用的 DLW 加成率估计三步法存在的问题不容被忽视，在很多重要的应用问题上可能得到误导性结论。

第一节 导言

市场竞争程度决定市场效率和社会福利。作为测度市场竞争度的关键指标，加成率（Markup，通常定义为价格除以边际成本）在经济分析和政策评估中具有极为重要的意义。然而边际成本不可观测到，这使得加成率的经验测量十分困难。Hall 在 20 世纪 80 年代的系列论文中（Hall，1986，1988，1990），根据企业成本最小化行为提出了估计加成率的直观思路：在完全竞争条件下，可变投入的产出弹性等于其成本在销售收入中所占的份额，因此可变投入产出弹性对其成本份额偏离的程度，就构成市场不完全竞争程度，即加成率的测度。这种加成率估计方法需要估计生产函数（据此，DLW 称之为生产端估计）。Hall 沿用 Solow 用宏观数据估计生产函数和生产率的思路（Solow，1957），得到宏观层面的加成率估计。

Berry 等提出根据消费者行为和市场结构估计加成率的微观思路（DLW 称之为需求端估计）（Berry et al.，1995）。他们选择特定的市场结构、竞争环境和企业行为模式，根据企业的最优定价决策，从观测到的价格数据推测消费者替代弹性进而估计加成率。这一加成率估计思路还需要使用诸如消费者特性、产品特征和相应价格等细节数据。这使得其加成率估计只能局限在特定的市场和产品，如 Berry 等对汽车市场（Berry et al.，1995）、Nevo 对早餐谷物食品市场（Nevo，2001）、Goldberg 和 Hellerstein 对啤酒市场的估计（Goldberg，Hellerstein，2012）。

20 世纪末以来，利用微观数据估计生产函数的代理变量方法得到很大的发展（Olley, Pakes, 1996; Levinsohn, Petrin, 2003; Ackerberg et al., 2015），这给从生产端估计企业加成率的思路带来了新的可能性。DLW 将 Hall 方法和 ACF 生产函数（Ackerberg、Caves 和 Frazer 提出，以下简称 ACF）估计法结合起来，提出了利用企业层面数据估计加成率的三步法。这一加成率估计方法只需很一般的环境设定（如企业成本最小化），且只需要企业生产投入和产出数据（绝大多数微观企业数据库都具备），因而呈现出十分广泛的应用前景。应用这一方法估计企业加成率、分析企业市场力量及其影响因素的文献迅速发展起来。例如，Lu 和 Yu 发现中国 21 世纪初加入 WTO 削减关税，使得企业加成率分布的发散程度下降，有助于缓解资源误配置程度（Lu, Yu, 2015）；De Loecker 等利用印度数据发现，出口关税下降有助于提升市场竞争度，但消费者只是部分受惠于投入品关税下降引起的成本节省（由于不完全 pass-through 和企业加成率上升）（De Loecker et al., 2016）；Blonigen 等发现美国制造业企业并购后加成率明显上升（Blonigen et al., 2016）；Brandt 等发现中国加入 WTO，出口关税下降，有助于压缩企业的加成率，而削减投入品关税反而导致企业加成率上升（Brandt et al., 2017）；De Loecker 等估计了 20 世纪 50 年代以来美国企业市场力量的演变趋势，发现 1955—1980 年是稳定的，之后加成率稳步上升（从 1980 年的 1.21% 上升到 2016 年的 1.61%）。这只是近来大量 DLW 加成率估计三步法应用文献中的很小部分。

然而本章分析表明，由于对企业需求异质性处理不足，DLW 三步法存在不容忽视的问题，可能导致加成率估计严重偏误。要估计企业的市场力量（加成率），就需要将标准 ACF 方法扩展到存在企业需求异质性的不完全竞争环境中。虽然 DLW 意识到可能需要在 ACF 的生产率代理函数中引入需求端影响因素，但他们并没有加以处理，也没有深究其对加成率估计的影响，而这使得 DLW 加成率估计三步法面临以下严重问题。第一，代理函数中应该包括估计目标即企业加成率，从而加成率的估计不应该与生产函数参数和随机误差的估计分开，而应该同时进行。第二，代理函数中应该包括需求端的不可观测异质性，而这显然破坏了 OP/LP/ACF 生产函数估计传统的基本逻辑：用可观测变量作为不可观测变量的代理变量。① 第三，需求端不可观测异质性，会造成 ACF 第一步回归严重的内生性问题，也使得生产端随机误差的估计混入大量杂音。由于存在以上诸多问题，预测 DLW 加成率估计偏误的方向是困难的。不过最近学术界开始注意 DLW 方法存在的问题，如最近 Jaumandreu 等针对 DLW 方法和估计结果提出了不同的意见（Jaumandreu，Yin，2017；Traina，2018；Karabarbounis，Neiman，2018；Raval，2019）。

本章提出一个充分考虑需求异质性同时识别生产函数和企业加成率的结构估计方法。与 DLW 的生产端思路相同，本章从可变投入的成本最小化问题出发，得到可变投入份额和加成率的关系式。不过本章并不据此估计加成率，而是以此作为生产函数估计方程的约束，将生产函数估计和加成率整合在一个估计系统中。本章正式处理了纵向产品差异和横向产品差异两类不可观测的需求端异质性。根据企业产品质量选择控制纵向产品差异，用一组需求移动因子（Demand shifters）控制横向产品差异。本章还引入劳动的调整成本、考虑了经济波动造成的资本（产能）利用率的波动及每期生产量—销售量的差异。本章使用 1998—2013 年中国工业企业数据中的 10 个制造业大类

---

① Jaumandreu 和 Yin 的研究表明企业需求端异质性甚至比生产端异质性（生产率）更大（Jaumandreu，Yin，2017）。

行业，对本章提出的加成率估计方法和 DLW 三步法进行了全面比较。结果表明这两种方法估计企业的加成率确实差别明显。本章的企业加成率估计，在所有 10 个行业分布都更为集中，方差比 DLW 估计小很多。本章估计的 10 个行业加成率均值在 1.13%—1.34%，比 DLW 低很多。多数行业 DLW 的加成率估计都处于很高的水平（超过 1.6），意味着这些行业的利润率也处在极高水平。加成率的变化模式也完全不同。本章的估计显示，在样本期内所有制造业行业的加成率稳步下降，制造业竞争度渐次提升。而 DLW 的估计则刚好相反，所有行业的加成率水平都呈渐次上升趋势，市场竞争度下降。除了关于国有企业的结论（加成率更高）一致外，两种方法关于不同组别企业加成率差别的结果也形成鲜明对比。本章的加成率估计显示，出口企业加成率更低、出口市场竞争性更强；东部地区企业市场力量最低，中部地区次之，西部地区高。而 DLW 显示的画面则完全相反。与 Lu 和 Yu 等运用 DLW 方法的分析相比（Lu，Yu，2015；Brandt et al.，2017），本章的估计，在出口及关税变化对中国制造业企业加成率的影响、加成率动态特征和离散度等方面均存在明显的差异。这些结果表明，目前广泛应用的 DLW 加成率估计三步法可能存在严重偏误，在很多重要的应用问题上可能得到误导性结论。

◇ 第二节 加成率的生产端估计与 DLW 方法存在的问题

一 生产端的企业异质加成率估计思路

企业的投入分为两类。一类如资本 K，在短期内不能调整；另一类是短期可以调整（可能蒙受一定的调整成本）的静态投入，如劳动 L、材料 M。企业 i 在短期（时期 t）的成本最小化问题：

$$\min_{M_{it}, L_{it}} C_{it} = W_t L_{it} + P_{Mt} M_{it}$$

$$\text{s.t.} : Y_{it}^* = F(M_{it}, L_{it}, K_{it}, \omega_{it})$$

W_t 和 P_{Mt} 为短期要素价格，Y_{it}^* 为企业 i 在时期 t 的计划产出。ω_{it} 为企业生产端的异质性（即生产率）。企业在规划 t 期生产时，清楚自己的生产率 ω_{it}，但对分析者而言，ω_{it} 是不可观测的。根据短期投入的一阶条件可得：

$$W_t = MC_{it} \frac{\partial Y_{it}^*}{\partial L_{it}}$$

$$P_{Mt} = MC_{it} \frac{\partial Y_{it}^*}{\partial M_{it}}$$

从而：

$$\frac{P_{Mt}}{P_{it}} \frac{M_{it}}{Y_{it}^*} = \frac{MC_{it}}{P_{it}} \frac{\partial Y_{it}^*}{\partial M_{it}} \frac{M_{it}}{Y_{it}^*}$$

$$\frac{W_t}{P_{it}} \frac{L_{it}}{Y_{it}^*} = \frac{MC_{it}}{P_{it}} \frac{\partial Y_{it}^*}{\partial L_{it}} \frac{L_{it}}{Y_{it}^*}$$

P_{it} 为产出价格。企业 i 在时期 t 的实际产出 Y_{it} 面临随机扰动和测量误差，即设 $Y_{it} = Y_{it}^* e^{\vartheta_{it}}$。又 $\beta_{Mit} \equiv \frac{\partial Y_{it}^*}{\partial M_{it}} \frac{M_{it}}{Y_{it}^*}$，$\beta_{Lit} \equiv \frac{MC_{it}}{P_{it}} \frac{\partial Y_{it}^*}{\partial L_{it}} \frac{L_{it}}{Y_{it}^*}$ 分别为静态投入的产出弹性；加成率的标准定义 $\mu_{it} \equiv \frac{P_{it}}{MC_{it}}$，有：

$$\mu_{it} = \beta_{Lit} \left(\frac{W_t L_{it}}{R_{it}} e^{\vartheta_{it}} \right)^{-1}$$

$$\mu_{it} = \beta_{Mit} \left(\frac{P_{Mt} M_{it}}{R_{it}} e^{\vartheta_{it}} \right)^{-1}$$

$$\mu_{it} = (\beta_{Lit} + \beta_{Mit}) \left(\frac{P_{Mt} M_{it} + W_t L_{it}}{R_{it}} e^{\vartheta_{it}} \right)^{-1} \quad (2.1)$$

根据式（2.1），企业可变成本的收入比率是可观测的。知道了静态投入的产出弹性和产出的随机误差 ϑ_{it}，加成率的估计变得很直接。而这是生产函数估计文献长期以来努力的方向。这正是 DLW 称之为加成率生产端估计方法的原因。与根据特定消费行为和市场结构推断加成率的需求端方法相比（Berry et al., 1995；Goldberg, 1995），式（2.1）只需要企业在静态投入市场是价格接受者、追求成本最小化。这就是 DLW 反复强调的加成率生产端估计方法的优势所在。

为了识别短期投入弹性和生产函数的纯粹扰动 ϑ_{it}，DLW 借助 OP 的生产函数结构估计方法（生产率的代理变量方法），特别是 ACF 的两步法。具体地，根据企业长期投入决策（如材料），有 $m_{it} = m(k_{it}, \omega_{it})$（小写变量为大写变量的对数，下同）。按照 OP/LP 的传统，设这一函数对于 ω_{it} 是单调的、可逆的。因此不可观测异质性 ω_{it} 可用可观测的变量，如 k_{it}、m_{it} 表示，即 $\omega_{it} = h(k_{it}, m_{it})$。将其代入生产函数可得第一步估计方程：

$$y_{it} = f(k_{it}, l_{it}, m_{it}) + h(k_{it}, m_{it}) + \vartheta_{it} = \varphi(k_{it}, l_{it}, m_{it}) + \vartheta_{it} \quad (2.2)$$

给定生产函数 $f(k_{it}, l_{it}, m_{it})$ 的形式，第一步非参数回归得到 $\hat{\omega}_{it}$ 以及 $\hat{\vartheta}_{it}$。然后根据标准的生产率过程设定 $\omega_{it} = g(\omega_{it-1}) + \xi_{it}$，第二步用 GMM 方法识别生产函数参数（投入的产出弹性）。

总之，DLW 加成率估计可以用三步法概括：前两步用 ACF 估计 $\hat{\beta}_{Lit}$、$\hat{\beta}_{Mit}$ 和 $\hat{\vartheta}_{it}$，第三步将其代入式（2.1）得到 $\hat{\mu}_{it}$。

二 需求异质环境的设定

既然要估计企业的市场力量，显然 $\mu_{it} > 1$ 或价格大于边际成本，就需要偏离标准 ACF 方法的完全竞争设定，这是生产端加成率思路不可回避的。DLW 加成率估计的问题，需要考虑需求异质，但处理不完整。为了便于理解 DLW 方法的这一问题，本书设定一般的需求异质环境。具体地，除了加成率 μ_{it} 的异质性外，需求异质性还包括纵向产品差异 δ_{Qit}（产品质量）和横向产品差异 δ_{Hit}，即企业 i 在时期 t 的需求函数：

$$y_{it} = \varphi - \eta_{it}(p_{it} - \delta_{Qit}) + \delta_{Hit} + v_{it} \quad (2.3)$$

需求函数（2.3）可以理解为对任意需求函数的一阶逼近（对数形式）。v_{it} 为独立同分布的需求扰动。根据企业利润最大化，需求价格弹性的绝对值 η_{it} 与加成率呈单调关系：$\mu_{it} = \dfrac{\eta_{it}}{\eta_{it} - 1}$。

需求端异质性 δ_{Hit} 和 δ_{Qit} 的差别在于，前者来源于企业促销、市场口碑等纯粹的需求因素，与企业生产过程和成本无关；而产品质量差异 δ_{Qit} 需要付出更高的生产成本才能获得。具体地，设定企业间可以比较的"标准质量"产出量是 $Y_{it}\exp(\alpha(\delta_{Qit}))$。这只是描述质量和成本的一般关系，即产品质量 δ_{Qit} 越高，需要的生产投入越多，从而生产成本就越大，相应地折算的标准产出就越大。[①] 这样，存在纵向产品差异时生产函数变为：

$$y_{it} = f(k_{it}, l_{it}, m_{it}) + \omega_{it} - \alpha(\delta_{Qit}) + \vartheta_{it} \tag{2.4}$$

式（2.4）实际上是对传统生产函数在异质产出环境下的一般化，它原则上保持传统生产函数的一切性质。ω 也正是传统"索洛余值"意义上的全要素生产率，它测度企业 i 在时期 t，如果选择标准质量的投入生产标准质量产出，效率有多大。综合式（2.3）和式（2.4），企业销售收入为：

$$\begin{aligned} r_{it} &= \frac{1}{\eta_{it}}\varphi + \left(1 - \frac{1}{\eta_{it}}\right)f(k_{it}, l_{it}, m_{it}) + \left(1 - \frac{1}{\eta_{it}}\right)\omega_{it} \\ &\quad - \left(1 - \frac{1}{\eta_{it}}\right)\alpha(\delta_{Qit}) + \delta_{Qit} + \frac{1}{\eta_{it}}\delta_{Hit} \\ &\quad + \left(1 - \frac{1}{\eta_{it}}\right)\vartheta_{it} + \frac{1}{\eta_{it}}\upsilon_{it} \end{aligned} \tag{2.5}$$

三 DLW 加成率估计方法的问题

为了将 ACF 两步法扩展到不完全竞争环境，得到式（2.1）中所需的生产函数弹性参数和纯粹扰动 ϑ_{it}，DLW 的修正是在材料投入函

[①] Grieco 和 MacDevitt 也是这样处理的（Grieco，MacDevitt，2016）。

数中引入更多的影响因素 z_{it}，即 $m_{it} = m(k_{it}, \omega_{it}, z_{it})$。他们认为 z_{it} 中应该包括材料价格 P_{Mt}，估计时根据他们的研究主题（出口与加成率），还纳入企业的出口特征。他们根据 OP/LP/ACF 传统，继续设定这一函数对于 $\hat{\omega}$ 是单调的，即 $\omega_{it} = h(k_{it}, m_{it}, z_{it})$。也就是说，他们的加成率估计三步法对 ACF 程序的唯一调整是第一步非参数回归式 (2.2) 中控制了更多的变量 z_{it}。

实际上，DLW 隐约地感到 z_{it} 中还应该有更多，他们提到 z_{it} 中还应该包括其他状态变量及影响需求的因素。不过他们一笔带过，也没有深究其对估计带来的影响。到底 $m(\cdot)$ 中应该包括哪些因素？遗漏这些因素对控制函数 $\omega_{it} = h(\cdot)$ 是否有重要影响？在柯布—道格拉斯生产函数 $f(k_{it}, l_{it}, m_{it}) = \beta_K k_{it} + \beta_L l_{it} + \beta_M m_{it}$ 情形下看得很清楚。此时可以求出 $h(\cdot)$ 的表达式（见附录 1.1）：

$$\omega_{it} = \frac{\eta_{it}}{\eta_{it}-1} \left[\begin{array}{l} p_{Mt} - \frac{1}{\eta_{it}}\varphi - \ln\beta_M - \ln\left(1 - \frac{1}{\eta_{it}}\right) + \left(\frac{1}{\eta_{it}} - 1\right)\beta_K k_{it} \\ + \left(\frac{1}{\eta_{it}} - 1\right)\beta_L l_{it} + \left(\frac{1}{\eta_{it}}\beta_M - \beta_M + 1\right)m_{it} + \left(1 - \frac{1}{\eta_{it}}\right)\alpha(\delta_{Qit}) \\ - \delta_{Qit} - \frac{1}{\eta_{it}}\delta_{Hit} \end{array} \right]$$

(2.6)

式（2.6）明确地显示了 DLW 加成率估计三步法的如下严重问题。

第一，z_{it} 中应该包括需求价格弹性 η_{it} 从而 μ_{it}，而 μ_{it} 正是 DLW

的估计目标。这表明 μ_{it} 的估计需要用到生产函数参数和随机误差 ϑ_{it}，而生产函数参数和随机误差 ϑ_{it} 的估计又需要 μ_{it}。也就是说，加成率 μ_{it} 不应该与生产函数参数和随机误差 ϑ_{it} 分开估计，而应该同时估计。

第二，z_{it} 中应该包括需求端不可观测的异质性 δ_{Hit} 和 δ_{Qit}。即使 $m(\cdot)$ 的可逆性还继续存在，$\omega_{it} = h(\cdot)$ 中也应该包含了不可观测的异质性 δ_{Hit} 和 δ_{Qit}，而这显然破坏了 OP/LP/ACF 代理变量传统的基本逻辑：用可观测的变量代理不可观测的变量，即 OP/LP/ACF 估计生产函数的代理变量方法失效了。

第三，即使能够观测到产量 y_{it}，也不考虑 $\omega_{it} = h(\cdot)$ 中还包括不可观测异质性，需求异质环境下 ACF 第一步非参数回归式（2.2）也存在严重的内生性。根据式（2.4），此时的误差项是 $-\alpha(\delta_{Qit}) + \vartheta_{it}$，显然 δ_{Qit} 与静态投入 L_{it} 和 M_{it} 正相关。而且此时的估计残差也不是估计式（2.1）需要的纯粹扰动 $\hat{\vartheta}_{it}$。ACF 第一步不能分离 $\hat{\omega}_{it}$ 和 $\hat{\vartheta}_{it}$，第二步用 GMM 的参数估计也就相应出现问题。

第四，若观测不到产量，用产出价格指数 P_t 平减销售收入，根据式（2.5），ACF 第一步实质上估计的是：

$$\begin{aligned}
y'_{it} &= r_{it} - p_t \\
&= -p_t + \frac{1}{\eta_{it}}\varphi + \left(1 - \frac{1}{\eta_{it}}\right)f(k_{it}, l_{it}, m_{it}) \\
&\quad + \left(1 - \frac{1}{\eta_{it}}\right)\omega_{it} - \left(1 - \frac{1}{\eta_{it}}\right)\alpha(\delta_{Qit}) + \delta_{Qit} \\
&\quad + \frac{1}{\eta_{it}}\delta_{Hit} + \left(1 - \frac{1}{\eta_{it}}\right)\vartheta_{it} + \frac{1}{\eta_{it}}\upsilon_{it}
\end{aligned}$$

此时问题会变得更复杂。第一步误差应该是 $-\left(1 - \frac{1}{\eta_{it}}\right)\alpha(\delta_{Qit}) +$

$\delta_{Qit} + \frac{1}{\eta_{it}}\delta_{Hit} + \left(1 - \frac{1}{\eta_{it}}\right)\vartheta_{it} + \frac{1}{\eta_{it}}\mu_{it}$,而不是 ϑ_{it};与 $h(\cdot)$ 函数对应的是 $\left(1 - \frac{1}{\eta_{it}}\right)\omega_{it}$,而不是 ω_{it}。

DLW 加成率估计以上问题的实质,是对需求端因素处理不完整。在完全竞争环境下,企业以市场价格可以销售任意数量,不存在影响企业决策的需求端因素,LP/ACF 设定静态要素需求函数 $m_{it} = m(k_{it},\omega_{it})$ 是合理的。然而估计企业异质的加成率显然只能是在不完全竞争环境,此时异质的需求端因素会影响企业的计划产量 Y_{it}^*,从而进一步影响企业的静态要素需求。也就是说,所有影响需求量 Y_{it}^* 的因素,都应该纳入 DLW 要素需求函数 $m_{it} = m(k_{it},\omega_{it},z_{it})$ 的 z_{it} 中,显然应该包括估计目标 μ_{it},以及需求端不可观测的异质性 δ_{Hit} 和 δ_{Qit}。然而,这从根本动摇了代理变量方法和分步估计有效性的基础。总之,DLW 加成率估计需要引入需求异质,却只对需求异质作部分处理,这是其面临问题的根源。

在实践中,根据 DLW 生产端方法估计式(2.1),使用不同可变投入定义估计的加成率应该是一致的,至少应该高度正相关(相关系数接近于1)。然而 Raval 使用了文献中常用的五套微观数据(智利、哥伦比亚、印度、印度尼西亚和美国)进行测试,发现在所有的数据中使用劳动投入估计的加成率(劳动加成率)与使用材料投入估计的加成率(材料加成率)反而都是负相关(Raval, 2019)。而且,使用不同可变投入估计的加成率在所有数据库中都呈现完全不同的时间趋势。例如,哥伦比亚数据中样本期内劳动加成率下降了28%,而材料加成率则上升8%。虽然资本、劳动和材料等数据的测量误差和调整成本不容忽视,显然 DLW 方法的上述问题也是出现这样矛盾结论的重要原因。

第三节 生产函数参数和加成率的整合估计

一 加成率的识别和参数约束

与 DLW 的生产端思路相同，本章加成率的识别从根据静态投入成本最小化得到的式（2.1）出发。鉴于可变投入（特别是劳动）的调整成本可能造成生产端方法的加成率估计偏误（Raval，2019），本章在式（2.1）基础上引入劳动的调整成本。存在调整成本时劳动选择的动态优化问题：

$$(1 + \Delta_{it})W_t = MC_{it}\frac{\partial Y_{it}^*}{\partial L_{it}}$$

Δ_{it} 为存在劳动调整成本时，劳动的影子价格对实际工资的偏离。[①] 考虑柯布—道格拉斯生产函数，结合材料的一阶条件得到：

$$\ln\left(\frac{R_{it}}{P_{Mt}M_{it} + W_tL_{it}}\right) = -\ln(\beta_M + \beta_L) + \ln\left(\frac{\eta_{it}}{\eta_{it} - 1}\right) \\ + \ln\left(1 + \frac{W_tL_{it}}{P_{Mt}M_{it} + W_tL_{it}}\Delta_{it}\right) + \vartheta_{it} \qquad (2.7)$$

[①] 其具体影响因素，参见文献（Doraszelski, Jaumandreu, 2018）第 15 页第（10）式；或者文献（Jaumandreu, Yin, 2017）第 18 页第（12）式。

如前，DLW 用 ACF 方法估计 β_L、β_M 和 ϑ_{it} 后，直接用式（2.7）计算加成率（不考虑调整成本）。与他们的分开估计不同，本章将加成率和生产函数估计整合在一个估计系统中。本章用式（2.7）清除 ϑ_{it}，并形成对生产函数估计系统中参数的约束。

具体地，考虑到观察到的企业工资 W_{it}，实际劳动成本 $W_{it}L_{it}$ 中可能已经部分包括了调整成本因素，估计模型为：

$$\ln\left(\frac{R_{it}}{P_{Mt}M_{it} + W_{it}L_{it}}\right) = X_{it}\sigma + \sigma^L \ln\left(1 + \frac{W_{it}L_{it}}{P_{Mt}M_{it} + W_{it}L_{it}}\Delta_{it}\right) + \vartheta_{it}$$

(2.8)

控制向量 X_{it} 包括常数、企业的营销努力度（sc_{it}）、出口市场参与度（$export_{it}$）、企业年龄（age_{it}）、东部地区虚拟变量（$east_{it}$）、中部地区虚拟变量（$middle_{it}$）、地级市及以上的城区虚拟变量（$core_{it}$）、省会虚拟变量（$ccity_{it}$）、新进入企业虚拟变量（$entrant_{it}$），还包括一整套年份虚拟变量和行业（四位数行业）虚拟变量。由于 ϑ_{it} 是生产端的纯粹扰动，可以用 OLS 进行估计，不用担心内生性问题。

Δ_{it} 的经验识别。注意到 $\frac{P_{Mt}M_{it}}{W_t L_{it}} = \frac{\beta_M}{\beta_L}(1 + \Delta_{it})$，不失一般性，$\Delta_{it}$ 在不同时期、不同企业可以平均掉，从而：

$$\hat{\Delta}_{it} = \frac{P_{Mt}M_{it}}{W_{it}L_{it}}\left(\frac{1}{N}\sum_i \sum_{T_i} \frac{P_{Mt}M_{it}}{W_{it}L_{it}}\right)^{-1} - 1$$

T_i 为企业 i 的观测数，N 为总观测数。用 OLS 估计式（2.8），得到

$\hat{\sigma}^L$ 和清除了 ϑ_{it} 的收入—可变成本率预期值 $\overline{\ln\left(\dfrac{R_{it}}{P_{Mt}M_{it}+W_{it}L_{it}}\right)}$。定义

$$\Theta_{it} = \overline{\ln\left(\dfrac{R_{it}}{P_{Mt}M_{it}+W_{it}L_{it}}\right)} - \hat{\sigma}^L \ln\left(1+\dfrac{W_{it}L_{it}}{P_{Mt}M_{it}+W_{it}L_{it}}\hat{\Delta}_{it}\right),$$

从而有：

$$\begin{aligned}\hat{\mu}_{it} &= (\beta_M+\beta_L)\exp(\hat{\Theta}_{it})\\ \hat{\eta}_{it} &= \dfrac{(\beta_M+\beta_L)\exp(\hat{\Theta}_{it})}{(\beta_M+\beta_L)\exp(\hat{\Theta}_{it})-1}\end{aligned} \qquad (2.9)$$

式（2.9）作为约束施加到估计系统。

二 生产函数参数和加成率估计系统

根据生产函数结构估计的惯例，设 ω_{it} 为一阶 Markov 过程：

$$\omega_{it} = \gamma_t + g(\omega_{it-1}) + \xi_{it} \qquad (2.10)$$

ξ_{it} 为生产率的随机扰动，还引入生产率时间趋势 γ_t。在柯布—道格拉斯生产函数设定下，将式（2.10）代入式（2.5）：

$$\begin{aligned}r_{it} =& \dfrac{1}{\eta_{it}}\varphi + \left(1-\dfrac{1}{\eta_{it}}\right)\ln\lambda_{it} + \left(1-\dfrac{1}{\eta_{it}}\right)\beta_K u_t\\ &+ \left(1-\dfrac{1}{\eta_{it}}\right)(\beta_K k_{it}+\beta_L l_{it}+\beta_M m_{it})\\ &+ \left(1-\dfrac{1}{\eta_{it}}\right)\gamma_t + \left(1-\dfrac{1}{\eta_{it}}\right)g(\omega_{it-1})\end{aligned}$$

$$-\left(1-\frac{1}{\eta_{it}}\right)\alpha(\delta_{Qit})+\delta_{Qit}$$

$$+\frac{1}{\eta_{it}}\delta_{Hit}+\zeta_{it} \tag{2.11}$$

这里考虑了经济波动造成的资本（产能）利用率的变化（即当期只有比例为 U_t 的资本存量投入生产，实际使用的资本为 $U_t K_{it}$），还考虑了企业每期生产量和销售量的差异 λ_{it}。$\zeta_{it}=\left(1-\frac{1}{\eta_{it}}\right)(\vartheta_{it}+\xi_{it})+\frac{1}{\eta_{it}}\upsilon_{it}$，为独立同分布的纯粹扰动项。式（2.11）和滞后一期的式（2.6）是本章同时识别生产函数参数和加成率的基本方程。

还需要解决的是 δ_{Qit} 和 δ_{Hit} 的识别问题。根据企业产品质量（N_1）的最优决策（见第一章）：

$$\alpha'(\delta_{Qit})=\frac{\eta_{it}}{\eta_{it}-1}$$

其中，δ_{Qit} 是加成率的函数，因此，可用 $\frac{\eta_{it}}{\eta_{it}-1}$ 的非参数函数逼近式（2.11）和式（2.6）中 δ_{Qit} 相关的项：

$$\left(1-\frac{1}{\eta_{it}}\right)\alpha(\delta_{Qit})-\delta_{Qit}=\Upsilon\left(\frac{\eta_{it}}{\eta_{it}-1}\right) \tag{2.12}$$

横向产品差异 δ_{Hit} 的识别。借鉴 De Loecker 的方法（De Loecker,

2011），本章用需求移动因子（Demand shifters）来控制横向产品差异：[①]

$$\delta_{Hit} = a_1 sc_{it} + a_2 east_{it} + a_3 middle_{it} + a_4 export_{it} + a_5 core_{it} + a_6 ccity_{it} + a_7 entrant_{it} \tag{2.13}$$

变量定义如上。

三 估计方法

根据设定，式（2.11）中的扰动项 ζ_{it} 满足 $E(Z \cdot \zeta) = 0$，z 为工具向量。因此，估计参数 θ 的 GMM 问题：

$$\min_{\theta} \Big[\frac{1}{N} \sum_i \sum_{T_i} Z_{it} \zeta_{it}(\theta) \Big]' W_N \Big[\frac{1}{N} \sum_i \sum_{T_i} Z_{it} \zeta_{it}(\theta) \Big] \tag{2.14}$$

$W_N = z'z$ 为权重矩阵。具体地，估计系统为式（2.9）和式（2.13），以及：

$$\hat{\zeta}_{it} = r_{it} - \Big(1 - \frac{1}{\hat{\eta}_{it}}\Big)(\beta_K k_{it} + \beta_L l_{it} + \beta_M em_{it}) - \Big(1 - \frac{1}{\hat{\eta}_{it}}\Big) \ln \lambda_{it}$$
$$- \frac{1}{\hat{\eta}_{it}} \delta_{Hit} - (c_0 + \gamma_1 \cdot d00 + \gamma_2 \cdot d01 + \cdots)\Big(1 - \frac{1}{\hat{\eta}_{it}}\Big)$$

[①] 应该说这样的处理并不十分令人满意。例如，Jaumandreu 和 Yin 就发现即使控制了可以测度的需求移动因子，剩下的异质性还是很明显的（Jaumandreu, Yin, 2017）。

$$-\frac{1}{\hat{\eta}_{it}}c_1 - \left(1 - \frac{1}{\hat{\eta}_{it}}\right)g(\omega_{it-1}, \hat{Pr}_{it|t-1})$$

$$+ \Upsilon\left(\frac{\hat{\eta}_{it}}{\hat{\eta}_{it} - 1}\right) \tag{2.15}$$

$$\hat{Pr}_{it|t-1} = \Gamma(k_{it-1}, l_{it-1}, em_{it-1}, sc_{it-1}) \tag{2.16}$$

$$\hat{\omega}_{it-1} =$$

$$\frac{\hat{\eta}_{it-1}}{\hat{\eta}_{it-1} - 1}\begin{bmatrix}\ln(1 - \tau_{Mit-1}) - \ln\left(1 - \frac{1}{\hat{\eta}_{it-1}}\right) + \left(1 - \frac{1}{\hat{\eta}_{it-1}}\right)\beta_M p_{Mt-1} \\ -\left(1 - \frac{1}{\hat{\eta}_{it-1}}\right)\gamma_p p_{t-1} - \ln\beta_M - \left(1 - \frac{1}{\hat{\eta}_{it-1}}\right)\ln\lambda_{it-1} \\ -\left(1 - \frac{1}{\hat{\eta}_{it-1}}\right)(\beta_K k_{it-1} + \beta_L l_{it-1} + \beta_M em_{it-1}) + em_{it-1} \\ -\ln(1 - \tau_{it-1}) - \frac{1}{\hat{\eta}_{it-1}}(a_0 + \delta_{Hit-1}) + \Upsilon\left(\frac{\hat{\eta}_{it-1}}{\hat{\eta}_{it-1} - 1}\right)\end{bmatrix}$$

$$\tag{2.17}$$

$em_{it} = m_{it} + p_m$,为材料支出。考虑到企业退出造成的样本选择问题（见第一章），期望生产率函数中引入为企业 i 在时期 t 持续经营的概率 $\text{Pr}_{it|t-1}$，变为 $g(\omega_{it-1}, \hat{Pr}_{it|t-1})$。式（2.15）中，用 c_0 吸收时间趋势中的基准值、未知函数 $g(\cdot)$ 和 $\Upsilon(\cdot)$ 中的常数；用 c_1 合并需求函数参数 φ 和横向产品差异 δ_{Hit} 中的常数；用时间虚拟变量序列 $d00$—$d13$ 合并识别 $\left(1 - \frac{1}{\eta_i}\right)\beta_M p_{Mt}$、$\left(1 - \frac{1}{\eta_i}\right)\beta_K u_t$ 和 $\left(1 - \frac{1}{\eta_i}\right)\gamma_t$；用 $\hat{\omega}_{it-1}$ 和 $\hat{Pr}_{it|t-1}$ 的二阶多项式逼近未知函数 $g(\cdot)$。$\text{Pr}_{it|t-1}$ 由（2.16）中未知函数 $\Gamma(\cdot)$ 的四阶多项式识别。式（2.17）中设产能利用率 u_t

与一般价格水平 p_t 呈线性关系（$u_t - \gamma p_t$），即 $\left(1 - \frac{1}{\eta_i}\right)\gamma_p p_{i-1}$ 项（$\gamma_p = \gamma \beta_K$ 为待估参数）。式（2.17）还考虑了企业材料税率 τ_{Mit}（增值税进项税率）和销售税率 τ_{it}（增值税销项税率）的异质性。式（2.15）和式（2.17）中用 $\dfrac{\hat{\eta}_{it-1}}{\eta_{it-1} - 1}$ 的三阶多项式逼近未知函数 $\Upsilon(\cdot)$，以控制产品质量的异质性。

基本识别包括 33 个参数：投入弹性（β_K、β_L、β_M）、横向产品差异参数（7 个）、时间趋势参数（11 个）、未知函数 $g(\cdot)$ 逼近参数（5 个）、未知函数 $\Upsilon(\cdot)$ 逼近参数（3 个）、产能利用参数（γ_p）、常数（a_0、c_0 和 c_1）。本章借鉴 Doraszelski 和 Jaumandreu 的降维方法（Doraszelski，Jaumandreu，2013），将 18 个线性参数（c_0、c_1、时间趋势参数、生产率逼近参数）表示成余下 15 个非线性参数的函数。这样在实际估计中最优化程序只需要搜索 15 个参数，大大提高了 GMM 估计的收敛性和稳健性。式（2.14）中的工具向量 Z 由外生变量的多项式组成。① 基本工具集包括常数、时间虚拟变量（11 个）、$east_{it-1}$、$middle_{it-1}$、$core_{it-1}$、$ccity_{it-1}$、$entrant_{it-1}$、$export_{it-1}$、sc_{it-1}，$\hat{\eta}_{it-1}$ 的三阶多项式，以及 k_{it-1}、l_{it-1} 和 m_{it-1} 的三阶多项式（19 个），共 41 个。

参数估计出来后，根据式（2.9）自然得到加成率的估计。

---

① 这一方法在贸易和经验产业组织中广泛使用，例如 Berry 等的研究（Berry et al.，1995；Olley，Pakes，1996；Levinsohn，Petrin，2003；Ackerberg et al.，2015；Wooldridge，2009；Doraszelski，Jaumandreu，2013；2018），还包括 Ai 和 Chen 提出的格点估计方法（sieveestimation）（Ai，Chen，2003；2007）。

◇ 第四节 基本估计结果

用"全部国有及规模以上非国有工业企业数据库"（工业企业数据库）比较 DLW 及本书的估计方法。样本期为 1998—2013 年（由于 2010 年数据异常，本章不包括该年数据）。数据库的整理、行业定义等参见第一章。

表 2-1 比较 10 个行业生产函数参数的估计结果。从资本、劳动和材料投入的产出弹性和规模收益参数看，两种方法的估计结果均处在合理的范围内（除了 DLW 方法估计的行业 8 的资本弹性明显偏低外），且估计的标准误都很小。两种方法估计的资本产出弹性系数估计都比较合理。[①] 本章的方法与 DLW 运用 ACF 的估计结果的参数估计，看不出系统性偏高或偏低，在 10 个行业中本章估计的长期规模参数有 4 个稍高（行业 2、5、7、8），5 个偏低（行业 3、4、5、9、10），行业 1 比较接近。短期规模参数也有 4 个高出（行业 1、3、5、7），6 个偏低（行业 2、3、6、8、9、10）。就参数结构而言，除了行业 1 和行业 2 稍接近外，其余 8 个行业两种方法的估计结果存在明显差别，尤其是材料和劳动的参数。这表明两种方法企业加成率估计的差别会很明显。

[①] Olley 和 Pakes 指出，在生产函数估计中经常出现资本弹性系数过低的偏误（Olley, Pakes, 1996）。

表 2-1 生产函数参数估计

代码	行业简称	本章的方法						DLW 方法					
		K		L		M		K		L		M	
		系数	标误	系数	标误	系数	标误	系数	标误	系数	标误	系数	标误
1	食品	0.1209	0.0114	0.2467	0.0369	0.6797	0.0373	0.2029	0.0278	0.1601	0.0246	0.6539	0.0338
2	纺织	0.0906	0.0133	0.3266	0.0573	0.6269	0.1096	0.0661	0.0126	0.2344	0.0270	0.7538	0.0216
3	木材	0.1100	0.0132	0.2387	0.0495	0.6458	0.0671	0.2026	0.0340	0.0512	0.0255	0.7411	0.0319
4	造纸	0.1447	0.0130	0.3215	0.0446	0.5188	0.0553	0.1448	0.0415	0.1324	0.0494	0.7391	0.0430
5	化学	0.1669	0.0106	0.4060	0.0425	0.4223	0.0352	0.1927	0.0160	0.0354	0.0272	0.7552	0.0136
6	非金	0.0738	0.0070	0.2427	0.0249	0.6102	0.0419	0.0835	0.0135	0.3946	0.0388	0.6366	0.0235
7	金属	0.1506	0.0071	0.2257	0.0215	0.6388	0.0386	0.0995	0.0176	0.1190	0.0204	0.7841	0.0202
8	设备	0.1257	0.0073	0.3343	0.0281	0.5010	0.0226	0.0197	0.0111	0.0514	0.0202	0.9577	0.0206
9	运输	0.1255	0.0210	0.2343	0.0472	0.6436	0.0438	0.2197	0.0372	0.2707	0.0412	0.6060	0.0443
10	电气	0.1517	0.0191	0.3775	0.0596	0.5637	0.0508	0.0880	0.0195	0.0711	0.0168	0.8718	0.0220

资料来源：笔者计算。

据表2-2，两种方法企业的加成率估计确实差别明显。本章估计的企业加成率在所有10个行业的分布都更为集中，方差比DLW估计小很多。从分位数比来看，本章估计90分位与10分位的加成率差距较大的是食品行业（0.279）和化学行业（0.262），一般在0.1—0.2，即价格超出边际成本的幅度差别在20个百分点左右。而DLW估计的相应数值都在0.6以上，化学、设备和电气三个行业90分位与10分位的加成率差距甚至超出100个百分点。这样的话行业内企业间的利润率差距也应该十分悬殊，应该是不合理的。从加成率水平来看，所有10个行业本章估计的均值和中位数均在1.13—1.34。即使在90分位本章的估计都在1.46以下，即价格超出边际成本的幅度在46%以内。而DLW估计的10个制造业行业加成率均值处于1.16—2.18，中位数处于1.09—2.27，除了食品、非金属和金融外，其余7个行业的加成率都处于很高的水平。[①] 在90分位DLW的加成率估计都超出了1.50，有7个行业超出1.80，造纸、化学、设备和电气行业甚至超过2，即价格超出边际成本一倍以上。这意味着这些企业的利润率也接近暴利水平，是明显不合理的。DLW的加成率估计有4个行业（食品、非金属、金融和运输设备）估计的10分位值小于1，即超过10%的企业价格甚至小于边际成本。样本期内加成率的变化模式也完全不同，本章的估计显示在1999—2013年所有制造业行业的加成率呈下降趋势，而据DLW的估计，除食品行业外，其余9个行业加成率都大幅提高。

---

① 这并不是偶然现象。如De Loecker等估计美国企业的加成率，近年来均值达到1.61（De Loecker et al., 2018）。

表 2-2 两种方法加成率估计比较

代码	行业简称	本章的方法					DLW 方法				
		均值	方差	中位数	10 分位	90 分位	增长率	均值	方差	中位数	10 分位	90 分位	增长率

代码	行业简称	均值	方差	中位数	10分位	90分位	增长率	均值	方差	中位数	10分位	90分位	增长率
1	食品	1.2493	0.0843	1.2252	1.1753	1.3639	-4.8125	1.1638	0.3601	1.0854	0.8252	1.5794	-12.0554
2	纺织	1.2388	0.0242	1.2376	1.2070	1.2713	-2.3458	1.4591	0.3071	1.4359	1.0941	1.8213	25.4131
3	木材	1.1680	0.0252	1.1649	1.1375	1.2030	-2.3164	1.4682	0.2773	1.4556	1.1177	1.8138	20.9563
4	造纸	1.1312	0.0325	1.1249	1.0906	1.1768	-5.7802	1.5511	0.3915	1.5122	1.0983	2.0194	33.2557
5	化学	1.1257	0.0598	1.1123	1.0651	1.1976	-5.0556	1.5427	0.5859	1.4076	1.0581	2.1209	4.4390
6	非金	1.1664	0.0349	1.1661	1.1257	1.2115	-2.9544	1.2279	0.2676	1.2009	0.9165	1.5518	19.1127
7	金属	1.1278	0.0223	1.1253	1.1008	1.1580	-3.3280	1.2982	0.2761	1.2647	0.9787	1.6588	16.4834
8	设备	1.1336	0.0307	1.1320	1.0943	1.1745	-4.2020	2.0185	0.5378	1.9407	1.4684	2.6252	14.9057
9	运输	1.1824	0.0374	1.1816	1.1302	1.2304	-5.1014	1.4249	0.4063	1.3899	0.9385	1.9301	44.1598
10	电气	1.2700	0.0456	1.2655	1.2147	1.3332	-5.3860	2.1764	0.6544	2.0772	1.4433	3.0133	54.4363

注：加成率增长率 =（2013 年均值 - 1999 年均值）/1999 年均值。

资料来源：笔者计算。

第五节 与中国制造业加成率分析的既有结果比较

DLW 方法在国际贸易、产业组织等领域得到了广泛应用，近年来使用这一方法估计企业加成率进而分析企业市场力量的影响因素的文献不断地涌现。下面重点比较两篇研究中国制造业企业加成率的文献（Brandt et al., 2017; Lu, Yu, 2015），看看不同特征的企业的加成率是否存在系统性差别，结论是否会发生变化。

一 出口对企业加成率的影响

出口市场是否竞争性更强、企业加成率更低，我们可以在一个简单的回归框架下比较两种加成率方法对这些问题的回答。具体的回归方程如下：

$$\ln\mu_{it} = \alpha_0 + \alpha d_{it} + \beta \cdot control_{it} + \nu_{it} \quad (2.18)$$

表 2-3　　不同特征企业加成率差异的回归分析比较

	本章的方法		DLW 方法	
	回归系数	标准差	回归系数	标准差
出口虚拟变量	-0.0063	0.0000	0.0361	0.0005
国有企业虚拟变量	0.0039	0.0001	0.0474	0.0006
东部地区虚拟变量	-0.0128	0.0001	0.0836	0.0007

续表

	本章的方法		DLW 方法	
	回归系数	标准差	回归系数	标准差
中部地区虚拟变量	0.0060	0.0001	0.0420	0.0008
样本量	1402077		1256089	
R^2	0.8530		0.5723	

资料来源：笔者计算。

d_{it}为感兴趣的企业特征虚拟变量，这里主要考虑是否为出口企业、出否为国有企业、是否为东部或中部地区企业。$control_{it}$为控制变量，包括年份虚拟变量、行业（二位数）虚拟变量、企业年龄，还包括企业资本、劳动力，以控制企业规模和要素密度对加成率的影响。表2-4列示了估计结果，可以看到，就国有企业而言，两个加成率估计的答案是一致的，即国有企业的市场力量更大，就本章的加成率估计而言，国有企业比非国有企业加成率高出0.4%，DLW是4.7%。然而，关于出口和区位特征的结果，却形成鲜明对比。本章的加成率估计显示，出口市场竞争性更强，出口企业加成率比非出口企业平均低0.6%，而DLW的估计显示国内市场竞争性更高，出口企业的加成率高出非出口企业3.6%。就东、中、西部地区而言，本章的结果是东部地区企业市场力量最小，加成率比西部地区企业低1.3%；中部地区最高，加成率比西部地区企业高0.6%。而DLW显示完全相反的结果，东部地区企业市场力量最大，加成率高出西部地区8.4%；中部地区企业加成率则比西部地区高4.2%。

二 关税变动对企业加成率的影响

加入 WTO 带来的关税水平变动对企业加成率有什么影响？具体地，借鉴 Brandt 等的框架，本书使用固定效应模型如下：

$$\ln\mu_{it} = \alpha + \alpha_0 output\_tariff_{st-1} + \alpha_1 input\_tariff_{st-1} \\ + \beta control_{it} + \gamma_t + \gamma_s + \gamma_i + \nu_{it} \quad (2.19)$$

μ_{it} 为企业加成率，$output\_tariff_{st-1}$ 是企业所在四位数行业滞后一期的产出品关税税率，$input\_tariff_{st-1}$ 是企业所在四位数行业滞后一期的投入品关税税率。[①] $control_{it}$ 为企业的控制变量集，包括企业的产出规模、资本规模、劳动力雇用人数、是否为国有企业等企业特征，以控制企业规模、要素密度和企业所有权等因素对加成率的影响。模型（1）控制了企业固定效应和年份固定效应，模型（2）在模型（1）的基础上增加控制了部门特征，[②] 本章主要考虑部门内的国有企业比重与出口比重。为了控制不同规模企业对估计结果的影响，模型（3）和模型（4）使用加权固定效应模型，以企业存续期内在所属行业的产出份额作为权重。为了缓解 2001 年加入 WTO 后关税税率可能出现的内生性问题，本章参照 Brandt 等的做法（Brandt et

---

[①] 关税税率数据来自 AEA 网站在线提供的数据集。产出品关税指该企业所属行业的关税税率，投入品关税指该企业使用的原材料的加权平均关税税率。投入品关税税率由该企业使用的多种原材料对应的产出品税率加权计算得来，权重取自 2002 年三位数行业投入产出表（IO Table）。具体计算过程见文献（Brandt et al., 2017）。

[②] 部门指二位数行业。

al., 2017），在模型（5）和模型（6）使用 WTO 协定规定的投入品和产出品最大税率作为实际税率的工具变量，同时使用企业在总产出中所占份额作为权重进行加权。

表2-4列示了上述模型的估计结果。可以看到两种加成率估计方法给出的结论存在明显差异。就投入品关税而言，在不考虑企业产出份额的前提下，本章的估计结果表明投入品关税税率下降1%，企业加成率上升0.0632%—0.0693%，而 DLW 方法为1.0485%—1.0553%，两种估计方法的结论在方向上一致，但影响程度（绝对值）相差一个数量级。使用未加权估计可能会低估市场份额较大企业的影响，故模型（3）和模型（4）使用行业内市场份额作为权重进行加权估计。模型（3）和模型（4）的估计结果，本章的方法表明投入品关税税率下降1%，使得企业加成率上升0.0352%—0.0381%，DLW 方法为0.9172%—0.9446%，与模型（1）和模型（2）的估计结果差异不大，影响程度稍稍下降。由于各个行业在国民经济总体中的占比不同，对各行业视作相同权重的样本时会低估规模较大行业的影响，高估规模较小行业的影响，因此在模型（5）和模型（6）中本书使用企业在总产出中所占份额作为权重进行加权估计。观察模型（5）和模型（6）的估计结果可以发现，两种加成率估计方法的结论发生了分歧。DLW 方法表明投入品关税税率下降1%，企业加成率上升3.2724%—3.4334%，与前述模型相比估计系数方向不变，但绝对值变化较大。而本章方法的估计系数方向出现了明显的改变，由负变正，表明在考虑了企业在国民经济总体的比重后，投入品关税税率下降会导致企业加成率下降而不是上升。具体地，本章的方法显示投入品关税税率下降1%，使得企业加成率下降0.0925%—0.1136%。

第二章 企业加成率的结构估计

表2-4 两种估计方法企业加成率回归结果比较

企业加成率的计方法	解释变量	未加权 (1)		未加权 (2)		行业内产出份额加权 (3)		行业内产出份额加权 (4)		总产出份额加权 (5)		总产出份额加权 (6)	
		系数	标误	系数	标误	系数	标误	系数	标误	系数	标误	系数	标误
本章的方法	投入品关税	-0.0632	0.0029	-0.0693	0.0030	-0.0381	0.0112	-0.0352	0.0102	0.1136	0.0154	0.0925	0.0153
	产出品关税	-0.0122	0.0009	-0.0122	0.0009	-0.0237	0.0040	-0.0258	0.0038	-0.0181	0.0049	-0.0159	0.0048
DLW 的方法	投入品关税	-1.0486	0.0311	-1.0553	0.0315	-0.9446	0.1080	-0.9172	0.1026	-3.433	0.2666	-3.2724	0.2557
	产出品关税	-0.0735	0.0103	-0.0733	0.0104	-0.0077	0.0381	0.0047	0.0354	0.2382	0.0536	0.2177	0.0514
	企业 FE	Yes		Yes		Yes		Yes		Yes		Yes	
	年份 FE	Yes		Yes		Yes		Yes		Yes		Yes	
	部门特征	—		Yes		—		Yes		—		Yes	
	样本数	660140		659571		660140		659571		660140		659571	

资料来源：笔者计算。

两种估计方法对产出品关税的结论形成了鲜明的对比。本章的估计结果表明，产出品关税税率下降会使企业加成率上升。具体而言，根据加权方式的不同，产出品关税税率下降1%，造成企业加成率提高0.0122%—0.0258%。而DLW方法在不同的权重下得到的结论并不一致，未加权的估计结果表明产出品关税税率下降1%，造成企业加成率提高0.0733%—0.0735%；使用行业内企业市场份额作为权重时，估计系数的绝对值较其他模型小至少一个数量级且不具有统计显著性；使用企业在总产出中所占份额作为权重时，估计系数的符号发生改变，估计结果表明产出品关税税率下降1%，造成企业加成率降低0.2177%—0.2382%，这一估计结果与Brandt等的点估计系数比较接近（Brandt et al.，2019）。[1]

三　企业加成率动态特征

下面运用Brandt等提出的行业平均加成率动态分解方法，将两种估计方法得到的行业平均加成率的动态变化分解为行业内持续经营企业（在位者）加成率水平的变动、在位者市场份额的变动（行业内再配置）、新企业进入、旧企业退出四个不同的影响渠道，并探索关税降低对每个影响渠道的作用。行业加成率的动态分解公式为：

$$\Delta \mu_{it} = \sum_{i \in C} [\bar{s}_{it} \Delta \mu_{it} + \Delta s_{it} (\bar{\mu}_{it} - \mu_{st-k})]$$

---

[1] Brandt等的点估计结果为0.232（Brandt et al.，2019）。Brandt等于2019年4月在 *American Economic Review* 刊出了Brandt等的勘误表（Brandt et al.，2017），作者称原文的估计程序出现了部分编程错误，修正程序后重新估计了原文的主要结果。本章以文献（Brandt et al.，2019）的估计结果为准。

$$+ \sum_{i \in E} s_{it}(\mu_{it} - \mu_{st-k})$$

$$- \sum_{i \in X} s_{it-k}(\mu_{it-k} - \mu_{st-k}) \tag{2.20}$$

μ_{it} 是企业 i 在 t 期的加成率，s_{it} 是企业市场份额，$\bar{\mu}_{it}$ 和 $\bar{s}_{it}$ 分别为行业平均加成率和平均市场份额，C、E、X 分别代表在位者、进入者和退出者。

表 2-5　两种估计方法对 2001—2004 年企业加成率动态分解结果

代码	行业名称	本章的方法					DLW 的方法				
		在位者	再配置	进入	退出	总效应	在位者	再配置	进入	退出	总效应
1	食品饮料	-0.0057	0.0035	0.0911	-0.1061	-0.0172	0.0856	-0.0167	-0.0015	0.0194	0.0867
2	纺织服装	-0.0096	0.0016	0.0144	-0.0254	-0.0190	0.0943	-0.0046	0.1022	-0.0184	0.1735
3	木材家具	-0.0099	0.0038	0.0109	-0.0243	-0.0196	0.0815	-0.0039	0.0692	-0.0147	0.1321
4	造纸印刷	-0.0123	-0.0025	0.0054	-0.0124	-0.0217	0.1449	-0.0235	0.0727	-0.0047	0.1894
5	化学医药	-0.0149	0.0003	0.0122	-0.0216	-0.0240	0.0639	-0.0150	0.0072	0.0002	0.0564
6	非金属	-0.0060	0.0000	0.0112	-0.0169	-0.0117	0.0785	-0.0108	0.0497	0.0022	0.1197
7	金属制造	-0.0165	-0.0011	0.0029	-0.0111	-0.0258	-0.0440	-0.0159	-0.0305	0.0034	-0.0870
8	机械设备	-0.0100	0.0010	0.0240	-0.0316	-0.0166	0.1086	-0.0128	0.0667	-0.0121	0.1504
9	运输设备	-0.0201	0.0012	0.0579	-0.0583	-0.0193	0.1038	0.0067	0.0642	0.0115	0.1862
10	电气电子	-0.0142	-0.0028	0.0127	-0.0228	-0.0271	0.1965	0.0003	0.1720	-0.0050	0.3639

资料来源：笔者计算。

表2-6　两种估计方法对行业加成率动态分解回归结果比较

企业加成率估计方法	解释变量	总效应		在位者		再配置		进入		退出	
		系数	标误	系数	标误	系数	标误	系数	标误	系数	标误
本章的方法	投入品关税	-0.0133	0.0065	0.0021	0.0048	-0.0033	0.0016	-0.0082	0.0037	-0.0038	0.0016
本章的方法	产出品关税	-0.0576	0.0202	-0.0955	0.0149	0.0087	0.0051	0.0132	0.0115	0.0159	0.0048
DLW的方法	投入品关税	0.1518	0.0729	0.0798	0.0475	0.0505	0.0223	0.0605	0.0412	-0.0390	0.0224
DLW的方法	产出品关税	-2.7225	0.2261	-1.3210	0.1473	-0.4276	0.0690	-1.065	0.1277	0.0911	0.0694
样本数		739		739		739		739		739	

注：所有模型均以当年行业总产出额作为权重进行加权。

资料来源：笔者计算。

本书分别使用两种不同方法估计的企业加成率,根据式(2.20)计算了 10 个行业在四个样本期间(1999—2000 年、2001—2004 年、2005—2009 年、2011—2013 年)的加成率动态分解结果。受篇幅所限,本章仅列出中国加入 WTO 前后(2001—2004 年)的加成率动态分解结果。表 2-5 清楚地表明,两种估计方法得到的动态分解结果存在明显的差异。就行业总体加成率而言,本章的加成率估计结果显示,加入 WTO 后 10 个行业的溢价水平都有所下降,而 DLW 方法则显示这一时期除金属制造业(行业 7)外,其他所有行业的溢价水平是提升的。具体到各个分解效应,本章的估计结果显示所有行业的在位者企业的市场势力在这一时期遭到一定的削弱,但大部分行业的市场份额再配置效应为正,部分抵消了在位者企业市场势力的下降趋势,仅印刷造纸(行业 4)、金属制造(行业 7)与电气电子(行业 10)的再配置效应为负,行业内企业的市场势力进一步下降。DLW 方法则表明,除金属制造(行业 7)之外的绝大多数行业在位者企业的市场势力均有所上升,同时大部分行业通过市场份额的再配置降低了行业平均溢价水平,仅运输设备(行业 9)与电气电子(行业 10)的再配置效应为正,进一步加剧了在位者企业市场势力的上升。对于企业进入和退出对行业溢价水平的影响,两种加成率估计方法给出的结论也不相同。本章的方法表明,新进入企业通常具有较高的市场势力,提高了行业溢价水平,而具有较强市场势力的企业退出则降低了行业溢价水平,这一结论适用于所有 10 个行业。DLW 方法则显示除食品饮料(行业 1)和机械设备(行业 8)之外,大部分行业的新进入企业都提高了本行业的溢价水平,5 个行业(纺织服装、木材家具、造纸印刷、机械设备和电气电子)的旧企业退出降低了行业溢价水平,其余 5 个行业(食品饮料、化学医药、非金属制造、金属制造和运输设备)的旧企业退出提高了行业溢价水平。此外,两种估计方法就何种效应占主导地位这一问题给出了不同的答案。本章的估计方法显示新企业进入和旧企业退出是行业溢价水平变化的主要渠道(广延边际,extensive margin),DLW方法则表明在位者企业市场势力变化是行业溢价水平变化的主导因素(集约边际,intensive margin)。

为了进一步分析关税降低对每个渠道的异质性作用,我们计算了加入WTO前后两个时期(1999—2001年、2001—2003年)四位数行业的加成率动态分解结果,并分别将总效应、在位者效应、再配置效应、新企业进入效应和旧企业退出效应作为被解释变量对投入品关税和产出品关税进行回归。回归中以行业总产出份额作为权重进行加权,以控制不同行业的规模差异对回归结果的影响。表2.6列示了估计结果。对于投入品关税税率而言,两种估计方法结论存在明显差异。就总体效应而言,本章的估计方法表明投入品关税税率降低会提高行业的溢价水平,DLW方法则显示投入品关税税率降低会使行业溢价水平降低。具体到各项分解效应,本章的估计方法表明投入品关税税率降低会使在位企业的溢价水平降低,但会通过扩大高溢价水平在位企业的市场份额而提高行业溢价水平;同时,降低投入品关税税率会促进高溢价企业进入、低溢价企业退出,从而提高行业溢价水平;DLW方法显示投入品关税税率降低会使在位企业的溢价水平降低、市场势力小的在位企业市场份额扩大并促进低溢价水平企业进入从而降低行业的溢价水平,同时也会促使一部分低溢价水平的企业退出市场从而提高行业溢价水平,总体而言会使得行业的溢价水平降低。对于产出品关税税率而言,两种估计方法在总体效应的结论上是一致的,即产出品关税税率降低能够提高行业溢价水平。对于具体的影响渠道则有不同的解释。本章的估计方法表明产出品关税税率降低会提高在位企业的市势力，但会通过市场份额再配置、企业进入和退出部分抵消这种影响。DLW 方法则显示，产出品关税税率降低不仅扩大了在位企业的市场势力，还通过市场份额的再配置和新企业进入进一步提高了行业溢价水平，企业退出能够略微抵消一部分影响。

四 企业加成率的分布特征

上述分析集中在企业加成率的水平层面，文献表明企业加成率的离散度（markup dispersion）同样是影响福利水平的重要因素（Robinson，1934；Lerner，1934；Opp，Parlour，Walden，2014）。下面借鉴 Lu 和 Yu 分析企业加成率离散度的框架（Lu，Yu，2015），讨论加入 WTO 带来的关税下降如何影响行业内的企业加成率离散度，比较两种企业加成率估计方法得到的结论是否一致。

首先计算泰尔指数：

$$Theil_{it} = \frac{1}{n_{it}} \sum_{f=1}^{nit} \frac{y_{f_{it}}}{\bar{y}_{it}} \log\left(\frac{y_{f_{it}}}{\bar{y}_{it}}\right) \qquad (2.21)$$

$y_{f_{it}}$ 是属于行业 i 的企业 f 在 t 期的加成率，$\bar{y}_{it}$ 是行业平均溢价水平。根据式（2.21），本书分别计算了两种不同加成率估计方法对应的四位数行业泰尔指数，[①] 作为企业加成率离散度的衡量指标。本书使用行业关税税率作为分组变量，遵循 Lu 等的做法（Lu，Yu，2015；

[①] Lu 和 Yu 使用三位数行业泰尔指数作为核心被解释变量（Lu，Yu，2015），这是因为他们在估计生产函数时使用了三位数行业的产出数量数据，本章的估计方法不需要这些数据，因而可以深入四位数行业。从研究设计的角度考虑，使用更加细致的四位数行业数据，能够减少测量误差（measurement errors）和加总偏误（aggregation bias），是更加合理的做法。

Brandt et al.，2017），使用滞后一期的关税税率作为分组变量（即 2001 年的关税税率）。双重差分法的回归方程为：

$$y_{it} = \alpha Tariff_{i2001} \cdot Post\,02_t + \beta control_{it} + \gamma_t + \gamma_i + \varepsilon_{it} \qquad (2.22)$$

被解释变量为行业 i 在 t 期的泰尔指数的对数，核心解释变量为 $Tariff_{i2001} \cdot Post\,02_t$，是 2001 年行业关税税率和 2002 年及以后的时间虚拟变量的交互项。控制变量主要包括行业的 EG 指数[①]（测度行业的集聚程度）和行业内企业个数（测度行业的进入壁垒），此外还控制了时间固定效应和个体固定效应。表 2.7 列示了估计结果，两种估计方法有关企业加成率离散度的结论再一次表现出差异。DLW 方法得到的结论是关税水平越高的行业，进入 WTO 后行业内企业溢价水平趋于集中，离散度下降。具体地，行业 2001 年的关税水平高于对照组 1%，在加入 WTO 后行业泰尔指数相较于对照组多下降 29.26%；控制行业的集聚程度与进入壁垒后，这一效果下降到 22.65%。考虑到关税可能是非随机决定的，本书进一步控制了其他可能影响关税的决定因素，如行业内国企比重、行业平均工资以及行业出口比率，在回归模型中加入这些变量与 $Post\,02_t$ 的交互项以控制这些因素对企业加成率离散度时间趋势的影响后，关税对行业企业加成率离散度的集中效应提高到了 30.19%。本章的方法则得到了完全不同的结论：行业 2001 年的关税水平高于对照组 1%，在加入 WTO 后行业泰尔指数相较于对照组多下降 17.28%；然而当控制了行业的集聚程度与进入壁垒之后，这一效应由负变正，高关税行业的企业加

---

① Ellison-Glaeser Index，参见文献（Ellisonand Glaeser，1997）。

成率不平等加剧，分布更加离散；控制了其他可能影响关税的因素后，结果只发生了微小的变化。本章的估计方法得到的 $Tarrif_{i2001} \cdot Post02$ 估计系数，不仅符号发生了改变，并且在三个估计模型中都不具有统计显著性，说明根据本章的方法得到的企业加成率估计结果，无法给出充分的证据支持 Lu 和 Yu 得到的贸易自由化降低了企业加成率离散度的结论（Lu，Yu，2015），这与 DLW 方法得到的结论是完全不同的。

表 2-7　　　　　两种估计方法双重差分法估计结果

	本章的方法						DLW 的方法					
	系数	标误	系数	标误	系数	标误	系数	标误	系数	标误	系数	标误
$Tarrif_{i2001} \times Post02_t$	-0.1728	0.3367	0.1379	0.3266	0.1396	0.3142	-0.2926	0.1318	-0.2265	0.1134	-0.3019	0.1233
行业集聚	—		Yes		Yes		—		Yes		Yes	
进入壁垒	—		Yes		Yes		—		Yes		Yes	
关税决定因素	—		—		Yes		—		—		Yes	
样本数	2789		2483		2465		2773		2763		2733	

资料来源：笔者计算。

第六节　总结

本章分析指出，DLW 加成率估计三步法问题的本质是忽视了企业需求异质性的影响。他们意识到需要将标准 ACF 方法扩展到存在企业需求异质性的不完全竞争环境，但没有深究其对加成率估计的影响。本章提出一个充分考虑需求异质性的企业加成率结构估计方法，从可变投入的成本最小化问题出发，得到生产函数估计方程的约束，将生产函数估计和加成率整合在一个估计系统中，并正式处理了纵向产品差异和横向产品差异两类不可观测的需求端异质性。这一估计方法沿袭生产端加成率估计的思路，但充分考虑了需求端因素。因此，本章的估计方法不仅克服了 DLW 分步估计加成率可能造成的偏误，解决了需求端不可观测异质性带来的代理函数可逆性问题，还缓解了需求端不可观测异质性对企业加成率估计的干扰。

本章使用 1998—2013 年中国工业企业数据中的 10 个制造业大类行业，对本章提出的加成率估计方法和 DLW 三步法进行了全面比较。结果表明两种方法估计的企业加成率确实差别明显。在所有 10 个行业，本章估计的企业加成率分布都更为集中；企业加成率水平比 DLW 的估计低很多；样本期内所有制造业行业的加成率稳步下降，制造业竞争度渐次提升；出口企业加成率更低，出口市场竞争性更强；东部地区企业市场力量最小，中部地区次之，西部地区最大。而 DLW 显示的画面则完全相反。本章借鉴了 Brandt 等研究中国制造业企业加成率重要文献的研究方法（Brandt et al., 2017；Lu, Yu, 2015），进一步分析比较了两种加成率估计方法在企业加成率水平、企业加成率动态变化以及企业加成率离散度等多个维度的异同，发现根据本章的估计方法得到的研究结论与 DLW 方法具有显著的差异。这些结果表明，目前广泛应用的 DLW 加成率估计三步法确实可能存在严重偏误，在很多重要的应用问题上，可能得到完全不同的结论。

最近学术界开始注意到 DLW 加成率估计方法存在的问题，Jaumandreu 等从不同角度对 DLW 方法和估计结果进行了讨论（Jaumandreu, Yin, 2017；Traina, 2018；Karabarbounis, Neiman, 2018；Raval, 2019）。确实，影响企业加成率估计准确性的因素较多，不只是本章正式处理了的需求异质、调整成本、样本选择偏差、产能利用波动等，其他如数据定义和质量问题（尤其是在生产端加成率估计方法中，特别重要的劳动支出和材料支出等可变成本的数据质量）、生产函数的形式问题（如超越对数生产函数）、技术进步的倾向问题（希克斯中性的技术，还是劳动或者资本偏向型技术进步）等，这些都可能对加成率估计产生重要影响。加成率估计与经济分析中的其他基础性问题（如生产率估计），其可靠性和准确性是一个不断深化、改善的过程。从这个角度讲，DLW 整合 Hall 生产端思路和生产函数代理变量方法，这在加成率估计领域的开创性意义不言而喻。

第 三 章

企业产能利用率的结构估计

本章提出一个估计企业层面产能利用率的结构框架,能够控制生产率的异质性。运用1998—2008年中国工业企业数据库中15个重工业行业样本,本书发现将短期平均总成本最小时的产量定义为潜在产出估计产能利用率更为合适。估计结果显示,重工业企业的产能利用率中位数值为90.36%,有5个行业产能利用率明显偏低;样本期内产能利用率整体上逐年提高,2004—2008年趋势放缓;地区间产能利用率差异明显,中西部地区相对较低;产能利用率具有很强的顺周期性,它与企业年龄呈现倒"U"形关系;政府干预和投资过度是造成产能过剩的重要原因。这些很直观的结果为本章估计框架的可靠性提供了有力支持。

◇ 第一节 导言

产能利用率是反映宏观经济运行状况的重要指标之一,也是短期宏观经济分析中的关键变量。① 例如，Greenwood 等在模型中引入产能利用率，认为其对于经济波动至关重要（Greenwood et al., 1988）；Basu 和 Kimball 的研究发现，产能利用率的变化能够解释短期经济波动的 40%—60%（Basu, Kimball, 1997）；Auernheimer 和 Trupkin 将产能利用率引入其分析经济波动的动态模型（Auernheimer, Trupkin, 2014）。胡永刚和刘方指出产能利用状况是重要的顺周期指标，应该将其纳入宏观经济分析模型（胡永刚、刘方，2007）。

产能过剩（产能利用不足）也是中国经济运行中经常需要应对的难题。21 世纪以来，中国已历经几次大范围的产能过剩。② 政府制定的节能减排目标中，提及的产能过剩行业数目在逐年增加。③ 一些行业淘汰落后产能速度小于新增产能速度，产能过剩问题日益尖锐。④ 产能过剩浪费稀缺资源、降低资源配置效率，同时也阻碍产业结构升级。准确测量产能利用状况，尤其是微观层面产能利用率，从而更为准确地分析企业产能利用的影响因素，是制定合适的治理政策并把握有效实施时机的基本前提。

然而，准确和适时地测度产能利用状况并不是件容易的事。这首

---

① 自张伯伦的《垄断竞争理论》发表以来，垄断竞争行业是否存在过剩产能也是微观领域讨论的焦点之一。微观领域对过剩产能的讨论还包括市场结构对产能利用率的影响，以及过剩产能对企业定价、市场力量的影响等话题。本章主要关注产能利用率的宏观含义，即因需求波动造成的产能利用率波动，因此选择完全竞争的市场结构，抽象掉这些微观问题。

② 相关政府部门先后在世纪之交、2003—2004 年、2006 年前后和 2009 年秋对产能过剩进行了四次集中治理。

③ 从"十一五"时期的 11 个落后产能行业增至"十三五"时期的 19 个。数据来源于工信部网站（http://www.miit.gov.cn/n11293472/n11293877/n13138101/index.html）。

④ 例如，据中国钢铁工业协会统计，2011—2012 年全国新投产炼钢产能约为 1.25 亿吨。同期淘汰炼钢产能约 3700 万吨，新增产能近 9000 万吨。

先需要大量的基础信息，特别是企业层面的信息。大范围、有代表性的定期企业层面产能利用状况调查，能够为测度和分析产能利用率提供可靠的第一手资料。例如，美联储的产能利用率数据频次分为月度、季度和年度，其大部分信息来源于美国普查局的工厂生产能力调查数据。中国目前缺乏定期的企业层面产能利用状况调查数据，也没有权威机构定期公布产能利用率统计指标，产能利用率数据多数来自宏观和行业层面的估算。[①] 估计结果并不统一，甚至差异巨大。例如，OECD 的季度数据显示，2011 年中国平均产能利用水平为 85.6%，而 IMF 的统计结果仅有 60%。[②] 这些估计结果令人莫衷一是。

目前国内对产能利用率的学术研究也主要依靠宏观和行业层面的数据。例如，孙巍等对中国制造业 28 个行业产能利用率的测算（孙巍等，2009；韩国高等，2011）；董敏杰等分地区对 39 个工业行业产能利用率的估计（董敏杰等，2015）。虽然利用宏观和行业数据的产能利用率估计和分析能够提供有关总供给的有益信息，但加总数据毕竟平滑掉了企业微观层面的异质性，这会使得基于此的产能利用影响因素分析的可靠性打折扣。产能利用率估计的基本方法建立在成本最小化基础之上，而企业才是真正的决策主体。与宏观分析中常用的代表性企业假定一样，运用行业层面信息的产能利用率估计只是一个近

---

① 常用的产能利用指标主要包括国家统计局的工业产能利用率、OECD 中国制造业产能利用率以及中国人民银行 5000 户工业企业设备能力利用水平。获取产能利用信息的主要渠道：通过统计年鉴和工业、经济普查提供的产能和产量，对部分行业产能进行粗略估计；行业协会对会员企业设备利用能力的调查报告；产业主管部门有关文件提供的零散数据。

② OECD 数据转引自文献（钟春平、潘黎，2014）。IMF 数据来自国际货币基金组织国别报告系列：《中华人民共和国 2012 年第四条款磋商工作人员报告》，2012 年 7 月 6 日。

似值。正如董敏杰等所指出，中国对产能利用率的估计尚处于起步阶段。

本章尝试将企业生产率的结构估计思路整合进产能利用率估计中，提出一种基于企业层面数据、能够控制企业生产率异质性的产能利用率估计方法，并利用中国工业企业数据进行测算。本章将产能利用率定义为企业实际产出与产能产出之比，发现将短期平均总成本最小时的产量定义为潜在产出更为合适。本章设定资本投入为拟固定投入要素，根据企业短期成本函数得到其产能产出的理论表达式。然后运用结构方法估计生产函数、成本函数参数和企业异质的生产率，从而得到产能利用率的估计值。本章利用 1998—2008 年中国制造业 15 个重工业企业数据进行了测算，并对估计结果的合理性进行了测试，对估计方法的敏感性进行了分析。结果显示，15 个重工业行业中产能利用率中位数水平为 90.36%，有 5 个行业的产能利用率水平明显偏低；[①] 1998—2008 年产能利用率整体呈上升趋势，2004 年以后上升趋势放缓；产能利用率与实际 GDP 短期波动具有很强的正相关性；新进入企业的产能利用率在较短时间调整到最佳状态，经过一段平稳期后开始下降；投资率与产能利用率显著负相关；政府干预和过高投资率是造成产能过剩的重要原因。这些直观结果表明，估计方法具有较强的稳健性。

[①] 这 5 个行业是钢铁、水泥、电解铝、平板玻璃、船舶，与公认的结果完全一致。参见《国务院关于化解产能严重过剩矛盾的指导意见》（国发〔2013〕41 号）（2013 年 10 月 6 日）。

◇ 第二节 产能利用率估计方法评述

产能利用率的定义很直观，即企业实际产出与潜在产出的比值。[①]产能利用率估计方法的分歧主要在于对潜在产出（或称产能产出，capacity output）的界定和测度，这也是产能利用率估计结果悬殊的根源所在。潜在产出确定后，产能利用问题就迎刃而解了。原则上，若产能利用率小于1，产能就有过剩。不过考虑到产能的调整需要时间，企业一般会保有一定的富余产能以应对需求的未预期扩张，存在一定程度的产能"闲置"是常态，一般认为工业企业产能利用率的"合意"区间是79%—82%（韩国高等，2011；钟春平、潘黎，2014）。

目前估计产能利用率的常用方法可以分为技术法和经济法两类。技术法从生产技术角度界定潜在产出，将其定义为在现有技术条件下，所有投入（包括机器设备）全部利用时能够实现的最大产出水平。峰值法是此类方法的典型代表，它根据一定时期内峰值产量（最高产量）与实际产量的比较来度量产能利用状况（沈利生，1999）。[②] 设备利用率法（资本产出比例法）也属于此类，其基本思路是根据企业资本的技术指标（如设计能力）估计潜在产出（陈俊杰，2015）。估计投入—产出关系的非参数生产前沿面的数据包络分析方法、随机参数生产前沿面方法，也常被

[①] Lee 从资本角度定义产能利用率为实际资本存量与最优资本存量的比值（Lee，1995）。由于产出水平更容易观测，同时也是企业经营效率的最直接表现，本章从产出的角度定义产能利用率。

[②] 最大产量的选取具有很强的主观性和随意性。

用来估计潜在产出（董敏杰等，2015）。

技术法单纯从生产技术角度界定企业的生产能力，没有考虑企业的市场需求因素。然而，企业的现实产量是企业根据市场需求和成本信息做出的理性选择，最优产量也取决于企业成本和投入要素价格等经济因素。生产技术只是影响企业成本的一个因素。也就是说，产能利用率波动是企业在要素价格和生产技术约束下，根据市场需求做出的合意反应。离开市场需求和要素价格等经济因素，孤立地讨论产能利用率是没有意义的。正是从这个角度，Cassels 早在 1937 年就指出"潜在产出取决于经济环境，也应该被理解为经济学意义上的最优产出"。[①] Gajanan 和 Malhotra 也明确指出峰值法和设备利用率法并不适宜作为评价企业短期产能利用状况的指标（Gajanan，Malhotra，2007）。[②]

估计产能利用率的经济法正是在这一背景下提出来的，它将潜在产出定义为资本存量、生产技术和投入要素价格约束下的最优产出。一般地，资本是拟固定投入，短期内无法充分调整；劳动投入和中间投入（包括材料、能源和电力等）在短期内可以充分调整。与资本相关的成本为固定成本，与劳动投入和中间投入相关的成本为可变成本。产能利用率试图测量企业生产能力的利用状况，而生产能力基本上由资本决定。因此，产能利用率可以被理解为现实产出与给定资本充分利用情形下所能达到的产出水平的对比。文献中提出了两个"资本充分利用"的定义。第一个定义是在当前资本存量下产量达到最优

[①] Hickman 对产能的经济定义和工程定义之间的联系有更细致的讨论（Hickman，1957）。

[②] Baltagi 等对美国航空业的研究也发现，经济学角度的产能利用率较之工程学角度的座位使用率更有说服力（Baltagi et al.，1998）。

（成本最低）水平，企业没有动机调整资本存量。这对应着 Cassels 等提出的"短期平均总成本曲线的最低点"（Cassels, 1937; Hickman, 1957; Morrison, 1985）。另一个角度是 Klein 所提出的"短期平均总成本曲线和长期平均成本曲线的切点"（Klein, 1960; Berndt, Morrison, 1981）。

潜在产出的短期平均总成本最小定义如图 3-1，给定当前的资本存量和投入要素价格，企业短期平均总成本曲线（SRATC）就确定下来。在当前市场需求下（价格为 P），企业根据价格等于边际成本（MC）这一利润最大化原则，选择实际产量为 Q。此时企业销售收入小于总成本，企业存在亏损，企业有调整资本存量的动机。一些企业会退出，一些企业会调低资本水平。行业供给下降从而价格上升，直到 MC 曲线和 SRATC 曲线交点（亦即 SRATC 曲线的最低点），这一过程才会停止。也就是说，只有在 SRATC 曲线最低点（此时产量为 Q^*），当前的资本存量达到长期均衡水平，企业才没有动机调整资本存量。在这个意义上，可以认为当前的资本已经得到充分利用。这就是将 Q^* 定义为当前资本存量下的潜在产量的逻辑。

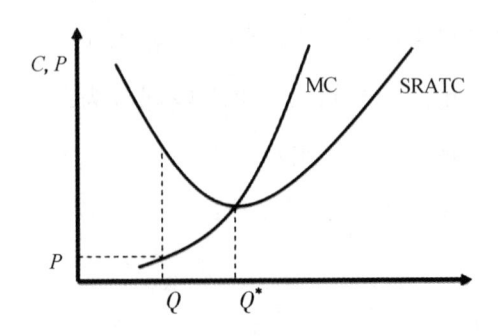

图 3-1　潜在产出的经济定义之一：短期平均总成本最小

潜在产出的短期平均总成本曲线与长期平均成本曲线相切定义如图3-2。LRAC 为长期平均成本曲线。根据包络定理，LRAC 曲线由各规模（资本水平）下的 SRATC 曲线最低部分构成。由于在长期企业可以充分调整资本存量，LRAC 曲线上每一点都代表在该产量下资本已经调整到最优水平。切点（产量为 Q'）既在资本水平 K 所对应的 SRATC 曲线上，也在 LRAC 曲线上，此时的产量 Q' 是当前资本水平 K 充分利用时的最优产量。而其他任何点（如产量为 Q 的点），资本水平 K 下生产产量 Q 的平均成本高于长期平均成本水平，在这个意义上资本的运用不是有效的。

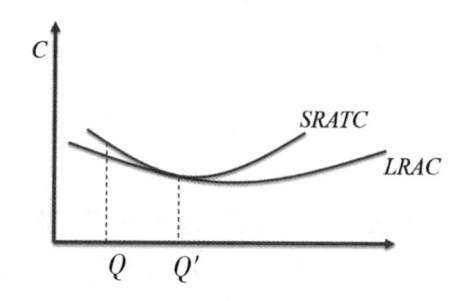

图 3-2　潜在产出的经济定义之二：短期平均总成本曲线和长期平均成本曲线相切

这两个定义存在紧密的联系（在后文会更详细地讨论）。如图3-3，若规模收益不变，LRAC 曲线是水平的，潜在产出的两个经济定义是等价的。若规模收益递增，LRAC 曲线向右下方倾斜，$Q' < Q^*$；若规模收益递减，LRAC 曲线向右上方倾斜，$Q' > Q^*$。

图中:

规模收益不变 — Q', Q^*

规模收益递增 — $Q'\ Q^*$

规模收益递减 — $Q^* Q'$

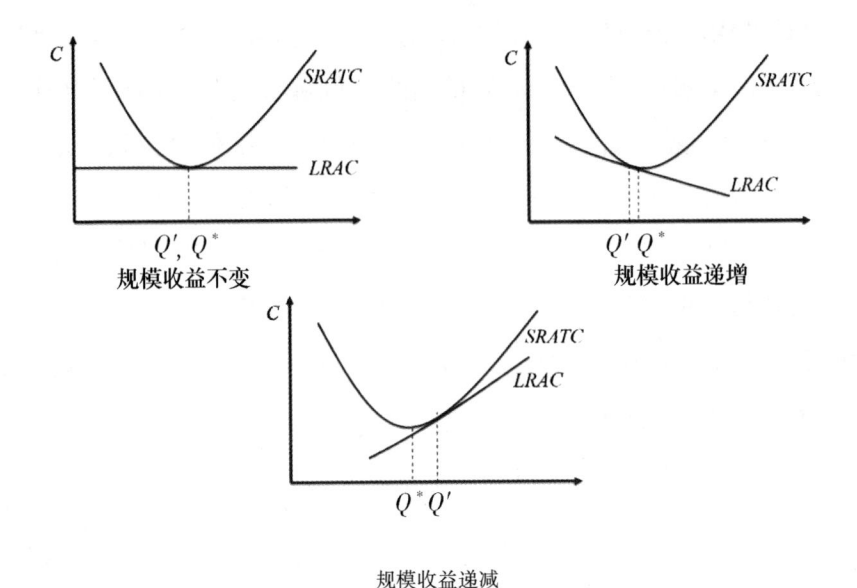

图 3-3　潜在产出两个经济定义的比较

虽然潜在产出经济法的两个定义关系密切，然而出于以下三个理由，笔者认为以第一个定义测量产能利用率更为合适。首先，产能利用率分析本质上是短期分析。资本在短期很难调整，从而潜在产能由资本存量限定。在资本给定的情形下，企业的实际产量随着市场需求波动，导致产能利用状况的变化。据此，微观上可以分析产能变化与企业行为（如投资）的关系；宏观上可能讨论产能利用与经济波动的联系，这才是产能利用分析的意义所在。在长期资本能够充分调整，潜在产出也会因资本调整而变化，分析产能利用率的意义并不明显。在这个意义上，考察资本给定下的短期平均成本曲线是合适的。其次，在短期平均总成本最小定义中，若市场需求较低，企业会选择更低的产量，此时产能利用不足；反之若市场需求旺盛，企业产量将大于 Q^*，表明产能利用过度。而在潜在产出的短期平均总成本曲线与长期平均成本曲线相切定义中,产能利用不足与过度并没有如此明确。最后,在规模收益递增的行业,企业有动机采取扩张规模的策略行为以打垮竞争对手。也就是说这些行业本身就存在产能过剩的趋势。然而如图3-3,这种情形下根据第二个定义估计的潜在产出更小,从而产能利用率更高。因此运用短期和长期平均成本曲线相切的定义会低估产能过剩行业的严重程度,甚至可能得到产能利用充分的估计结果。当然,第二个定义的上述问题到底有多严重,本身是一个经验问题。本章的一个重要结论就是产能利用率估计对潜在产出的定义十分敏感,第二个定义的上述问题确实不容忽视。

另外,据笔者所知,目前国内外产能利用率估计文献都没有满意地处理企业生产率的异质性问题。例如,国务院发展研究中心《进一步化解产能过剩的政策研究》课题组 2015 年对中国制造业工业企业的产能利用率进行测算;Nelson 对美国电力企业(Nelson,1989)、吴伟铭对中国台湾集装箱船运行业(吴伟铭,2012)、Gajanan 和 Malhotra 对意大利制造业企业的产能利用率估计(Gajanan,Malhotra,2007),只是以时间趋势项控制生产率波动的总体趋势,没有考虑生产率的企业异质性。这样,企业产能利用率的变化与企业异质的生产率变化混在一起。产能利用率的变化源于企业对市场需求的主动反应,这与企业生产率变化的性质完全不同。如果企业生产率是异质的,企业实际产出与根据技术法或者经济法估计的潜在产出之间的差距并不完全是由需求波动引起的,还包括了企业生产率的差异。例如,两个企业使用同样的资本、面临同样的市场需求、生产同样的产出。如果一个企业更有效率(生产率更高),从而其潜在产出更大。如果忽视生产率的差异,显然会高估生产率高的企业的产能利用率。这个问题在后文的模型中会更加清楚。

自Olley和Pakes开始（Olley, Pakes, 1996），企业生产函数和生产率的结构估计方法得到了长足的发展。Aw等的研究是最近比较有代表性的例子（Aw et al., 2011; De Loecker, 2011; Doraszelski, Jaumandreu, 2013; Ackerberg et al., 2015）。其基本思路是设定生产率的演化具有持久性（具体地，为一阶马尔科夫过程），利用可观测的企业层面变量（如投资）作为生产率的代理变量，从而根本上解决了长期困扰生产函数参数和生产率估计的内生性问题。本章尝试将企业层面产能利用率估计文献与企业生产率结构估计文献结合起来，提出一种基于企业层面数据，能够准确控制企业生产率异质性的产能利用率估计方法。

◇ 第三节 产能利用率的估计思路

如前文所述，导致产能利用不充分的原因包括总需求和市场结构两个方面。本章主要关注产能利用率的宏观含义，即因需求波动造成的产能利用率波动。为了抽象掉不完全竞争下，企业以产能作为博弈策略（对潜在进入者的威胁）等导致产能过剩的微观因素，本章选择完全竞争的市场环境。

一 潜在产出和产能利用率定义

企业的投入和产出关系由生产函数描述：

$$Q_{it} = Q(K_{it}, L_{it}, M_{it}, \Omega_{it}) \tag{3.1}$$

Q_{it} 为企业 i 在时期 t 的计划产出,K_{it}、L_{it} 和 M_{it} 分别表示资本、劳动和中间材料投入,Ω_{it} 为每期企业能观测到的自身的生产率状态。资本为拟固定投入要素,劳动和材料为可变投入,相应的短期可变成本即为劳动和中间材料的投入之和。

$$VC_{it} = W_t L_{it} + P_t^M M_{it} \qquad (3.2)$$

W_t、P_t^M 分别表示劳动价格、中间投入价格。

具体地,设定 C-D 生产函数,企业的短期成本最小化问题如下:

$$\begin{aligned} &\min_{L_{it}, M_{it}} VC_{it} = W_t L_{it} + P_t^M M_{it} \\ &\text{s.t. } Q_{it} = \Omega_{it} K_{it}^{\alpha_K} L_{it}^{\alpha_L} M_{it}^{\alpha_M} \end{aligned} \qquad (3.3)$$

根据一阶条件得到:

$$\begin{aligned} L_{it} &= \left(\frac{Q_{it}}{\Omega_{it} K_{it}^{\alpha_K}}\right)^{\frac{1}{\alpha_L+\alpha_M}} \left(\frac{W_t}{P_t^M} \frac{\alpha_M}{\alpha_L}\right)^{\frac{-\alpha_M}{\alpha_L+\alpha_M}} \\ M_{it} &= \left(\frac{Q_{it}}{\Omega_{it} K_{it}^{\alpha_K}}\right)^{\frac{1}{\alpha_L+\alpha_M}} \left(\frac{W_t}{P_t^M} \frac{\alpha_M}{\alpha_L}\right)^{\frac{\alpha_L}{\alpha_L+\alpha_M}} \end{aligned} \qquad (3.4)$$

从而短期平均总成本函数表示为:

$$SRATC_{it} \equiv \frac{VC_{it}}{Q_{it}} + \frac{P_t^K K_{it}}{Q_{it}}$$

$$= (\alpha_L + \alpha_M) \left(\frac{P_t^M}{\alpha_M}\right)^{\frac{\alpha_M}{\alpha_L+\alpha_M}} \left(\frac{W_t}{\alpha_L}\right)^{\frac{\alpha_L}{\alpha_L+\alpha_M}} \frac{(Q_{it})^{\frac{1}{\alpha_L+\alpha_M}-1}}{(\Omega_{it} K_{it}^{\alpha_K})^{\frac{1}{\alpha_L+\alpha_M}}}$$

$$+ \frac{P_t^K K_{it}}{Q_{it}} \qquad (3.5)$$

P_t^K 为资本使用者成本。根据企业的潜在产出为短期平均总成本曲线最低点的定义（Q^*），$\partial SRATC/\partial Q^* = 0$，从而：

$$Q_{it}^* = \Omega_{it} K_{it}^{\alpha_K+\alpha_L+\alpha_M} \left(\frac{\alpha_L}{W_t}\right)^{\alpha_L} \left(\frac{\alpha_M}{P_t^M}\right)^{\alpha_M} \left(\frac{P_t^K}{1-\alpha_L-\alpha_M}\right)^{\alpha_L+\alpha_M} \qquad (3.6)$$

这样，产能利用率：

$$CU_{it} \equiv \frac{Y_{it}}{Q_{it}^*} = \frac{Y_{it}}{\Omega_{it} K_{it}^{\alpha_K+\alpha_L+\alpha_M} \left(\frac{\alpha_L}{W_t}\right)^{\alpha_L} \left(\frac{\alpha_M}{P_t^M}\right)^{\alpha_M} \left(\frac{P_t^K}{1-\alpha_L-\alpha_M}\right)^{\alpha_L+\alpha_M}} \qquad (3.7)$$

Y_{it} 为实际产出。如果采用短期平均总成本曲线和长期平均成本曲线相切的潜在产出定义（Q'），在此产量下，$\partial SRATC/\partial K = 0$ 成立，从而：

$$Q'_{it} = \Omega_{it} K_{it}^{\alpha_L+\alpha_M+\alpha_K} \left(\frac{\alpha_L}{W_t}\right)^{\alpha_L} \left(\frac{\alpha_M}{P_t^M}\right)^{\alpha_M} \left(\frac{P_t^K}{\alpha_K}\right)^{\alpha_L+\alpha_M} \qquad (3.8)$$

比较式（3.6）和式（3.8），确实在规模收益不变（$\alpha_K + \alpha_L + \alpha_M = 1$）时，潜在产出的两个经济定义是等价的；规模收益递增

($\alpha_K + \alpha_L + \alpha_M > 1$)时,$Q' < Q^*$;若规模收益递减($\alpha_K + \alpha_L + \alpha_M < 1$),则$Q' > Q^*$。

式(3.7)清楚地表明,忽视了生产率异质性对产能利用率估计的影响。其他条件不变,生产率越高的企业,估计的潜在产出越大,从而产能利用率越低。因此,忽视生产率异质性会高估高生产率企业的产能利用率。

式(3.7)还显示,产能利用率的大小取决于实际产出、资本投入以及三个投入要素的价格,这些变量可以直接或间接观察到。产能利用率估计还取决于企业异质的生产率 Ω_{it} 及生产函数的三个参数(三种要素投入的弹性系数),对此本书借助生产函数和生产率的结构估计方法。具体地,本书运用ACF的方法进行估计,并运用OP方法处理进入与退出造成的样本选择问题。

二 生产函数参数和生产率估计

企业的实际产出为:

$$Y_{it} = Q_{it}\exp(\mu_{it}) \tag{3.9}$$

μ_{it} 包含了不可观测的扰动。在希克斯中性生产技术下,由优化问题中的C-D生产函数和式(3.9),可以得到常用于经验估计的对数形式:

$$y_{it} = \alpha_K k_{it} + \alpha_M m_{it} + \alpha_L l_{it} + \omega_{it} + \mu_{it} \tag{3.10}$$

式 (3.10) 中 y_{it}、k_{it}、l_{it}、m_{it} 和 ω_{it} 分别是产出、资本、劳动、中间材料和生产率的对数值。设资本在当期生产率实现之前被确定，且企业在劳动投入决定之后才进行中间投入决策，相应的劳动和中间投入的函数依次为 $l_{it} = l(k_{it}, \omega_{it})$，$m_{it} = m(l_{it}, k_{it}, \omega_{it})$，这样：

$$y_{it} = \varphi(m_{it}, k_{it}, l_{it}) + \mu_{it} \quad (3.11)$$

采用两阶段估计。在第一阶段的非参数回归中并不估计劳动和中间材料投入的系数，只是得到 $\varphi(m_{it}, k_{it}, l_{it})$ 的估计量 $\hat{\varphi}_{it}$，将 μ_{it} 分离出来。[1] 在第二阶段，假定生产率 ω_{it} 服从一阶马尔科夫过程，下一期的生产率的期望取决于本期的生产率：

$$\omega_{it} = E_t(\omega_{it} | \omega_{it-1}) + \xi_{it} = g(\omega_{it-1}) + \xi_{it} \quad (3.12)$$

$g(\cdot)$ 表示形式未知的期望生产率函数，ξ_{it} 为本期生产率的新息扰动项。

本书借鉴 OP 的标准处理办法控制样本选择问题。具体地，由于只能观测到持续经营的样本，退出企业生产信息的疏漏可能导致企业生产率估计的偏误。[2] 考虑样本选择后的生产率演化过程变成：

$$\omega_{it} = E_t(\omega_{it} | \omega_{it-1}) + \xi_{it} = h(\omega_{it-1}, \Pr_{it|t-1}) + \xi_{it} \quad (3.13)$$

---

[1] 在具体的估计过程中，本书使用三阶多项式展开分离出残差。
[2] 毛其淋等都发现样本期内中国制造业企业进入和退出比较频繁（毛其淋、盛斌，2013；孙浦阳等，2013）。

ξ_{it} 是纯粹的随机扰动，意味着：

$$E_t\{\xi_{it} \cdot [k_{it} \quad l_{it-1} \quad m_{it-1}]'\} = 0 \qquad (3.14)$$

根据这一矩条件，本书在第二阶段运用广义矩估计（GMM）方法得到资本和劳动以及中间投入的系数 α_K、α_L、α_M。然而根据以下关系估计企业生产率 ω_{it}：

$$\omega_{it} = \hat{\varphi}_{it} - \alpha_K k_{it} - \alpha_M m_{it} - \alpha_L l_{it} \qquad (3.15)$$

将要素报酬系数和 ω_{it} 代入式（3.8）中，最终得到每个企业异质的产能利用率估计。

◇ 第四节　数据说明

本章所用数据来自国家统计局"全部国有及规模以上非国有工业企业数据库"，时间为1998—2008年。数据库的整理、变量定义等参见第一章。当前我国产能过剩行业主要集中在重工业领域，按照国家统计局的划分办法，本书将重点关注15个重工业行业并对行业内所有企业的产能利用率进行测算（见表3-1）。[①]

[①] 删除部分重工业行业中属于轻工业小类的企业样本。行业细致分类参见附录3.1。

表 3-1　　　　　15 个重工业行业投入产出变量统计描述

	样本量	产出		资本		劳动		中间投入	
		均值	标准差	均值	标准差	均值	标准差	均值	标准差
20 木材加工	36536	9.787	0.948	7.790	1.292	4.498	0.788	9.434	0.992
25 石化炼焦	13109	10.115	1.514	8.885	1.896	4.591	1.267	9.716	1.548
26 化学原料	88015	10.012	1.138	8.351	1.523	4.436	1.028	9.668	1.182
29 橡胶制品	21034	10.008	1.060	8.290	1.410	4.827	1.013	9.457	1.092
30 塑料制品	49603	9.859	0.999	8.135	1.369	4.427	0.878	9.432	1.028
31 矿物制品	132342	9.899	1.041	8.560	1.366	4.760	0.881	9.398	1.100
32 黑色金属	36452	10.471	1.372	8.550	1.642	4.713	1.103	10.233	1.411
33 有色金属	13335	10.146	1.225	8.170	1.635	4.488	1.054	9.926	1.269
34 金属制品	83093	9.889	1.002	7.947	1.351	4.488	0.876	9.456	1.045
35 通用设备	136479	9.851	1.009	8.038	1.357	4.541	0.903	9.443	1.045
36 专用设备	69108	9.975	1.077	8.228	1.396	4.633	0.951	9.496	1.127
37 交通设备	64669	10.200	1.286	8.442	1.615	4.797	1.032	9.715	1.336
39 电气机械	71091	10.183	1.139	8.136	1.471	4.585	0.957	9.743	1.181
40 通信电子	53337	10.809	1.378	8.707	1.753	5.121	1.134	10.216	1.449
41 仪器仪表	15730	9.972	1.085	7.863	1.573	4.503	0.999	9.458	1.142
所有行业	883933	10.035	1.145	8.265	1.486	4.628	0.976	9.598	1.189

注：投入产出变量均为取对数后的数值。

◈ 第五节　估计结果

一　参数估计结果

如表 3-2，15 个重工业的生产函数系数估计结果均具有很强的显著性。行业的资本的产出弹性系数分布在 0.029—0.057，劳动产出弹性系数分布在 0.027—0.057，中间投入系数处于 0.892—0.941。

短期规模系数位于0.936—0.988，长期规模系数位于0.991—1.021。这些结果与文献估计是一致的（Doraszelski, Jaumandreu, 2013）。与国内运用结构方法估计生产函数参数的文献也保持一致，例如，聂辉华和贾瑞雪估计全部制造业，资本系数为0.06，劳动系数为0.05，中间投入系数是0.9（聂辉华，贾瑞雪，2011）；黄枫和吴纯杰估计的化学药品制造业的长期规模报酬系数为1.039（黄枫，吴纯杰，2013）。

表3-2　　　　　　　　15个重工业行业参数估计结果

	资本系数	劳动系数	中间投入系数	短期规模系数	长期规模系数	样本量
20 木材加工	0.035***	0.036***	0.939***	0.975	1.009	22345
25 石化炼焦	0.054***	0.033***	0.907***	0.940	0.994	7804
26 化学原料	0.044***	0.037***	0.929***	0.966	1.010	55976
29 橡胶制品	0.043***	0.037***	0.939***	0.976	1.019	13772
30 塑料制品	0.038***	0.042***	0.931***	0.972	1.010	31923
31 矿物制品	0.040***	0.039***	0.925***	0.964	1.004	85338
32 黑色金属	0.029***	0.032***	0.941***	0.973	1.002	21920
33 有色金属	0.032***	0.056***	0.932***	0.988	1.020	5837
34 金属制品	0.038***	0.050***	0.929***	0.979	1.017	52263
35 通用设备	0.047***	0.042***	0.932***	0.974	1.021	88155
36 专用设备	0.057***	0.027***	0.915***	0.941	0.998	44424
37 交通设备	0.046***	0.038***	0.921***	0.959	1.005	41628
39 电气机械	0.031***	0.057***	0.929***	0.986	1.017	46618
40 通信电子	0.036***	0.051***	0.911***	0.962	0.997	34242
41 仪器仪表	0.056***	0.044***	0.892***	0.936	0.991	9995
所有行业	0.042	0.041	0.926	0.968	1.009	—

注：***表示在1%的水平上显著。限于篇幅，未报告t统计量。样本量为ACF估计使用样本量。

二 产能利用率的分布特征

图 3-4 给出了 15 个重工业行业所有企业产能利用率的整体分布特征。以 80% 的产能利用率水平作为初步评判企业产能是否过剩的标准,15 个重工业行业的全部企业 1998—2008 年产能利用率的中位数水平为 90.36%,有 45.86% 的企业产能利用率低于 80%。进一步将 15 个行业划分为两组,产能相对过剩的 5 个行业[①]的整体产能利用率分布明显左偏,尖峰现象更显著,有更多的企业产能利用率小于 80%。

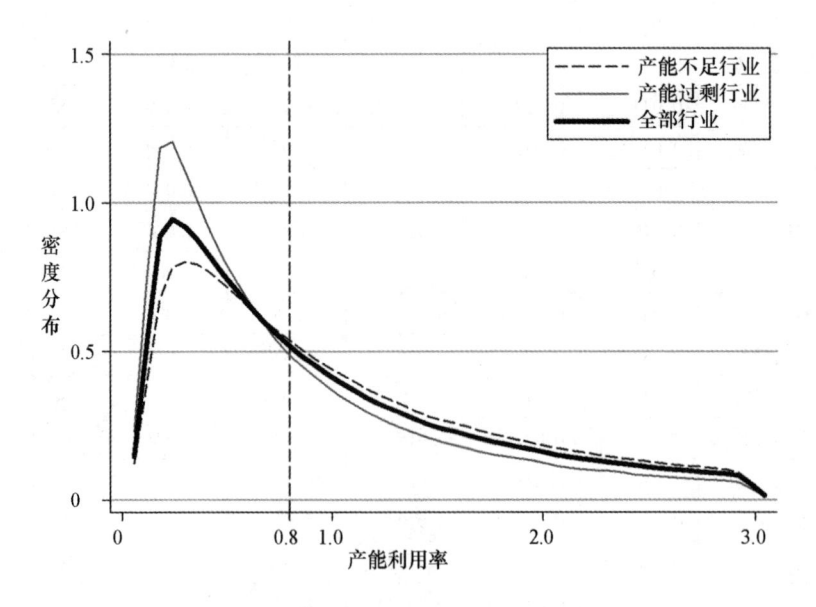

图 3-4 产能利用率的整体分布特征

---

① 电气机械、有色金属、橡胶制品、矿物制品和金属制品。

图 3-4 还显示，有 46.56% 的企业产能利用率大于 100%。尤其是宏观经济在 2004 年出现过热情形，多数企业的产能过剩状况得到缓解，部分行业的产能利用率中位数达到 150%。当然如前文所述，从技术法角度看这是不可能的。技术法用最大产出或峰值产量度量企业的潜在产出，产能利用率不可能大于 100%。一般而言，经济法度量的潜在产出小于技术角度界定的最大产出，从而经济法度量的产能利用率水平会明显高于基于技术角度（如抽样调查、峰值法和数据包络分析等方法）估计得到的产能利用率。[①] 笔者认为这正是经济法的优势所在。企业的潜在产能由相对固定的生产要素（资本）限定，产能短期内无法调整。如果市场需求旺盛，企业权衡边际收益和边际成本，会尽量扩大生产以满足市场需求，甚至在成本较高的区间进行生产。显然，以此时的产量作为潜在产出是不合理的。因为随着考察时间的延长，企业会考虑增加投资以扩大产能，让生产回到平均成本最低的状态。

三 产能利用率的时间趋势和行业差异

图 3-5 和表 3-3 是 15 个重工业行业 1998—2008 年的产能利用率整体时间趋势。[②] 笔者还计算了各行业中产能利用率低于 80% 的企业比例。可以看到产能利用率逐年上升，但阶段特征显著。第一，产能利用率呈逐年上升趋势。从 1998 年的 42.4% 升至 2008 年的

---

① 这也与部分使用经济方法的文献测算结果一致（Nelson，1989；韩国高等，2011；国务院发展研究中心《进一步化解产能过剩的政策研究》课题组，2015）。

② 如不加说明，本章余下部分产能利用率数值均指行业（年份、地区或所有制）的中位数水平。

124.7%；行业中产能利用率低于80%的企业数目逐年减少，从1998年的70.15%减少至2008年的35.06%。第二，阶段性特征明显。1998—2003年，行业的产能利用率普遍偏低（66.01%）。可能的原因是由于期初东南亚金融危机和国内经济深层次矛盾，通胀紧缩使得一些行业经营亏损、库存大量积压。在一系列政策刺激下，产能过剩情况逐渐改善。2004—2008年，行业的整体产能利用率上升至较高水平（114.21%），增长趋势放缓，而2008年国际金融危机的出现，部分行业的产能利用率开始下降，新一轮的产能过剩问题再次凸显。

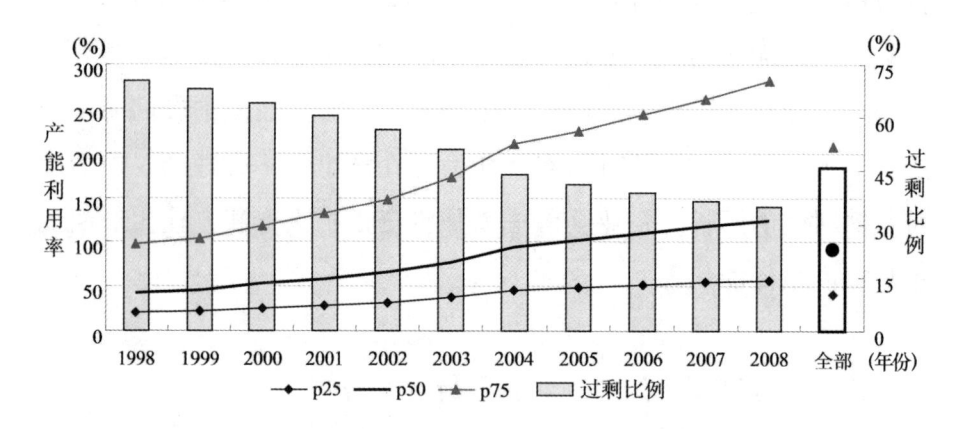

图3-5 产能利用率的变化趋势

表3-3　　　　行业层面的产能利用率分布：时间趋势及变化

	1998年	2000年	2004年	2008年	1998—2003年	2004—2008年	增长（%）	全部年份	比例（%）
20 木材加工	0.599	0.699	0.933	1.169	0.821	1.151	40.20	1.016	41.96
25 石化炼焦	0.915	1.236	1.915	3.197	1.476	2.604	76.38	1.968	19.96
26 化学原料	0.527	0.682	1.111	1.399	0.809	1.323	63.54	1.062	40.25
29 橡胶制品	0.300	0.397	0.709	0.983	0.489	0.880	79.87	0.673	56.02

续表

	1998 年	2000 年	2004 年	2008 年	1998—2003 年	2004—2008 年	增长（%）	全部年份	比例（%）
30 塑料制品	0.412	0.534	0.880	1.193	0.639	1.086	69.85	0.868	46.89
31 矿物制品	0.354	0.395	0.643	1.013	0.490	0.884	80.40	0.677	55.61
32 黑色金属	0.611	0.693	1.376	1.742	0.921	1.523	65.37	1.217	34.69
33 有色金属	0.307	0.324	0.771	0.661	0.495	0.645	30.36	0.528	63.08
34 金属制品	0.372	0.451	0.849	1.017	0.593	0.926	56.20	0.773	51.22
35 通用设备	0.351	0.453	0.895	1.110	0.613	1.003	63.56	0.828	48.72
36 专用设备	0.777	0.932	1.777	2.213	1.230	2.013	63.67	1.646	26.21
37 交通设备	0.492	0.569	1.196	1.506	0.788	1.369	73.58	1.089	39.53
39 电气机械	0.199	0.292	0.604	0.781	0.377	0.691	83.49	0.527	63.75
40 通信电子	0.539	0.678	1.092	1.465	0.801	1.303	62.64	1.069	40.92
41 仪器仪表	0.913	1.198	2.276	3.149	1.533	2.736	78.50	2.165	20.38
所有行业	0.424	0.527	0.948	1.247	0.670	1.130	68.71	0.904	45.95

注：表中报告的数值为15个行业在各年份的产能利用率中位数。增长表示1998—2003年和2004—2006年两个时段的中位数数值变化率。比例表示该行业中产能利用率低于80%的企业数量比重。

据表3-3，产能利用率存在明显的行业差异。首先，15个行业中有5个行业的中位数产能利用率长期低于80%，样本期内呈现出比较严重的产能过剩状况：电气机械（52.7%）、有色金属（52.8%）、橡胶制品（67.3%）、矿物制品（67.7%）和金属制品（77.3%）。这5个行业中产能利用率低于80%的企业数目占行业全部企业数目的比例分别为63.75%、63.08%、56.02%、55.61%和51.22%。以有色金属行业为例，2000年以前产能利用率只有32%，此后产能利用率开始增加，产能过剩问题有所缓解，2004年之后又开始陷入新一轮的长期产能过剩。上述行业的产能利用率估计结果与现实观察是一致的,① 如电解铝、电石等行业,在2006年产能已经出现明显过剩。② 其次,一些行业的产能利用率维持在比较高的水平,甚至部分年份大于150%。在产能利用率偏低的1998—2003年,仪器仪表、石化炼焦和专用设备这三个行业超过半数的企业产能利用率明显高于90%。这与韩国高等的研究结果类似(韩国高等,2011),他们认为行业装备系数(以资本产出比例衡量)较低,大量订单使得其现有机器设备超负荷运转过度折旧,是这类行业维持较高的产能利用率的主要原因。表3-2中也能看出这三个行业的资本系数分别为0.056、0.054和0.057,高于全部行业的平均水平0.042。最后,一些行业的产能利用率在80%—120%徘徊,这类行业的产能利用周期性变化特征明显。如黑色金属行业产能利用率在1998—1999年略低于70%,随后逐年上升,在2004年达到137.6%,此后四年仍有小幅上扬。木材加工和化学原料行业受2008年国际金融危机冲击的影响,产能利用率出现下降趋势。

四 产能利用率的地区和所有制差异

地区差异上,东部地区的总体产能利用率为96.1%,中部地区和东北地区分别为86.3%和76.5%,西部地区最低,为67.5%。东部地区比西部地区的产能利用率高出28个百分点。所有制形式上,私

---

① 笔者单独估计了水泥制造行业,发现产能利用率的中位数水平只有38.53%。每次出现较严重的产能过剩问题,水泥行业一直"榜上有名"。
② 如上一轮产能过剩过程中,《国务院关于印发节能减排综合性工作方案的通知》(国发〔2007〕15号)明确了"十一五"时期电力、炼铁、炼钢、电解铝、铁合金、电石、焦炭、水泥、玻璃、造纸、酒精、味精、柠檬酸13个行业淘汰落后产能总体目标。

营企业的产能利用率明显高于其他三类企业。三资和集体所有制企业的利用率接近，国有企业最低。私营企业的产能利用率中位数值高出国有企业1.86倍，三资企业高出国企0.98倍。表3-4还给出了按行业和地区两个维度的中位数检验结果，包括四种类型中两两比较的z统计量。如东部和中部地区的中位数检验统计量为32.397，差异明显。可以看出，除了集体企业和三资企业的产能利用率中位数差异不明显之外，其余地区和所有制维度的产能利用率中位数差异非常显著。

表3-4　　　产能利用率整体分布：所有制差异和地区差异

	地区					所有制			
	东部	中部	西部	东北		国有	集体	私营	三资
全部行业	0.961	0.863	0.675	0.765	全部行业	0.366	0.730	1.045	0.725
东部	—	32.397	70.861	38.836	国有	—	-92.657	-158.546	-91.676
中部	—	—	37.866	14.151	集体	—	—	-85.680	-0.939
西部	—	—	—	-18.057	私营	—	—	—	86.624

表3-5也可以看出，东部地区的企业产能利用情况明显好过其他几个地区。除专用设备外，东部地区有14个行业产能利用率均高于其他地区。所有15个行业中私营企业产能利用率明显高于其他三种类型的企业，国有企业的产能利用率在四种类型的企业中最低。

表3-5　　　行业层面的产能利用率分布：所有制差异和地区差异

	东部	中部	西部	东北	国有	集体	私营	三资
20 木材加工	1.148	0.924	0.834	0.697	0.294	0.930	1.108	0.701
25 石化炼焦	2.405	1.392	1.755	2.413	1.028	1.738	2.207	1.621

续表

	东部	中部	西部	东北	国有	集体	私营	三资
26 化学原料	1.191	1.013	0.755	0.825	0.387	1.004	1.224	0.828
29 橡胶制品	0.708	0.622	0.497	0.428	0.255	0.517	0.812	0.493
30 塑料制品	0.901	0.812	0.767	0.645	0.379	0.682	1.028	0.569
31 矿物制品	0.763	0.753	0.386	0.615	0.270	0.588	0.781	0.549
32 黑色金属	1.405	0.967	1.068	1.211	0.515	0.854	1.389	0.937
33 有色金属	0.562	0.552	0.333	0.476	0.165	0.456	0.630	0.297
34 金属制品	0.807	0.677	0.621	0.597	0.311	0.610	0.893	0.515
35 通用设备	0.859	0.766	0.693	0.738	0.286	0.685	0.927	0.669
36 专用设备	1.673	1.694	1.286	1.567	0.652	1.408	1.905	1.325
37 交通设备	1.157	1.029	0.983	0.835	0.451	0.960	1.334	0.784
39 电气机械	0.556	0.468	0.456	0.397	0.199	0.396	0.619	0.449
40 通信电子	1.107	0.835	0.742	0.767	0.459	0.819	1.395	0.910
41 仪器仪表	2.206	2.070	1.931	2.129	0.891	1.813	2.533	1.978

五 产能利用率与经济波动

一般认为，产能利用率受经济景气波动影响较大。如 Corrado 和 Mattey 认为产能利用率是测度经济周期波动的主要指标（Corrado, Mattey, 1997），产能利用率显著偏离 82% 意味着经济周期的较大波动；Comin 和 Gertler 观察到美国经济周期波动的典型事实包含如下规律，产能利用率与产出波动具有高度的正相关性（Comin, Gertler, 2006）。[①] 为了测试本书的估计是否也存在这样的结果，图3-6以产能

[①] 他们进一步区分经济周期长度的结果显示，短期波动相关性高达 0.93，中长期波动的相关性是 0.67。

利用率对其趋势的偏离和实际 GDP 对其时间趋势的偏离作为各自短期波动的度量,描绘了产能利用率和实际 GDP 短期波动的散点图。①简单回归分析的拟合值 R^2 为 0.24,回归系数为 2.85,两者之间有较强的正相关性,相关分析系数为 0.67。可见估计的产能利用率具有很强的顺周期性。这与现实情况保持一致(国务院发展研究中心《进一步化解产能过剩的政策研究》课题组,2015)。本书还同时对 15 个行业的产能利用率短期变化对实际 GDP 的偏离做了相关性分析,5 个产能利用率整体偏低的行业与 GDP 波动的相关系数较大,其中橡胶制品、矿物制品和金属制品的相关系数分别为 0.878、0.733 和 0.522,说明这些行业受到经济波动的影响更为剧烈。以矿物制品业中的水泥行业为例,由于中国近十年的城市化和房地产业的快速迅猛发展,对水泥需求的变化与宏观经济形势具有很强的关联性。

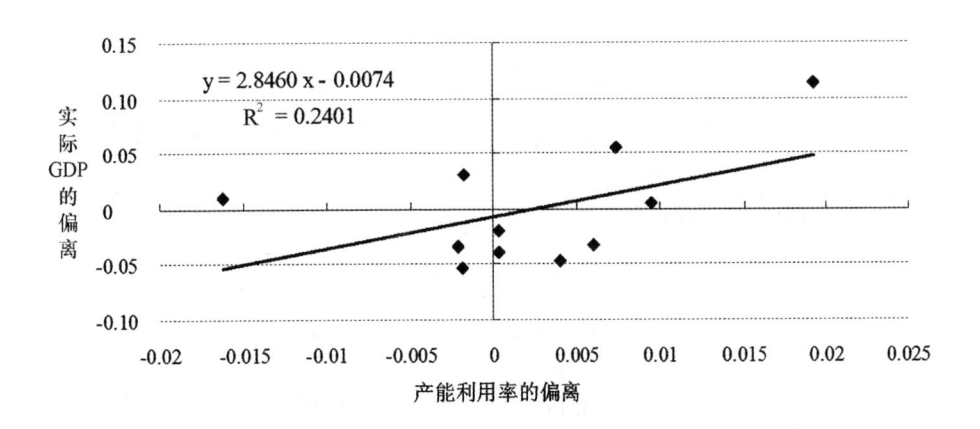

图 3-6 产能利用率与经济波动

① 将产能利用率看作退势平稳过程,我们先把全部产能利用率对时间趋势回归得到残差,在行业层面对残差进行标准化处理,最后取不同年份上的标准化序列的均值作为对趋势的偏离。对上述两种偏离我们还分别尝试了实际 GDP 的对数值对 HP 趋势偏离、用不同年份上标准化序列的中位数,仍然具有正相关性。

六 产能利用率与企业年龄

图3-7描述了产能利用率与企业年龄的关系。大多数样本企业年龄在30年以内。在30年间整体上看产能利用率与企业经营年限呈现倒"U"形,在第3年之后,大部分企业的产能利用率迅速增至高点,此后缓慢下降。可能的解释是,随着消费者对新进入企业和产品的认知度增加,新企业的市场需求迅速提升,使得产能利用率有大幅度提高。随着企业年龄的增加,多数在位企业会进入自身发展的平稳时期。然后由于新企业和产品的不断进入和竞争加剧,其需求优势逐渐丧失,产能利用率进入下行通道。

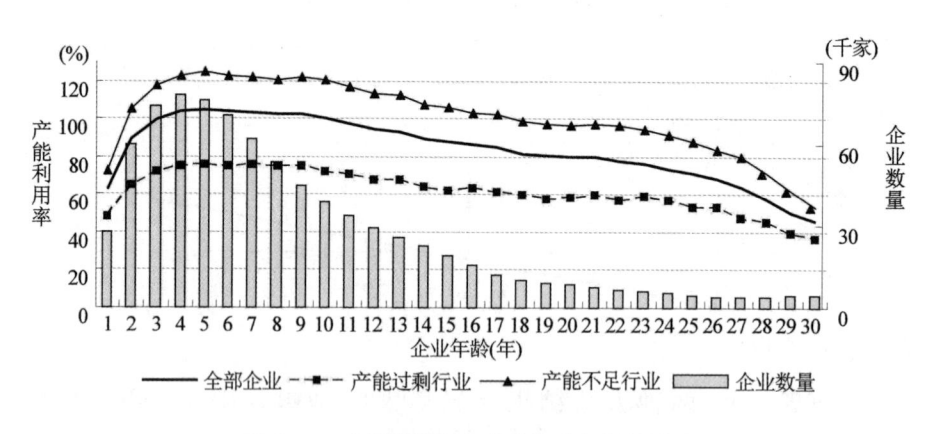

图3-7 产能利用率与企业经营年限的关系

◇◇ 第六节 敏感性分析

本部分从潜在产出的定义、生产函数的估计方法和要素价格变化三个角度，对产能利用率的估计结果进行敏感性分析，以检验估计方法的可靠性。

一 潜在产出的定义

第一种敏感性分析从资本存量决定入手。式（3.8）提供了另外一种确定潜在产出的定义，即短期平均总成本和长期平均成本曲线相切时的产出水平。我们据此计算了相应的产能利用率，并与第五部分使用短期平均总成本最小计算的基准结果比较（见表3-6）。

总体来看，使用LRTC和SRATC曲线相切的潜在产出定义得到的产能利用率要高于基准结果。所有15个重工业行业的产能利用率中位数水平达到122.9%，这并不意外。在图3-3的两种经济产出的定义比较中，当规模收益递增时，SRATC最小时定义的潜在产出要大于LRTC和SRATC曲线相切时决定的潜在产出，从而SRATC最小时计算的产能利用率水平略低。事实上，从表3-2中可以看到，有11个行业的长期规模报酬大于1。如表3-6，所有这11个行业运用相切定义估计的产能利用率都要高，而剩下4个规模报酬小于1的行业结果刚好相反。

据表3-6，两种方法结果差异最大的是橡胶制品（0.673比1.184）、有色金属（0.528比1.371）、金属制品（0.773比1.382）、通用设备（0.828比1.465）、电气机械（0.527比1.129）。根据所有行业的产能利用率中位数比较，LRTC和SRATC曲线相切计算的产能利用率水平是基准结果的1.36倍。我们用两种方法计算得到的产能利用率的行业标准差之比再除以1.36折算成差异系数（见表3-6）。上述5个行业的差异系数大于1，进一步表明两种方法计算得到的产能利用率差异最大。以第一种方法的结果，这些都是产能过剩最为严重的行业（通用设备行业处于边缘）。① 然而，第二种方法的估计结果却显示这些行业的产能得到了相当充分的利用。其实所有这些行业导致两者结果差异的规模收益递增状况并不严重。据表 3-2 和表 3-5，虽然这 5 个行业的规模收益递增位居前列，但分别只比规模收益不变的情形多出 0.019、0.020、0.017、0.021 和 0.017。这表明第二种定义下的估计结果对规模收益的变化十分敏感，稍微偏离常规收益（长期规模收益为 1），估计结果就可能出现严重偏差，甚至得到与常识完全相反的结果。

表 3-6　　　　　　不同潜在产出定义下的估计结果比较

	中位数		资本系数		标准差		
	SRATC	LRTC	估计值	1-短期报酬	SRATC	LRTC	差异系数
20 木材加工	1.016	1.383	0.035	0.025	5.032	6.846	1.000
25 石化炼焦	1.968	1.790	0.054	0.060	16.724	15.210	0.669
26 化学原料	1.062	1.347	0.044	0.034	6.582	8.343	0.932
29 橡胶制品	0.673	1.184	0.043	0.024	4.131	7.269	1.294
30 塑料制品	0.869	1.179	0.038	0.028	4.178	5.671	0.998
31 矿物制品	0.677	0.745	0.040	0.036	4.546	4.999	0.809
32 黑色金属	1.217	1.316	0.029	0.027	10.197	11.025	0.795
33 有色金属	0.528	1.371	0.032	0.012	5.269	13.684	1.910
34 金属制品	0.773	1.382	0.038	0.021	4.556	8.152	1.316
35 通用设备	0.828	1.465	0.047	0.026	4.835	8.551	1.301
36 专用设备	1.647	1.597	0.057	0.059	13.225	12.823	0.713

---

① 前面分析的产能过剩最严重的 5 个行业只有矿物制品不在此列。由于矿物制品行业的规模收益只有 1.004，从而两种方法的估计结果相差很小。

续表

	中位数		资本系数		标准差		
	SRATC	LRTC	估计值	1－短期报酬	SRATC	LRTC	差异
37 交通设备	1.089	1.223	0.046	0.041	14.228	15.978	0.826
39 电气机械	0.527	1.129	0.031	0.014	6.018	12.889	1.575
40 通信电子	1.069	1.000	0.036	0.039	10.447	9.777	0.688
41 仪器仪表	2.165	1.893	0.056	0.064	17.495	15.295	0.643
所有行业	0.904	1.229	0.042	0.032	8.272	9.984	1.360

二 生产函数估计方法

如前文所述，产能利用率估计结果对生产函数的参数十分敏感，下面我们针对不同的生产函数估计方法进行敏感性分析。而且，考虑生产率的企业异质性并将其从产能利用率测算中进行分离是本章估计的优势之一。我们使用 Levinsohn 和 Petrin（以下简称 LP）方法重新估计 15 个两位数重工业行业的生产函数参数和生产率并计算产能利用率（Levinsohn，Petrin，2013），结果如表 3-7。整体来看，LP 方法估计结果倾向于低估产能利用率，全部行业的中位数估计结果为 80.16%，比基准估计结果低 10 个百分点。从具体行业看差异，两种生产率估计方法对同一行业间产能利用率的估计结果趋势上基本一致。如通用设备、电气机械和矿物制品等三个行业的产能利用率中位数水平只相差 2 个百分点。基准结果初步识别的 5 个产能相对过剩行业，在 LP 估计中仍然有 3 个行业产能相对过剩。需要指出的是，两种生产率估计方法中，石化炼焦行业的差异最大。可能的原因在于，该行业内企业具有很强的异质性。如核燃料加工和炼焦等细分的小类行业在生产技术上有本质差异,使得估计结果较为敏感。①

表3-7 产能利用率测算结果敏感性分析:生产技术差异和要素价格变化

	LP 估计		基准结果	要素价格变化			
	产能利用率	差异		0.2倍工资	0.5倍工资	2倍工资	5倍工资
20 木材加工	0.781	0.235	1.016	0.959	0.991	1.042	1.077
25 石化炼焦	0.833	1.135	1.968	1.866	1.923	2.014	2.076
26 化学原料	0.728	0.334	1.062	1.001	1.035	1.09	1.128
29 橡胶制品	0.877	-0.204	0.673	0.634	0.656	0.69	0.713
30 塑料制品	0.781	0.087	0.868	0.812	0.844	0.894	0.929
31 矿物制品	0.653	0.024	0.677	0.636	0.659	0.695	0.721
32 黑色金属	0.855	0.362	1.217	1.157	1.191	1.244	1.28
33 有色金属	0.722	-0.194	0.528	0.482	0.508	0.549	0.578
34 金属制品	0.821	-0.048	0.773	0.712	0.746	0.8	0.838
35 通用设备	0.821	0.007	0.828	0.774	0.805	0.852	0.886
36 专用设备	1.319	0.327	1.646	1.577	1.616	1.678	1.719
37 交通设备	0.923	0.166	1.089	1.024	1.06	1.118	1.158
39 电气机械	0.508	0.019	0.527	0.481	0.507	0.548	0.578
40 通信电子	0.908	0.161	1.069	0.985	1.032	1.107	1.159
41 仪器仪表	1.652	0.513	2.165	2.016	2.1	2.233	2.326
所有行业	0.802	0.102	0.904	0.846	0.878	0.930	0.966

注:(1)均为估计的产能利用率中位数。(2)限于篇幅,省去了参数估计结果。

---

① 本书使用三位数行业划分办法,单独估计了炼焦行业(252)和核燃料加工行业(253)的生产函数。两者的资本系数分别为 0.039 和 0.050。后者的长期报酬为 1.005,高于二位数行业的 0.994。

三 要素价格变化

从式（3.7）可见，要素价格变化也是影响产能利用率估计的重要因素。据此，进行第三种敏感性分析。由于不同行业间的工资水平差距较大，本书选取工资变化作为要素价格调整的代表，分别设置工资水平为计算基准结果时工资价格的 0.2 倍、0.5 倍、2 倍和 5 倍四种变化。表 3-7 右半部分可以看到，与基准工资的差距多达五倍时，相应的产能利用率水平只变化了 7 个百分点。这说明产能利用率的测算结果对要素价格变化并不敏感。

综上所述，本章提出的产能利用率测算基本框架是可靠的。

第七节 影响因素分析

过度投资和政府干预是造成产能利用率低的重要因素。企业的投资扩张很可能引起资本拥挤从而降低产能利用率。林毅夫等用投资的"潮涌现象"解释产能过剩的形成机制（林毅夫等，2010）；韩国高等发现固定资产投资是产能过剩的直接原因（韩国高等，2011）。政府干预的影响也不容忽视。一些地方政府过分倚重投资拉动地方经济，通过廉价供地、变相税收优惠等方式助推了重复投资和产能扩张。耿强等发现政策性补贴是形成产能过剩的重要因素（耿强等，2011）；江飞涛等指出中国式财政分权体制使得地方政府具有强烈的动机干预企业投资（江飞涛等，2012）；董敏杰等也认为以就业和经济增长为核心的政绩考核机制催使地方政府干预经济，加剧投资"潮涌"和产能过剩（董敏杰等，2015）。

本书以企业投资占资本投入的比重（投资率）度量投资，以企业有无补贴收入这一虚拟变量（补贴）衡量政府干预，检验以上测算的产能利用率是否受到这两个因素的影响。本书还控制了以下变量。可变成本率，以工资支出与中间投入之和在总成本中占比表示。市场需求旺盛时，企业扩大产出使得可变成本的支出比重上升，从而可变成本率可能与产能利用率正相关。固定成本率，参考孙浦阳等的研究（孙浦阳等，2013），用企业管理费用支出占销售收入的比重度量。固定成本率的提高会降低企业盈利水平，从而抑制企业产能扩张。企业规模，用企业总资产的对数值度量。[①] 企业规模大小反映企业要素配置效率的高低（Hsieh，Klenow，2014）。企业年龄，企业经营时间越长，市场经验越丰富，经营就会越稳定（Kueng et al.，2014）。考虑到存在时间非线性效应（见图3-7），加入企业年龄的平方项。

表3-8给出了固定效应方法的估计结果。[②] 所关注的影响产能利用率的两个核心变量，即投资率和补贴的回归结果分别在第1至第2列给出。第3列同时纳入这两个变量，第4至第5列分别针对产能过剩行业和产能不足行业子样本。所有回归一致显示：（1）投资率和产能利用率显著负相关。过度投资形成的高投资率是造成产能利用率过低的症结所在。这与董敏杰等的研究结论一致（董敏杰等，2015；韩国高等，2011；孙巍等，2009）。（2）存在政府补贴的企业产能利用

[①] 企业的资产规模、就业人数、工业总产值以及总资产都可以作为企业规模的衡量指标。考虑到本章产能利用率的结构估计中使用了销售收入和就业人数信息，这里选用资产规模。

[②] 为了处理遗漏不可观测的异质性导致的内生性问题，这里使用固定效应模型。OLS的回归结果同样支持本书的结论。篇幅所限，表中只报告了固定效应模型的回归结果。此外，使用核心解释变量的滞后一期值并不改变回归结果。

率显著较低。这与耿强等的研究结论一致（耿强等，2011；江飞涛等，2012），政府干预加剧了产能过剩。其他控制变量的符号与预期和相关文献的结果一致。

总的来说，投资率和政府干预对产能利用影响的检验结果与经验观察一致，这进一步支持产能利用结构估计的有效性。

表3-8　　　　　　　　　产能利用率影响因素分析

	1	2	3	4	5
投资率	-0.577***		-0.577***	-0.413***	-0.662***
	(-116.692)		(-116.750)	(-68.932)	(-95.378)
补贴		-0.056***	-0.047***	-0.043***	-0.049***
		(-8.318)	(-6.583)	(-4.872)	(-4.894)
可变成本率	14.898***	18.426***	14.901***	11.170***	17.825***
	(165.897)	(263.642)	(165.943)	(111.023)	(134.192)
固定成本率	-2.935***	-2.052***	-2.925***	-1.361***	-3.541***
	(-40.084)	(-32.998)	(-39.944)	(-15.272)	(-34.447)
企业规模	-0.093***	-0.184***	-0.091***	-0.105***	-0.093***
	(-16.400)	(-39.375)	(-15.985)	(-15.432)	(-11.453)
年龄	-0.009	0.136***	-0.007	-0.125**	0.016
	(-0.198)	(8.238)	(-0.154)	(-2.294)	(0.253)
年龄的平方	-0.007	-0.009	-0.007	0.107***	-0.048*
	(-0.338)	(-0.951)	(-0.388)	(4.542)	(-1.797)
常数项	-11.787***	-14.599***	-11.808***	-8.767***	-14.251***
	(-106.849)	(-169.733)	(-107.001)	(-69.362)	(-88.567)
是否控制时间	是	是	是	是	是
R^2	0.198	0.176	0.198	0.220	0.203
样本量	536415	815698	536415	196318	340097

注：括号内为t统计量，*、**、***分别表示在10%、5%和1%水平上显著。

第八节 总结

从企业层面测算产能利用率，由于考虑了企业异质性，使得基于此的产能利用影响因素分析和政策建议更具可靠性。本章提出的测算企业层面产能利用率框架最大的优势在于能够分离出生产率的企业异质性。根据1998—2008年中国工业企业数据库中15个重工业行业的测试，得到了比较合理的结果，为本章估计框架的可靠性提供了支持。

产能利用率是测度宏观经济运行状况的重要指标，准确、适时的产能利用信息有助于提升宏观经济分析的质量，改善宏观调控政策的针对性和效果。产能利用率也是行业分析及相应的产业政策的基石。制定合适的产业治理政策并把握有效的实施时机，需要掌握全面准确的企业层面产能利用信息。笔者相信，随着数据采集技术的日益完善，以及政府对产能利用信息重要性的认识不断提高，将会有更为丰富的大规模年度企业统计资料、更具针对性的高频次抽样调查资料可供产能利用率分析之用。中国目前缺乏准确、全面的产能利用信息的状况将会得到根本改善。笔者希望本章所提出的估计方法能够对这一变革有所推动。

附　录

附录 3.1：两位数重工业行业划分

大类	类别名称
20	木材加工及木、竹、藤、棕、草制品业 （包含 201、202；2031、2032）
25	石油加工、炼焦及核燃料加工业
26	化学原料及化学制品制造业 （包含 261、262、263、265、266）
29	橡胶制品业
30	塑料制品业 （包含 301、302、303、304、305、307）
31	非金属矿物制品业 （包含 311、312、313、316、319；3141、3142、3143、3144、3147、3148、3149、3151、3152）
32	黑色金属冶炼及压延加工业
33	有色金属冶炼及压延加工业
34	金属制品业 （包含 341、343、344、345、346、349；3421、3422、3423、3429、3471）
35	通用设备制造业
36	专用设备制造业 （包含 361、362、363、364、365、366、367、369）
37	交通运输设备制造业 （包含 371、372、375、376、379）

续表

大类	类别名称
39	电气机械及器材制造业 （包含391、392、393、399）
40	通信设备、计算机及其他电子设备制造业 （包含401、402、403、404、405、406、409）
41	仪器仪表及文化、办公用机械制造业 （包含411、412、419；4141）

注：限于篇幅，未给出具体的行业名称。

第 四 章

优化资源配置效率改革的政策效应模拟

本章提出一个同时估计替代弹性（溢价）、要素产出弹性、企业异质性（包括生产率）和资源配置效率的结构估计框架，把资源配置文献沿着从 Restuccia 和 Rogerson 到 Hsieh 和 Klenow 的"微观化"发展方向推进（Restuccia, Rogerson, 2008; Hsieh, Klenow, 2009）。运用1998—2013年制造业数据的估计表明，中国资源配置效率改善空间平均达到205%，未来20年里即使只释放出其中一半，也能保证每年3%—4%的经济增长率；然而过去十几年内中国资源配置效率并没有明显改善；行业内企业间资源误配置问题远比跨地区、行业间的资源误配置严重；资源配置效率的行业差异较大，轻工业配置效率的改善快于重工业部门。改善资源效率的唯一渠道是减轻、消除市场扭曲。深化改革任重道远。

◇ 第一节　导言

全要素生产率的提升一直是推动中国经济增长的重要因素之一。[①] 自中国经济进入新常态以来，促进全要素生产率增长更是被视为培育经济发展新动能的主要着力点。李克强总理在 2015 年政府工作报告中首次提到"要增加研发投入，提高全要素生产率"。他在 2017 年政府工作报告中再一次指出要"培育壮大新动能、改造提升传统动能，提高全要素生产率，推动经济保持中高速增长"。习近平总书记在党的十九大报告中更是明确提出必须"推动经济发展质量变革、效率变革、动力变革，提高全要素生产率"。中国政府对全要素生产率的增长寄予厚望。

宏观全要素生产率受两方面因素的影响：微观层面的投入产出效率，即企业全要素生产率；生产要素在异质性企业间的配置，即资源配置效率。因此，提升全要素生产率的思路也沿着这两方面展开。企业生产率长期以来一直是热门话题，学术界对其影响因素做了广泛且深入的研究，Syverson 的研究是近来在这方面比较全面的综述（Syverson，2011）。[②] 本章聚焦于提高宏观全要素生产率的另一渠道——改善资源配置效率。本章尝试回答：中国经济通过改善资源配置效率

[①] Perkins 和 Rawski 估计，全要素生产率增长对改革开放以来中国经济增长的贡献超过 40%（Perkins，Rawski，2008）。

[②] 其总结影响企业层面生产率增长的内部因素主要包括：企业管理水平、企业内部治理结构与资源配置、企业人力和资本的质量、企业的研发投入及相应的过程创新与产品创新、企业经验的积累（干中学）等，还包括企业生产率外溢、竞争和管制、要素市场等外部环境因素。

提高宏观全要素生产率、推动经济增长的空间有多大。

如果所有企业都是同质的，就不存在资源配置问题。因此，在设定代表性企业的传统宏观模型中，不可能讨论资源配置效率。当前的资源配置效率文献始于 Restuccia 和 Rogerson（以下简称 RR）将企业异质性引入标准的经济增长框架（Restuccia，Rogerson，2008）。他们使用宏观分析中流行的校准（Calibration）方法，以美国经济为基准得到税收和补贴的扭曲可以导致宏观全要素生产率（亦即总产出）损失 30%—50%。[①] 校准方法直接设定模型的参数特别是企业异质性（生产率）的分布，对现实经济中资源配置信息的利用是比较粗略的。Hsieh 和 Klenow（以下简称 HK）尝试更多地利用现实经济的资源配置信息，提出一个微观层面上更接近现实经济的可操作框架，在量化资源配置效率方面做出了开创性的工作（Hsieh，Klenow，2009）。他们根据企业微观数据中收入生产率的差异，构建资源配置效率测度模型，发现中国和印度的资源配置如果达到"美国效率"，宏观全要素生产率可以分别提高 30%—50% 和 40%—60%，中国 1998—2005 年资源配置效率改善空间（即理想值超出现实值的百分比）在 87%（2005 年）至 115%（1998 年）之间。[②]

HK 引发了新一轮估计中国资源配置效率的兴趣。[③] 例如，Brandt 等在 HK 的框架内纳入国有与非国有部门，估计在 1998—2005 年中国非农产业的资源配置改善空间为 25%（本章将其结果转化为可比的

[①] 采用这一思路的还包括文献（Buera，Shin，2011；Bhattacharya et al.，2013；Gabler，Poschke，2013；Midrigan，Xu，2014）等。

[②] 采用这一思路的还包括文献（Bartelsman et al.，2013）等。

[③] 包括大量在 RR 框架下、使用校准（Calibration）方法讨论资源配置效率的文献，例如文献（罗德明等，2012；李世刚、尹恒，2014；盖庆恩等，2013；2015；2017）。

口径，下同）（Brandt et al.，2013）。龚关和胡关亮放宽规模报酬不变的假设后重新计算了 HK 的估计，资源配置效率改善空间处于 30%（2007 年）至 57%（1998 年）之间（龚关、胡关亮，2013）。陈晓光测量了增值税扭曲（增值税实际税率的差异）导致的资源误配置效率损失，得到消除增值税扭曲可以提高宏观生产率 8.6% 的结论（陈晓光，2013）。陈诗一和陈登科将能源作为投入要素纳入 Brandt 等的研究框架（Brandt et al.，2013），得出 1998—2013 年资源配置改善空间平均为 74.5% 的结论。

　　HK 估计的准确性有赖于以下几个重要设定。[①] 第一，替代弹性直接给定。在基准模型中 HK 给定替代弹性为 3（从而溢价为 1.5，即价格超出边际成本 50%），配置效率改善空间在 2005 年为 87%。正如 HK 指出，其估计结果对替代弹性高度敏感。当替代弹性稍微增加到 5（溢价为 1.2）时，[②] 同年配置效率改善空间会上升到实际产出的 184%。[③] 第二，规模收益不变。[④] 他们用劳动收入所占的产出份额替代劳动产出弹性，资本的产出弹性为 1 减去劳动产出份额。由于估计结果对要素份额十分敏感，而他们使用的微观数据（中国工业企业数据库）中劳动收入份额的中位数只有 30%，他们将其等比例调整到 50%（相当于投入产出表中的劳动收入份额）。第三，将资本和劳动贡献之外的所有剩余都归入企业生产率。剩余中包含

[①] 这些评论也适用于 RR 框架。
[②] 他们注意到贸易和产出组织文献中替代弹性的估计一般处于 3—10。
[③] 替代弹性取 3 时，增值税的配置效率改善空间为 7.3%；取 5 时将高达 48.2%（陈晓光，2013）。
[④] 这样，总成本函数是总产量的线性函数，边际成本为常数。HK 能够用收入生产率的分布来衡量扭曲程度，关键基于这一设定。否则，用它来衡量资源配置的情况会夸大扭曲的程度（龚关、胡关亮，2013）。

了测量误差等随机扰动，导致生产率估计产生偏误。这使得资源配置效率的估计对极端值的处理十分敏感。例如，在 HK 的基准模型中去掉了全要素生产率上下 1% 的极端值。若删除 2%，2005 年的配置效率改善空间会从 87% 下降到 69%。第四，要素特别是资本没有调整成本。在 HK 框架中，为了推导出宏观生产率的表达式，[1] 他们假定企业在付出扭曲的要素价格后，可以无成本调整要素。然而正如杨光等指出，资本调整成本等非价格型扭曲是影响资源配置效率的重要因素（杨光等，2015）。以上四个大大简化操作的设定在宏观分析中是常见的，然而不能不牺牲资源配置效率估计的准确性和可靠性。HK 也意识到了这一点，认为美国无论从数据质量还是经济结构上看，都是比较理想的基准，将侧重点放在中国、印度与美国相比的相对效率上，而不是直接估计中国资源配置效率改善的空间。[2]

HK 的上述处理表明，他们对现实经济中资源配置信息的利用仍然是相当有限的。本章尝试同时放松所有以上假定，使用微观数据直接估计替代弹性（溢价）、要素产出弹性和企业异质性（包括企业生产率）。这也是目前贸易和经验产业组织等微观文献中结构估计关注的焦点。De Loecker 和 Warzynsky（以下简称 DW）将替代弹性的估计整合进 Olley 和 Pakes 开创、经过 Levinsohn 和 Petrin 等[3]发展的要素产出弹性和企业生产率的结构估计框架（Olley, Pakes, 1996；Levin-

---

[1] 这一表达式有意义的前提是规模收益不变。此时若行业只有一个企业，它使用行业总资本和总劳动投入，其生产率就是行业生产率。

[2] Restuccia 和 Rogerson 也指出了这一点（Restuccia, Rogerson, 2017）。Asker 等认为相对也不准确（Asker et al., 2014）。

[3] 工作论文版本出现在 2006 年，并被广泛引用。

sohn, Petrin, 2003; Ackerberg et al., 2015), 讨论出口对企业溢价的影响 (De Loecker, Warzynsky, 2012)。受 Hall 的启发 (Hall, 1988), DW 根据企业成本最小化问题得到了溢价 (价格除以边际成本) 的表达式。这样, 他们先用 Ackerberg 等的研究方法估计可变投入 (原材料) 的产出弹性和计划产量 (排除误差项) (Ackerberg et al., 2015), 然后用该可变投入成本占总销售[①]的份额除以其产出弹性得到溢价的估计值。DW 估计溢价的这种两步法被广泛接受, 形成贸易和产业组织文献发展的一个热点, 最近的应用例子包括 De Loecker 等的研究 (De Loecker et al., 2016; Brandt et al., 2017)。DW 方法需要企业层面的产量和价格, 这在大多数企业数据库 (包括他们所用的数据) 中是缺失的。他们认为其关注的焦点是溢价与企业出口间的关系, 而不是企业生产率和溢价的水平。这种关系并不受用经过行业价格指数平减的企业销售替代企业产量的影响。然而在本章中, 企业异质性 (生产率) 和替代弹性 (溢价) 的水平是估计资源配置效率改善空间的关键。而且如 Jaumandreu 和 Yin 所指出, DW 两步法可能造成估计偏误, 尤其是存在产品差异化和需求异质性时 (Jaumandreu, Yin, 2017)。其原因在于"循环引用": 不完全竞争环境下, DW 第一步估计可变投入弹性时需要用到第二步溢价的估计值。[②]

本章的目标是直接估计中国资源配置效率的改善空间, 尝试在以

[①] 排除项误差后的计划产量乘以价格。

[②] 这样明显的偏误较长时间在文献中被忽视, 似乎很难理解。Jaumandreu 和 Yin 认为这可能是由于生产函数结构估计文献对企业层面产出和投入价格的不太严格的处理, 而这些价格数据的稀缺性加强了这一趋势 (Jaumandreu, Yin, 2017)。DW 提到, 他们根据 Levinsohn 和 Petrin 的研究 (Levinsohn, Petrin, 2003) 以及原材料的需求, 得出 $m_{it} = m_t(k_{it}, \omega_{it}, z_{it})$。然而, 在不完全竞争和产品异质的环境下, Z_{it} 中还应该包括不可观测的需求异质性。

下方面拓展资源配置文献。第一，将生产函数、需求函数和生产率估计的微观文献与资源配置效率文献结合起来，让资源配置效率分析建立在更为可靠的微观基础之上，以提升资源配置分析框架的内在逻辑一致性。第二，同时考虑企业在成本和需求方面的多维度企业异质性。[①] 笔者认为在资源配置分析中仅考虑成本方面的企业异质性（生产率）是不够的。例如，一些企业专注于提升企业产品的品质，让产品更具吸引力，从而具有更大的需求优势（异质性），这可能是以更高的生产成本（从而传统方法定义的生产率更低）为代价的。只考虑单维度异质性（生产率），应该给这些企业配置更少的资源。这显然是不合理的。以上两方面努力的目标，都是为了在资源配置效率分析中更充分地利用现实资源配置信息，与从 RR 到 HK 的资源配置文献发展方向是一致的，即更加"微观化"。这样做的代价当然是引入更多的结构和更复杂的估计模型。然而，笔者认为资源配置效率估计是经济分析中为数不多的"奥卡姆的剃刀"不适用的领域。资源配置效率估计更多地追求对现实世界与理想世界差距测量的精确性，即更高的"像素"，而不仅仅是理论的简洁性。

本章提出一个"更微观"的新框架测算中国资源配置效率的改善空间。它不需要企业层面价格水平，能够同时估计替代弹性（溢价）、要素的产出弹性和企业异质性，避免了"循环引用"。而且，这一框架还引入了企业生产率、纵向产品（质量）差异和横向产品差异等多维度的企业异质性。运用这一框架，本章测算了 1999—2013 年中国制造业的资源配置效率改善空间。本章发现，资源配置效率改善的空

[①] Jaumandreu 和 Yin 同时考虑了成本异质（成本优势）和需求异质（需求优势），尝试分离估计两个维度的企业异质性，并发现两者高度负相关（Jaumandreu, Yin, 2017）。

间巨大,如果充分发挥出来,中国的宏观生产率能够增加205%左右,未来20年里,即使只释放出一半的资源效率改善空间,也能保证每年3%—4%的经济增长率;然而过去十几年,中国资源配置效率并没有明显改善;综合Brandt等的研究(Brandt et al.,2013),企业间的资源误配置问题要比跨地区、行业间的资源误配置问题严重得多;资源配置效率的行业差异较大,过去十几年资源配置效率的改善主要集中在一些轻工业行业,配置效率明显下降主要发生在重工业部门。

◇ 第二节 资源配置效率改善空间的定义

本部分考虑垄断竞争的市场结构。[①] 行业内有 N 个企业,每个企业生产差异化的产品。代表性消费者的效用函数为:

$$U_t = \Big(\sum_{i=1}^{N} \Delta_{it} \left(Y_{it}^S \right)^{\frac{\eta-1}{\eta}} \Big)^{\frac{\eta}{\eta-1}} \tag{4.1}$$

Y_{it}^S 是消费者在时期 t 对企业 i 产品的消费(需求)量。$\eta > 0$ 为行业内任意两个企业产品间的替代弹性(绝对值)。这里的独特之处是,引入消费者在时期 t 对企业 i 的产品偏好因子 Δ_{it},它刻画企业 i 产品

[①] 张伯伦定义垄断竞争行业的四个特征:存在大量的企业;每个企业对行业内其余企业的影响可以忽略不计;没有进入与退出障碍;每个企业面临下斜的需求曲线,拥有一定的市场力量(张伯伦,1933)。前三个特征属于充分竞争,最后一个特征属于垄断。Dixit 和 Stiglitz 将这一市场结构正式化(Dixit, Stiglitz, 1977)。这是资源配置文献常用的市场结构(如 HK)。

在代表性消费者的行业综合消费量中的权重。① 企业异质的 Δ_{it} 取决于企业 i 产品的质量，也取决于消费者对其产品的认知程度。

Cobb-Douglas 生产函数，② 微观和宏观生产函数的差别。

$$Y_{it}^P = (K_{it}^P)^{\beta_K} (L_{it}^P)^{\beta_L} (M_{it}^P)^{\beta_M} \Theta_{it} \qquad (4.2)$$

Y_{it}^P、K_{it}^P、L_{it}^P 和 M_{it}^P 分别为计划的产出、资本、劳动和中间投入，Θ_{it} 为企业的生产率。

考虑时期 t 在要素供给总量 $\bar{M}_t$、$\bar{K}_t$ 和 $\bar{L}_t$ 下的资源配置问题。在以上偏好和技术结构下，社会福利最大化问题：③

$$\max_{\{K_{1t}^P, L_{1t}^P, M_{1t}^P\}, \cdots, \{K_{Nt}^P, L_{Nt}^P, M_{Nt}^P\}} U\left(\left(\sum_{i=1}^{N} \Delta_{it} (Y_{it}^S)^{\frac{\eta-1}{\eta}}\right)^{\frac{\eta}{\eta-1}}\right)$$

$$\text{s.t.:} \quad Y_{it}^P = (K_{it}^P)^{\beta_K} (L_{it}^P)^{\beta_L} (M_{it}^P)^{\beta_M} \Theta_{it}$$

$$\sum_{i=1}^{N} K_{it}^P = \bar{K}_t$$

$$\sum_{i=1}^{N} L_{it}^P = \bar{L}_t$$

$$\sum_{i=1}^{N} M_{it}^P = \bar{M}_t$$

---

① 最近的文献（Fan et al., 2015; Amiti et al., 2017）也采用这样的处理方式。

② 运用增加值生产函数，投入要素只有资本和劳动。但是对于以利润最大化为目标的决策主体企业而言，资本、劳动和中间材料是可以相互替代的投入要素。正如 Gandi 等指出的，微观层面上使用增加值生产函数需要一系列苛刻的条件（Gandi et al., 2011）。现实中这些条件往往不能满足，这会造成估计的生产率分布更加离散，从而使得资源配置效率估计产生偏误。

③ 容易证明，对于 CES 效用函数，最大化社会福利与最大化总产出 $\sum_{i=1}^{N} Y_{it}^S P_{it}$ 是等价的。

$$Y_{it}^S = Y_{it}^P$$

可以求解出最优的投入配置：

$$K_{it}^* = \Upsilon_{it}\bar{K}_t$$

$$L_{it}^* = \Upsilon_{it}\bar{L}_t$$

$$M_{it}^* = \Upsilon_{it}\bar{M}_t$$

$$\Upsilon_{it} = \frac{[\exp(\Omega_{it})]^{\frac{-\eta}{(\beta_M+\beta_K+\beta_L)(\eta-1)-\eta}}}{\sum_{i=1}^{N}[\exp(\Omega_{it})]^{\frac{-\eta}{(\beta_M+\beta_K+\beta_L)(\eta-1)-\eta}}} \quad (4.3)$$

$\Omega_{it} \equiv \frac{\eta-1}{\eta}\ln\Theta_{it} + \ln\Delta_{it}$，为企业 i 的综合异质性。企业异质性在资源配置分析中的意义。

如果政府了解每个企业的异质性（需求状况和成本特性）且不存在激励问题，最优配置式（4.3）可以通过政府直接的行政命令（计划）实现。附录4.1 证明，如果不存在摩擦，最优配置式（4.3）也可以通过分散决策的市场经济实现。

因此，本书以最优配置式（4.3）作为参照系，定义以产出表示的资源配置效率的改善空间为 $EP_t \equiv \frac{\text{最优配置下的行业总产出水平}}{\text{实际行业总产出水平}} - 1$，从而：

$$EP_t = \frac{(\bar{K}_t^{\beta_K}\bar{L}_t^{\beta_L}\bar{M}_t^{\beta_M})^{\frac{\eta-1}{\eta}}\sum_{i=1}^{N}\exp(\Omega_{it})\Upsilon_{it}^{*(\beta_M+\beta_K+\beta_L)\frac{\eta-1}{\eta}}}{\sum_{i=1}^{N}\exp(\Omega_{it})[(K_{it})^{\beta_K}(L_{it})^{\beta_L}(M_{it})^{\beta_M}]^{\frac{\eta-1}{\eta}}} - 1$$

$$\Upsilon_{it}^* = \frac{[\exp(\Omega_{it})]^{\frac{-\eta}{(\beta_M+\beta_K+\beta_L)(\eta-1)-\eta}}}{\sum_{i=1}^{N}[\exp(\Omega_{it})]^{\frac{-\eta}{(\beta_M+\beta_K+\beta_L)(\eta-1)-\eta}}} \tag{4.4}$$

根据式 (4.1)，最大的社会福利水平 $U_t^* = \{\sum_{i=1}^{N}\exp(\Omega_{it})[(K_{it}^*)^{\beta_K}(L_{it}^*)^{\beta_L}(M_{it}^*)^{\beta_M}]^{\frac{\eta-1}{\eta}}\}^{\frac{\eta}{\eta-1}}$，而实际配置的社会福利水平 $U_t = \{\sum_{i=1}^{N}\exp(\Omega_{it})(K_{it}^{\beta_K}L_{it}^{\beta_L}M_{it}^{\beta_M})^{\frac{\eta-1}{\eta}}\}^{\frac{\eta}{\eta-1}}$，可以定义基于社会福利的资源配置效率改善空间为 $EW_t \equiv \frac{\text{最优配置下的社会福利水平}}{\text{实际行业社会福利水平}} - 1$，即：

$$EW_t = \frac{\bar{K}_t^{\beta_K}\bar{L}_t^{\beta_L}\bar{M}_t^{\beta_M} \cdot \{\sum_{i=1}^{N}[\exp(\Omega_{it})]^{\frac{-\eta}{(\beta_K+\beta_M+\beta_L)(\eta-1)-\eta}}\}^{\frac{\eta}{\eta-1}-(\beta_K+\beta_M+\beta_L)}}{\{\sum_{i=1}^{N}\exp(\Omega_{it})(K_{it}^{\beta_K}L_{it}^{\beta_L}M_{it}^{\beta_M})^{\frac{\eta-1}{\eta}}\}^{\frac{\eta}{\eta-1}}} - 1 \tag{4.5}$$

从式 (4.3)、式 (4.4) 和式 (4.5) 可见，知道了替代弹性因子 (η)、投入产出弹性 (β_K、β_L 和 β_M) 以及企业异质性 (Ω_{it})，就能得到反事实最优配置，从而估计出资源配置效率改善空间 EP 和 EW。与 HK 直接给出 η、根据规模收益不变假定用要素收入所占的产出份额代替 β_K、β_M 并将剩余设定为 Ω_{it} 不同，下面运用结构估计方法，尝试在统一的框架内估计替代弹性（溢价）、要素产出弹性和企业异质性（包括企业生产率），得到资源配置效率改善空间的估计值。

第三节 资源配置效率改善空间的结构估计

替代弹性因子（η）、投入产出弹性（β_K、β_L、β_M）、企业异质性（Ω_{it}）是不可观测的，只能用存在多种扭曲和摩擦的现实世界数据去推测它们。这是估计资源配置效率改善空间面临的主要挑战。对现实数据产生过程中的扭曲和摩擦考虑得越充分，对参数和企业异质性估计偏误的担心就更能得到缓解，然而这也意味着估计模型变得更复杂。这就是说，我们需要在估计的准确性与模型的简洁性间权衡。针对中国市场经济的特点，考虑的扭曲和摩擦主要包括可变替代弹性（溢价）、纵向和横向产品差异、企业税负的异质性、短期内资本不能调整和资本利用率不充分、当期生产和销售不平衡等。

一 估计环境设定

在式（4.1）中，消费者对企业 i 产品的偏好 Δ_{it} 来源于两个方面：纵向产品差异 δ_{Qit} 和横向产品差异 δ_{Hit}。两者的差异在于，纵向产品差异 δ_{Qit} 代表产品质量的内在差异，需要付出更高的生产成本才能获得；而横向产品差异 δ_{Hit} 则来源于企业的区位优势、消费者的口碑和习惯等，是企业不需要付出更高生产成本就能获得的需求优势。具体地，设 $\Delta_{it} \equiv e^{\delta_{Qit} + \delta_{Hit}}$。根据效用函数（4.1），可以得到企业 i 在时期 t 面临的需求函数为：

$$P_{it}^S = \Phi_t (Y_{it}^S)^{-\frac{1}{\eta_t}} e^{\delta_{Qit}+\delta_{Hit}} \qquad (4.6)$$

P_{it}^S 为企业的计划价格。这里考虑了替代弹性，从而需求价格弹性 η_t 随时间变化。Φ_t 代表市场层面的因素，只随时间变化，同一时间对所有企业的影响相同。

企业并不总是使用所有的资本存量，设实际使用的资本为 $C_t K_{it}$，C_t 为资本利用率。这里只考虑企业资本利用率在经济周期中的变化。具体地，生产函数为：

$$Y_{it}^P = (C_t K_{it})^{\beta_K} (L_{it}^P)^{\beta_L} (M_{it}^P)^{\beta_M} e^{\omega_{it}-\alpha(\delta_{Qit})} \qquad (4.7)$$

这里考虑了企业产品的质量不同而造成的生产成本差异。企业产品的质量 δ_{Qit} 越高，生产同样数量的产品需要投入的资源就越多，其边际成本相应越高，这由函数 $\alpha(\cdot)$，$\alpha' > 0$ 概括。①

企业的当期生产量与当期销售量存在差异。设企业产销率 $\lambda_{it} = \dfrac{Y_{it}^S}{Y_{it}}$。根据式（4.6）和式（4.7），企业的实际销售收入 r_{it}（取对数，以下小写变量为相应大写变量的对数）为：

$$r_{it} = \varphi_t + \left(1 - \frac{1}{\eta_t}\right) \ln\lambda_{it} + \left(1 - \frac{1}{\eta_t}\right)(\beta_K c_t + \beta_K k_{it} + \beta_L l_{it} + \beta_M m_{it})$$
$$+ \Omega_{it} + \psi_{it} \qquad (4.8)$$

ψ_{it} 代表所有实际生产和价格领域的纯粹扰动和测量误差，是独立同分布的白噪音。式（4.8）中综合企业异质性 $\Omega_{it} \equiv \left(1 - \dfrac{1}{\eta}\right)\omega_{it} -$

---

① Grieco 和 MacDevitt 也是这样处理的（Grieco，MacDevitt，2016）。

$$\left(1 - \frac{1}{\eta}\right)\alpha(\delta_{Qit}) + \delta_{Qit} + \delta_{Hit}。$$

设 τ_{Fit} 为企业所得税率，τ_{it} 为增值税销项税率，τ_{Mit} 为增值税进项税率。在短期，资本为拟固定生产要素。企业的短期决策问题是选择劳动和中间投入以最大化利润：

$$\max_{L_{it}^P, M^P{it}} \Pi = (1 - \tau_{Fit})[(1 - \tau_{it})R_{it}^P - W_{it}L_{it}^P - (1 - \tau_{Mit})P_{Mt}M_{it}^P] \tag{4.9}$$

R_{it}^P 为计划销售，W_{it} 为企业的工资率。设企业材料价格的异质性仅来源于增值税进项税率的差异，其税前价格为 P_{Mt}。根据材料的一阶条件可得：

$$\begin{aligned}\Omega_{it} &= (1 - \tau_{Mit})p_{Mt} - \varphi_t + \left(\frac{1}{\eta_t} - 1\right)\beta_K c_t - \ln\beta_M - \ln\left(1 - \frac{1}{\eta_t}\right) \\ &+ \left(\frac{1}{\eta_t} - 1\right)\beta_K k_{it} + \left(\frac{1}{\eta_t} - 1\right)\beta_L l_{it} + \left(\frac{1}{\eta_t}\beta_M - \beta_M + 1\right)m_{it} \\ &- \ln(1 - \tau_{it}) - \left(1 - \frac{1}{\eta_{it}}\right)\ln\lambda_{it} \end{aligned} \tag{4.10}$$

根据企业的质量选择（见第一章），$\left(1 - \frac{1}{\eta_t}\right)\alpha(\delta_{Qit}) \approx \delta_{Qit}$，因此企业综合异质性：

$$\Omega_{it} = \left(1 - \frac{1}{\eta_t}\right)\omega_{it} + \delta_{Hit} \tag{4.11}$$

设企业生产率为一阶 Markov 过程：

$$\omega_{it} = \gamma_t + g(\omega_{it-1}) + \xi_{it} \quad (4.12)$$

这里引入时间趋势。由于横向产品差异 δ_{Hit} 主要受企业的营销努力、区位因素、消费者的口碑和习惯、企业的市场结构和所有权结构等因素的影响，设 $\delta_{Hit} = ah_{it}$，向量 h_{it} 为可观察的影响企业横向产品差异的因素。式（4.11）和式（4.12）代入收入式（4.8）：

$$r_{it} = \varphi_t + \left(1 - \frac{1}{\eta_t}\right)\beta_K c_t + \left(1 - \frac{1}{\eta_t}\right)\ln\lambda_{it} + \left(1 - \frac{1}{\eta_t}\right)\binom{\beta_K k_{it} + \beta_L l_{it}}{+ \beta_M m_{it}}$$

$$+ ah_{it} + \left(1 - \frac{1}{\eta_t}\right)\gamma_t + \left(1 - \frac{1}{\eta_t}\right)g(\omega_{it-1}) + \zeta_{it} \quad (4.13)$$

而根据式（4.10）和式（4.11），有：

$$\omega_{it-1} = \frac{\eta_{t-1}}{\eta_{t-1} - 1}$$

$$\begin{bmatrix} (1 - \tau_{M_{it-1}})p_{M_{t-1}} - \varphi_t + \left(\frac{1}{\eta_t} - 1\right)\beta_K c_t - \ln\beta_M - \ln\left(1 - \frac{1}{\eta_{t-1}}\right) \\ + \left(\frac{1}{\eta_{t-1}} - 1\right)\beta_K k_{it-1} + \left(\frac{1}{\eta_{t-1}} - 1\right)\beta_L l_{it-1} + \left(\frac{1}{\eta_{t-1}}\beta_M - \beta_M + 1\right)m_{it-1} \\ - \ln(1 - \tau_{it-1}) - \left(1 - \frac{1}{\eta_{t-1}}\right)\ln\lambda_{it-1} - ah_{it-1} \end{bmatrix}$$

$$(4.14)$$

二 替代弹性（溢价）的识别

由于替代弹性参数（需求价格弹性）随时间变化，原则上在式（4.13）和式（4.14）中可以引入14个参数（每年1个）识别 η_t。然而，这大大增加了识别系统的难度。为了利于识别，本书尝试对系统加以简化。[①] 根据企业成本最小化问题可得：

$$\lambda_{it} \frac{(1-\tau_{Mit})P_{Mt}M_{it} + W_{it}L_{it}}{(1-\tau_{it})P_{it}^S Y_{it}^S} = \frac{MC_{it}}{(1-\tau_{it})P_{it}^S}(\beta_L + \beta_M)$$

由于 $P_{it}^S = \frac{1}{\lambda_{it}} \frac{MC_{it}}{1-\tau_{it}} \frac{\eta_t}{\eta_t - 1}$，则：

$$\ln\left(\frac{\eta_t}{\eta_t - 1}\right) = \ln\left(\frac{(1-\tau_{it})R_{it}}{(1-\tau_{Mit})P_{Mt}M_{it} + W_{it}L_{it}}\right) + \ln(\beta_L + \beta_M) - \psi_{it}$$

由于 ψ_{it} 为纯粹的白噪音，在时期 t 对式（4.15）取均值，以消除 ψ_{it}：

$$\ln\left(\frac{\eta_t}{\eta_t - 1}\right) = b_t + \ln(\beta_L + \beta_M)$$

$$b_t \equiv \frac{1}{N_t}\sum_{i=1}^{N_t}\ln\left(\frac{(1-\tau_{it})R_{it}}{(1-\tau_{Mit})P_{Mt}M_{it} + W_{it}L_{it}}\right) \quad (4.15)$$

[①] 这一思路与 DW 一样来源于 Hall 的研究（Hall，1988；1990）。与 DW 的两步法不同，本书将溢价的估计整合进生产函数参数和企业异质性（生产率）的估计。

可见，替代弹性参数的估计值是生产函数参数 $\beta_L + \beta_M$ 的函数，可以它来替代式（4.13）和式（4.14）中的 η_t。半参数系统式（4.13）、式（4.14）和式（4.15）就是本章识别替代弹性因子（η）、投入产出弹性（β_K、β_L、β_M）和企业异质性（Ω_{it}）的基本方程。

由于只能观测到持续经营的样本，退出企业生产信息的疏漏可能导致企业生产率估计的偏误。本书用如下简单回归估计企业的持续经营概率：

$$\Pr_{it \mid t-1} = \Gamma(k_{it-1}, l_{it-1}, m_{it-1}, h_{it-1}) \tag{4.16}$$

三 估计方法

根据设定，式（4.13）中的扰动项 ζ_{it} 满足：

$$E[z_{it} \cdot \zeta_{it}] = E\left[z_{it} \cdot \left(\left(1 - \frac{1}{\eta_t}\right)\xi_{it} + \psi_{it}\right)\right] = 0$$

估计参数 θ 的 GMM 问题：

$$\min_{\theta} \left[\frac{1}{N}\sum_i \sum_{T_i} Z_{it}\hat{\zeta}_{it}(\theta)\right]' W_N \left[\frac{1}{N}\sum_i \sum_{T_i} Z_{it}\hat{\zeta}_{it}(\theta)\right] \tag{4.17}$$

W_N 为权重矩阵，T_i 为企业 i 的观测数，N 为总观测数。根据式（4.13）和式（4.16），ζ_{it} 的估计：

$$\hat{\zeta}_{it} = r_{it} - \left(1 - \frac{1}{\eta_t}\right)(\beta_K k_{it} + \beta_L l_{it} + \beta_M m_{it}) - p_t - \left(1 - \frac{1}{\eta_t}\right)\ln\lambda_{it}$$

$$- a_1 sc_{it} - a_2 sc_{it}^2 - a_3 sc_{it}^3 - a_4 east_{it} - a_5 middle_{it} - a_6 core_{it}$$

$$- a_7 ccity_{it} - a_8 export_{it} - a_9 age_{it} - a_{10} soe_{it}$$

$$- c_0 - (\gamma_1 \cdot d00 + \gamma_2 \cdot d01 + \cdots) - \left(1 - \frac{1}{\eta_t}\right)f(\omega_{it-1}, \Pr_{it|t-1})$$

(4.18)

识别企业横向产品差异的向量 h_{it} 中包括企业的营销努力 sc_{it}（这里用三阶多项式刻画其对横向产品差异影响的非线性）和企业的区位因素虚拟变量：$east_{it}$（东部地区）、$middle_{it}$（中部地区）、$core_{it}$（地级市及以上的城区）和 $ccity_{it}$（省会），出口虚拟变量 $export_{it}$（企业出口大于0），代表企业经营历史的变量 age_{it}、国有企业虚拟变量 soe_{it}（定义见第一章）。$d00$—$d13$ 为时间虚拟变量。需求因子的常数项、时间趋势的基准项都合并到了项 c_0 中。生产率逼近中的常数项合并到了时间虚拟项中，与资本利用率相关的项 $\left(1 - \frac{1}{\eta_t}\right)\beta_K c_t$ 也合并到时间趋势项，用行业价格水平 p_t 作为只随时间变化的市场层面的因素 φ_t 的代理变量。本书用二阶多项式逼近 $f(\omega_{it-1}, \Pr_{it|t-1})$。①

式（4.14）的估计式为：

$$\hat{\omega}_{it-1} = \frac{\eta_{t-1}}{\eta_{t-1} - 1}$$

---

① 三阶也可以，但收敛性不好。

$$\begin{bmatrix} -\ln\left(1-\dfrac{1}{\eta_{t-1}}\right) + \left(1-\dfrac{1}{\eta_{t-1}}\right)\beta_M(1-\tau_{M_{u-1}})p_{M_{t-1}} - p_{t-1} - \left(1-\dfrac{1}{\eta_{t-1}}\right) \\ \gamma_p p_{t-1} - \left(1-\dfrac{1}{\eta_{t-1}}\right)\beta_K k_{it-1} - \left(1-\dfrac{1}{\eta_{t-1}}\right)\beta_L l_{it-1} + \left(1-\left(1-\dfrac{1}{\eta_{t-1}}\right)\beta_M\right) \\ em_{it-1} - \ln(1-\tau_{it-1}) - \left(1-\dfrac{1}{\eta_{t-1}}\right)\ln\lambda_{it-1} - a_1 sc_{it-1} - a_2 sc_{it-1}^2 \\ - a_3 sc_{it-1}^3 - a_4 east_{it-1} - a_5 middle_{it-1} - a_6 core_{it-1} - a_7 ccity_{it-1} \\ - a_8 export_{it-1} - a_9 age_{it-1} - a_{10} soe_{it-1} \end{bmatrix}$$

(4.19)

$em_{it-1} = (1-\tau_{Mit-1})p_{Mt-1}m_{it-1}$，为净材料支出（对数）。这里设产能利用率与一般价格水平呈线性关系 i.e. $c_t = \gamma_p p_t$。由于 ω_{it} 的水平无意义，式（4.14）中的常数项在对 ω_{it} 作去均值处理后被消除。

由于溢价为 $e^{b_t + \ln(\beta_L + \beta_M)}$，它应该大于1，即 $b_t + \ln(\beta_L + \beta_M)$ 应该大于0。而且，$\beta_L + \beta_M$ 的值会影响 $b_t + \ln(\beta_L + \beta_M)$ 的符号，最优化程序模块在搜寻时会出现间断点，导致 GMM 估计不收敛。在估计中，本书用 $\ln\left(\dfrac{\eta_t}{\eta_t - 1}\right) = b_t \cdot e^{b_t \cdot (1-\frac{1}{\beta_L + \beta_M})}$，在 $\beta_L + \beta_M = 1$ 附近对函数（4.15）平滑逼近。作为敏感性分析，还考虑了 $\ln\left(\dfrac{\eta_t}{\eta_t - 1}\right) = b_t \dfrac{e^{\beta_L + \beta_M} - 1}{e - 1}$ 逼近式（4.15）。

本书的基本识别包括31个参数：投入弹性（β_K、β_L、β_M）、产能利用参数（γ_p）、常数（c_0）、需求移动参数（10个）、时间趋势参数（11个）、生产率未知函数逼近参数（5个）。本书借鉴 Doraszelski 和 Jaumandreu 的降维方法（Doraszelski, Jaumandreu, 2013），将17个线性参数（c_0、时间趋势参数、生产率未知函数逼近参数）表示成余下 14 个非线性参数的函数,这样在实际估计中最优化程序只需要搜索 14 个参数,大大提高了 GMM 估计的收敛性和稳健性。式(4.17)中的工具向量 z_{it} 由外生变量的多项式组成。① 基本工具集包括常数、时间虚拟变量、sc_{it-1}、sc_{it-1}^2、sc_{it-1}^3、$east_{it-1}$、$middle_{it-1}$、$core_{it-1}$、$ccity_{it-1}$,$export_{it-1}$、age_{it-1}、soe_{it-1},以及 k_{it-1}、l_{it-1} 和 m_{it-1} 的三阶多项式,共 40 个。

参数估计出来后,根据式(4.10)和式(4.13),企业综合异质性的估计如下:

$$\hat{\Omega}_{it} = -\left(1-\frac{1}{\eta_t}\right)\beta_K k_{it} - \left(1-\frac{1}{\eta_t}\right)\beta_L l_{it} + \left(1-\left(1-\frac{1}{\eta_t}\right)\beta_M\right)em_{it}$$
$$- \ln(1-\tau_{it}) - \left(1-\frac{1}{\eta_t}\right)\ln\lambda_{it} \qquad (4.20)$$

由于企业综合异质性的均值不影响资源配置效率的估计,本书在时期 t 对 $\hat{\Omega}_{it}$ 进行了去均值处理。可见,需求参数不影响企业综合异质性的估计和资源配置效率的估计。

◇ 第四节　数据和变量定义

数据来自国家统计局的"全部国有及规模以上非国有工业企业数

---

① 这一方法在贸易和经验产业组织中广泛使用,例如 Berry 等的研究(Berry et al., 1995; Olley, Pakes, 1996; Levinsohn, Petrin, 2003; Ackerberg et al., 2015; Wooldridge, 2009; Doraszelski, Jaumandreu, 2016),还包括 Ai 和 Chen 提出的格点估计方法(sieveestimation)(Ai, Chen, 2003; 2007)。

据库"。数据库的整理、变量定义等参见第一章,本章按二位数行业进行估计。表4-1列示了所用样本的基本统计描述。

表4-1　　　　　　　样本的基本描述统计

代码	行业名称	企业数	观测数	收入/可变成本 1999年	收入/可变成本 2013年	销售（万元）1999年	销售（万元）2013年	资本（万元）1999年	资本（万元）2013年	劳动（个）1999年	劳动（个）2013年
13	农副食品加工业	38170	161502	1.128	1.151	3669	17705	1289	5262	180.6	369.2
14	食品制造业	13145	57967	1.179	1.224	3383	23174	1648	4978	217.8	449.7
15	酒、饮料和精制茶制造业	8770	37827	1.246	1.268	5696	27821	3323	6455	333.6	457.6
17	纺织业	43470	200523	1.142	1.139	4891	15581	2585	3305	502.8	437.3
18	纺织服装、服饰业	28844	127349	1.146	1.148	3391	13977	915	2112	321.6	515.2
19	皮革、毛皮、羽毛及其制品和制鞋业	16449	73423	1.131	1.140	4247	15668	974	2169	410.8	592.1
20	木材加工和木、竹、藤、棕、草制品业	15153	57127	1.165	1.168	3153	13820	1520	2688	309.5	346.2
21	家具制造业	8206	33557	1.173	1.176	2928	14859	969	2896	202.1	438.1
22	造纸和纸制品业	14565	68589	1.174	1.604	3643	21182	2181	6136	285.5	399.4
23	印刷和记录媒介复制业	10805	49997	1.197	1.214	1957	14346	1284	3216	172.0	385.8
24	文教、工美、体育和娱乐用品制造业	15230	69168	1.151	1.152	3672	18226	891	1847	362.3	480.6
26	化学原料和化学制品制造业	40749	188750	1.198	1.195	5836	27439	4186	9391	382.6	390.7
27	医药制造业	9591	52290	1.491	1.515	5268	37070	2182	7347	336.8	472.3
28	化学纤维制造业	2993	13960	1.153	1.103	13803	35021	12461	9531	623.5	438.0
29	橡胶和塑料制品业	31947	140895	1.192	1.167	3672	16289	1819	3641	249.6	393.6
30	非金属矿物制品业	49279	213798	1.195	1.201	2746	17374	2369	5130	344.9	384.1
31	黑色金属冶炼和压延加工业	20217	89034	1.132	1.136	11736	61724	10689	22795	712.9	589.5
32	有色金属冶炼和压延加工业	10745	44181	1.153	1.108	8420	38887	5670	10796	510.4	439.1
33	金属制品业	36045	154349	1.172	1.160	3614	17701	1564	3288	268.4	383.3
34	通用设备制造业	37760	169783	1.196	1.198	4177	20154	2255	3895	387.0	404.6

续表

代码	行业名称	企业数	观测数	收入/可变成本		销售（万元）		资本（万元）		劳动（个）	
				1999年	2013年	1999年	2013年	1999年	2013年	1999年	2013年
35	专用设备制造业	24853	107088	1.179	1.225	3509	21156	2018	4747	392.2	407.6
36	汽车制造业	16332	76400	1.204	1.187	11730	63720	5313	8560	604.7	528.4
37	铁路、船舶、航空航天和其他运输设备制造业	8251	37673	1.153	1.154	9162	34645	4845	6421	721.0	543.9
38	电气机械和器材制造业	35481	163206	1.194	1.169	5890	31741	2088	5096	323.7	488.1
39	计算机、通信和其他电子设备制造业	20336	91820	1.206	1.174	17150	64432	4597	10838	524.9	821.2
40	仪器仪表制造业	6837	32433	1.212	1.253	3123	25802	1643	3398	334.4	458.8

注：行业39为现值，其余为平减值。

◇◇ 第五节　估计结果

如表 4-2 所示，所有 26 个制造业行业的生产函数系数估计结果均具有很强的显著性。与本章的参数估计方法最为接近的是 Brandt 等的研究（Brandt et al.，2017），他们采用 DW 方法估计了 Cobb-Douglas 生产函数参数和溢价。材料投入是他们估计溢价的基础，其弹性系数在他们的研究中处于核心位置。对于可比的 26 个制造业行业，他们估计的材料投入系数位于 0.872—0.981，本书大部分行业相应的估计与他们的结果十分接近，处于 0.763—0.948。不过资本和劳动的产出弹性系数差别比较大。在这 26 个制造业行业中，他们的资本系数处于 -0.008—0.047，其中金属制品行业（-0.08）与有色金属冶炼和压延加工业（-0.02）为负值，12个行业不显著；劳动系数处于0.002—0.104，13个行业不显著。本书的资本和劳动产出弹性系数估计比他们高，明显更为合理。① 本书的结果与国内运用结构方法估计生产函数参数的文献也比较一致，例如，聂辉华和贾瑞雪运用 Olley 和 Pakes 的方法估计全部制造业（Olley, Pakes, 1996），资本系数为0.06，劳动系数为0.05，中间投入系数是0.9（聂辉华、贾瑞雪，2011）。

表4-2　　　　　　　　　　样本的模型参数估计

代码	行业名称	函数值	自由度	p值	资本系数	资本标准误	劳动系数	劳动标准误	材料系数	材料标准误
13	农副食品加工业	12.8	9	0.172	0.110	0.024	0.129	0.052	0.932	0.052
14	食品制造业	36.1	12	0	0.156	0.029	0.126	0.028	0.920	0.044
15	酒、饮料和精制茶制造业	35.5	12	0	0.198	0.024	0.263	0.027	0.819	0.035
17	纺织业	172.2	9	0	0.115	0.008	0.219	0.020	0.842	0.027
18	纺织服装、服饰业	6.1	9	0.732	0.115	0.031	0.199	0.101	0.771	0.107
19	皮革、毛皮、羽毛及其制品和制鞋业	153.2	9	0	0.089	0.014	0.239	0.033	0.805	0.050
20	木材加工和木、竹、藤、棕、草制品业	88.6	23	0	0.104	0.011	0.236	0.030	0.809	0.036
21	家具制造业	28.1	7	0	0.068	0.016	0.160	0.029	0.893	0.040
22	造纸和纸制品业	121.0	23	0	0.104	0.012	0.215	0.029	0.882	0.030
23	印刷和记录媒介复制业	5.4	7	0.616	0.144	0.035	0.118	0.043	0.929	0.066
24	文教、工美、体育和娱乐用品制造业	62.3	9	0	0.074	0.011	0.225	0.033	0.856	0.046

---

① Olley 和 Pakes 指出，在生产函数估计中经常出现的资本弹性系数过低的偏误（Olley, Pakes, 1996）。

续表

代码	行业名称	函数值	自由度	p值	资本		劳动		材料	
					系数	标准误	系数	标准误	系数	标准误
26	化学原料和化学制品制造业	370.5	23	0	0.139	0.010	0.096	0.010	0.934	0.017
27	医药制造业	59.0	23	0	0.304	0.037	0.220	0.029	0.788	0.053
28	化学纤维制造业	23.3	9	0.006	0.065	0.022	0.077	0.028	0.945	0.039
29	橡胶和塑料制品业	136.4	9	0	0.116	0.011	0.136	0.015	0.896	0.025
30	非金属矿物制品业	244.3	7	0	0.155	0.015	0.188	0.021	0.843	0.027
31	黑色金属冶炼和压延加工业	86.6	23	0	0.085	0.012	0.111	0.014	0.924	0.020
32	有色金属冶炼和压延加工业	60.0	23	0	0.061	0.010	0.108	0.016	0.948	0.018
33	金属制品业	150.2	7	0	0.128	0.019	0.179	0.025	0.842	0.040
34	通用设备制造业	256.7	14	0	0.115	0.009	0.117	0.010	0.935	0.016
35	专用设备制造业	178.8	23	0	0.148	0.012	0.162	0.017	0.881	0.022
36	汽车制造业	117.6	9	0	0.194	0.035	0.190	0.036	0.872	0.063
37	铁路、船舶、航空航天和其他运输设备制造业	22.6	9	0.007	0.083	0.017	0.083	0.021	0.930	0.037
38	电气机械和器材制造业	13.4	9	0.147	0.122	0.031	0.260	0.069	0.819	0.059
39	计算机、通信和其他电子设备制造业	134.5	9	0	0.093	0.024	0.166	0.044	0.906	0.059
40	仪器仪表制造业	83.2	23	0	0.171	0.033	0.270	0.043	0.763	0.072

表4-3列示了综合异质性和溢价估计结果。可以看到,在20世纪末到21世纪初这15年中,各行业的溢价总是相当稳定的,变化很小。大体上看,价格高出边际成本约20%,相当于替代弹性等于5。这与Brandt等对二位数行业溢价的估计基本一致(Brandt et al.,

2017），他们的溢价中位数也基本处于这一水平。本书的综合异质性是企业生产率和企业需求端异质性的综合，目前文献中并没有直接可比的估计。本书的结果比 HK 估计的中国制造业单维度异质性（企业生产率）的方差（0.95）要小得多，接近 Foster 等使用美国同质产品行业估计的企业生产率的方差（0.26）（Foster et al.，2008）。不过这是可以理解的。Jaumandreu 和 Yin 利用企业国内市场和出口市场的差异分离估计企业的成本优势（生产率异质性）和产品优势（需求端异质性），发现强烈的负相关（Jaumandreu，Yin，2017）。因此考虑相互间负相关的多维度异质性后，方差会小很多。

表 4–3　　　　　　　　综合异质性和溢价估计结果

代码	行业名称	综合异质性的方差					溢价				
		1999—2001 年	2002—2004 年	2005—2007 年	2008—2009 年	2011—2013 年	2099—2001 年	2002—2004 年	2005—2007 年	2008—2009 年	2011—2013 年
13	农副食品加工业	0.394	0.328	0.287	0.279	0.241	1.211	1.194	1.215	1.224	1.220
14	食品制造业	0.448	0.373	0.315	0.303	0.262	1.221	1.233	1.232	1.237	1.244
15	酒、饮料和精制茶制造业	0.580	0.563	0.462	0.445	0.381	1.330	1.348	1.326	1.332	1.322
17	纺织业	0.408	0.347	0.300	0.307	0.277	1.213	1.193	1.188	1.207	1.217
18	纺织服装、服饰业	0.401	0.365	0.343	0.357	0.321	1.112	1.107	1.105	1.119	1.124
19	皮革、毛皮、羽毛及其制品和制鞋业	0.417	0.368	0.344	0.356	0.325	1.186	1.177	1.183	1.197	1.207
20	木材加工和木、竹、藤、棕、草制品业	0.445	0.342	0.298	0.305	0.269	1.182	1.167	1.169	1.190	1.198
21	家具制造业	0.393	0.320	0.260	0.281	0.244	1.209	1.197	1.192	1.197	1.210
22	造纸及纸制品业	0.367	0.309	0.270	0.273	0.255	1.256	1.232	1.225	1.237	1.242
23	印刷和记录媒介复制业	0.416	0.359	0.281	0.267	0.245	1.221	1.213	1.206	1.222	1.231
24	文教、工美、体育和娱乐用品制造业	0.370	0.333	0.319	0.334	0.313	1.207	1.203	1.204	1.217	1.226

续表

代码	行业名称	综合异质性的方差					溢价				
		1999—2001年	2002—2004年	2005—2007年	2008—2009年	2011—2013年	2099—2001年	2002—2004年	2005—2007年	2008—2009年	2011—2013年
26	化学原料和化学制品制造业	0.344	0.304	0.271	0.272	0.242	1.220	1.207	1.196	1.211	1.212
27	医药制造业	0.577	0.572	0.544	0.522	0.479	1.328	1.354	1.308	1.295	1.275
28	化学纤维制造业	0.243	0.192	0.168	0.171	0.150	1.144	1.119	1.102	1.109	1.102
29	橡胶和塑料制品业	0.342	0.292	0.252	0.261	0.232	1.205	1.188	1.174	1.189	1.192
30	非金属矿物制品业	0.420	0.385	0.340	0.342	0.290	1.231	1.219	1.211	1.222	1.222
31	黑色金属冶炼和压延加工业	0.317	0.260	0.230	0.237	0.222	1.168	1.141	1.135	1.150	1.156
32	有色金属冶炼和压延加工业	0.274	0.260	0.242	0.234	0.227	1.161	1.147	1.144	1.150	1.146
33	金属制品业	0.429	0.366	0.314	0.331	0.298	1.211	1.187	1.176	1.186	1.193
34	通用设备制造业	0.408	0.323	0.264	0.265	0.240	1.236	1.219	1.201	1.217	1.230
35	专用设备制造业	0.493	0.404	0.335	0.330	0.298	1.216	1.209	1.208	1.226	1.233
36	汽车制造业	0.482	0.407	0.348	0.349	0.334	1.330	1.291	1.264	1.273	1.283
37	铁路、船舶、航空航天和其他运输设备制造业	0.324	0.268	0.233	0.235	0.223	1.138	1.126	1.122	1.134	1.147
38	电气机械和器材制造业	0.513	0.425	0.371	0.378	0.371	1.318	1.284	1.255	1.268	1.277
39	计算机、通信和其他电子设备制造业	0.446	0.376	0.332	0.321	0.306	1.245	1.225	1.214	1.224	1.221
40	仪器仪表制造业	0.577	0.475	0.440	0.435	0.412	1.235	1.234	1.229	1.257	1.271

表4-4是对本章的问题最直接的回答。第一行给出制造业整体上资源配置效率的改善空间。总体上看，第一个鲜明的印象是资源配置效率改善的空间巨大。如果实现最有效的资源配置，2011—

2013年中国的宏观生产率能够增加205%。① 这相当于在未来20年内,即使只释放出一半的资源配置效率改善空间,中国仅仅通过减少扭曲的结构改革,也能保证每年3%—4%的经济增长率。第二个鲜明印象是这十几年内中国的资源配置效率几乎没有发生变化。1999—2007年,资源配置效率稍微有所上升,改善的空间从195%缩小到182%;然而在此之后配置效率又开始下降,效率改善空间增加了23个百分点。

表4-4　　　　　　　　产出效率结果估计　　　　　　（单位:%)

代码	行业名称	资源配置效率的改善空间				
		1999—2001年	2002—2004年	2005—2007年	2008—2009年	2011—2013年
	制造业加权平均*	195.0	187.6	181.3	185.7	204.7
13	农副食品加工业	687.9	258.6	235.7	284.0	134.7
14	食品制造业	300.6	263.7	250.2	238.6	196.8
15	酒、饮料和精制茶制造业	715.4	346.4	391.3	374.7	376.6
17	纺织业	202.5	222.3	214.9	255.2	206.9
18	纺织服装、服饰业	170.4	220.4	184.1	275.9	236.1
19	皮革、毛皮、羽毛及其制品和制鞋业	127.7	162.9	151.2	117.2	187.5
20	木材加工和木、竹、藤、棕、草制品业	214.8	206.6	165.3	213.1	168.5
21	家具制造业	54.0	62.0	69.7	81.1	77.3
22	造纸和纸制品业	133.9	184.7	162.1	159.0	278.2
23	印刷和记录媒介复制业	365.2	204.3	146.1	248.1	109.7

① 由于生产要素是给定的,这里估计的GDP增长与宏观生产率的增长是等价的。

续表

代码	行业名称	资源配置效率的改善空间				
		1999—2001年	2002—2004年	2005—2007年	2008—2009年	2011—2013年
24	文教、工美、体育和娱乐用品制造业	137.7	184.4	202.7	246.6	232.5
26	化学原料和化学制品制造业	221.1	152.2	207.4	241.1	160.6
27	医药制造业	462.6	573.9	288.1	—	—
28	化学纤维制造业	42.7	69.8	75.4	74.4	65.8
29	橡胶和塑料制品业	93.8	119.4	161.0	152.3	148.1
30	非金属矿物制品业	888.6	514.2	347.8	495.4	278.4
31	黑色金属冶炼和压延加工业	103.7	128.7	121.7	133.2	177.2
32	有色金属冶炼和压延加工业	99.7	120.2	103.6	171.6	101.6
33	金属制品业	152.8	255.9	231.9	209.1	225.0
34	通用设备制造业	100.9	102.3	154.4	131.2	103.1
35	专用设备制造业	324.0	202.2	196.9	301.1	228.9
36	汽车制造业	112.0	155.6	—	192.4	279.8
37	铁路、船舶、航空航天和其他运输设备制造业	113.3	133.3	146.8	102.2	102.1
38	电气机械和器材制造业	117.4	184.4	180.0	201.3	316.4
39	计算机、通信和其他电子设备制造业	92.6	161.0	151.8	116.6	239.2
40	仪器仪表制造业	488.0	286.3	365.5	280.8	301.7

HK的结果是1998年资源配置效率改善的空间为115%、2005年为87%，在改善趋势上与本书的结果是一致的，不过在幅度上本书为他们的一倍。这是在他们设定替代弹性为3（溢价为1.5）时的结果。如表4-3所示，实际的溢价水平只有1.2。在替代弹性为5时，HK估计的资源配置效率改善空间变为184%（2005年），这与本书对

2005—2007年的估计（181%）几乎一样。这似乎表明本书与HK估计的差别，主要是由替代弹性（溢价）造成的。当然，这完全可能只是巧合。如前文所述，本书的估计框架与HK差别很大，本书放松了所有参数假定，尝试排除误差项的影响，而且还纳入了资本调整成本造成的扭曲。HK的结果对这些设定都很敏感，每一项都可能带来很大改变。例如，龚关和胡关亮放宽HK的规模报酬不变后，结果由87%下降为30%（2007年）（龚关、胡关亮，2013）；HK去掉上下两端的企业异质性，由1%增加到2%，结果从87%下降到69%（2005年）；杨光等发现资本调整成本可能对资源配置效率存在很大的负面影响（杨光等，2015）。

Brandt等发现1997—2007年要素市场扭曲，导致宏观全要素生产率损失21%（相当于资源配置效率改善空间为27%），这大大低于HK和本书的估计结果。他们讨论的是加总水平的资源配置，即因跨省和跨行业的资本和劳动误置导致的效率损失，没有考虑企业异质性。而HK和本书都聚焦于行业内、企业间的资源配置问题。这表明与跨地区、行业间的资源配置相比，企业间的要素误置问题要严重得多。

表4-4还能提供丰富的关于行业内资源配置状况的信息。从横向（资源配置效率水平）看，2011—2013年资源配置效率最高的五个行业分别是化学纤维制造业（28），家具制造业（21），有色金属冶炼和压延加工业（32），铁路、船舶、航空航天和其他运输设备制造业（37）和通用设备制造业（34）；配置效率最低的五个行业分别是酒、饮料和精制茶制造业（15），电气机械和器材制造业（38），仪器仪表制造业（40），汽车制造业（36）和非金属矿物制品业（30）。从纵向看，农副食品加工业（13），食品制造业（14），酒、饮料和精制茶制造业（15），印刷和记录媒介复制业（23），非金属

矿物制品业（30）的资源配置效率呈现改善趋势，主要集中在轻工业行业；而资源配置效率明显下降的行业有造纸和纸制品业（22），文教、工美、体育和娱乐用品制造业（24），橡胶和塑料制品业（29），黑色金属冶炼和压延加工业（31），汽车制造业（36），电气机械和器材制造业（38），计算机、通信和其他电子设备制造业（39），主要是重工业行业。大部分行业的资源配置效率没有明显变化。各行业资源配置效率的具体情况及制约因素，值得进一步研究。

由于本书的结构估计模型有着明确的福利含义，我们还可以根据式（4.5）从社会福利角度评价资源配置效率。表4-5列示了估计结果。根据社会福利标准定义的资源配置效率改善潜力更为巨大，一般都比产出定义的估计值高出50%以上。不过，所显现的资源配置效率变化趋势与产出的定义完全一致。

表4-5　　　　　　　社会福利效率结果估计　　　　　　（单位：%）

代码	行业名称	资源配置效率的改善空间				
		1999—2001年	2002—2004年	2005—2007年	2008—2009年	2011—2013年
	制造业加权平均	321.2	326.6	344.9	294.5	383.6
13	农副食品加工业	—	1024.5	358.5	418.1	182.7
14	食品制造业	—	388.6	413.5	350.1	286.2
15	酒、饮料和精制茶制造业	1373.3	1406.2	713.3	694.4	665.6
17	纺织业	282.5	497.6	393.5	357.6	291.3
18	纺织服装、服饰业	285.1	327.4	277.3	340.0	290.5
19	皮革、毛皮、羽毛及其制品和制鞋业	165.0	211.6	197.1	153.0	257.4
20	木材加工和木、竹、藤、棕、草制品业	285.7	299.2	262.7	285.2	226.5

续表

代码	行业名称	资源配置效率的改善空间				
		1999—2001年	2002—2004年	2005—2007年	2008—2009年	2011—2013年
21	家具制造业	68.5	78.2	87.1	103.6	99.9
22	造纸和纸制品业	190.5	262.4	225.4	224.0	421.7
23	印刷和记录媒介复制业	820.9	216.1	424.9	358.6	148.2
24	文教、工美、体育和娱乐用品制造业	184.1	250.7	279.4	353.6	335.9
26	化学原料和化学制品制造业	314.4	205.1	282.6	341.9	216.7
27	医药制造业	1618.9	1047.8	1284.9	—	—
28	化学纤维制造业	50.1	80.6	85.7	85.3	74.6
29	橡胶和塑料制品业	122.0	153.6	208.3	200.1	195.3
30	非金属矿物制品业	1319.2	—	873.5	1135.1	332.3
31	黑色金属冶炼和压延加工业	129.4	177.8	168.5	164.4	220.6
32	有色金属冶炼和压延加工业	123.0	146.8	125.5	211.5	122.9
33	金属制品业	207.3	350.6	309.7	280.6	307.3
34	通用设备制造业	136.6	135.9	207.0	177.3	138.6
35	专用设备制造业	872.6	655.9	736.7	697.9	332.8
36	汽车制造业	171.2	268.2	491.7	435.0	1401.6
37	铁路、船舶、航空航天和其他运输设备制造业	136.5	159.4	175.2	122.2	123.6
38	电气机械和器材制造业	176.9	280.7	263.9	303.8	514.7
39	计算机、通信和其他电子设备制造业	126.1	220.6	206.0	157.6	336.1
40	仪器仪表制造业	899.9	429.8	799.1	427.7	476.8

本书进行了广泛的敏感性分析。由于篇幅所限，本书只在附录中报告了不控制退出造成的样本选择问题、替代弹性（溢价）不变和改

变估计过程中的逼近方法的结果。可以看到，是否控制退出造成的样本选择问题对参数估计和最终结果的影响确实是明显的。不过替代弹性是否变化对结果的影响很小。估计结果对于不同的逼近方法而言也是稳健的。

◈ 第六节　总结

本书发展了一个分析资源配置效率的结构估计框架，将生产函数、需求函数和生产率估计的微观文献与资源配置宏观文献整合起来，把资源配置文献沿着从 RR 到 HK 的"微观化"发展方向推进。运用 1998—2013 年制造业数据的估计表明，资源配置效率改善的空间巨大，如果充分发挥出来，中国的宏观生产率能够增加 205% 左右。这一结果与在替代弹性为 5 时 HK 的估计接近。不过本书直接估计包括替代弹性在内的所有参数，排除了误差项的影响，并考虑了资本调整成本造成的扭曲。结合 Brandt 等的研究（Brandt et al., 2013），这显示纠正行业内、企业间的资源误配置是改善资源配置效率的主攻方向。

本书的结果表明，未来 20 年里即使只释放出一半的资源效率改善空间，也能保证每年 3%—4% 的经济增长率，中国经济在较长时间内维持中高速增长是完全可能的。如何让这变成现实？在信息对称、不存在激励问题等理想条件下，政府充当"运动员"的直接配置与充分竞争的市场配置等价，都能够实现最有效率的配置结果。习近平总书记在党的十九大报告中已经明确指出"使市场在资源配置中起决定性作用"，释放资源效率改善空间的希望，自然寄托在通过深化改革减少甚至消除市场扭曲。这也是中国经济实现从数量型向质量型、集约化增长转变的应有之义。深化改革任重道远。

本章只是揭示了中国制造业资源配置效率改善的空间，没有进一步回答是什么妨碍了行业内、企业间的资源配置的改善？没有进一步分析各种税收和财政补贴、信贷和资本市场等价格型扭曲，以及进入和退出障碍、资本调整成本、劳动市场摩擦等非价格型扭曲对资源配置效率的影响。本章为进一步考察这些问题供了一个更"微观"、更可靠的结构估计框架。运用这一框架更为细致地分析各行业内资源配置效率的制约因素，也是值得进一步研究的方向。

附 录

附录 4.1：无摩擦环境下市场配置与政府配置的等价性证明

企业在给定资本、劳动和材料价格 p_t^k、p_t^l 和 p_t^m 的条件下，自主选择三个生产要素的使用量，以最大化利润：

$$\max_{K_{it}, L_{it}, M_{it}}: \quad \Pi_{it} = Y_{it} P_{it} - (p_t^k K_{it} + p_t^l L_{it} + p_t^m M_{it})$$
$$\text{s.t.} \quad Y_{it} = K_{it}^{\beta_k} L_{it}^{\beta_l} M_{it}^{\beta_M} \Theta_{it}$$
$$P_{it} = \Xi_t (Y_{it})^{-\frac{1}{\eta_t}} \Delta_{it}$$

可得企业的要素需求：

$$\begin{cases} K_{it} = \Psi_{kt} \{\exp(\Omega_{it})\}^{\frac{-\eta}{(\beta_M+\beta_K+\beta_L)(\eta-1)-\eta}} \\ L_{it} = \Psi_{lt} \{\exp(\Omega_{it})\}^{\frac{-\eta}{(\beta_M+\beta_K+\beta_L)(\eta-1)-\eta}} \\ M_{it} = \Psi_{mt} \{\exp(\Omega_{it})\}^{\frac{-\eta}{(\beta_M+\beta_K+\beta_L)(\eta-1)-\eta}} \end{cases}$$

Ψ_{kt}、Ψ_{lt}、Ψ_{mt} 是三个要素价格和三个产出弹性的函数。给定要素供给总量，p_t^k、p_t^l 和 p_t^m 的调整实现三个要素市场均衡：

$$\sum_{i=1}^{N} M_{it} = \bar{M}_t$$

$$\sum_{i=1}^{N} K_{it} = \bar{K}_t$$

$$\sum_{i=1}^{N} L_{it} = \bar{L}_t$$

三个要素的均衡价格 p_t^k、p_t^l 和 p_t^m 满足：

$$\Psi_{kt}(p_t^k, p_t^l, p_t^m) = \frac{\bar{K}_t}{\sum_{i=1}^{N} [\exp(\Omega_{it})]^{\frac{-\eta}{(\beta_M+\beta_K+\beta_L)(\eta-1)-\eta}}}$$

$$\Psi_{lt}(p_t^k, p_t^l, p_t^m) = \frac{\bar{L}_t}{\sum_{i=1}^{N} [\exp(\Omega_{it})]^{\frac{-\eta}{(\beta_M+\beta_K+\beta_L)(\eta-1)-\eta}}} \Psi_{mt}(p_t^k, p_t^l, p_t^m)$$

$$= \frac{\bar{M}_t}{\sum_{i=1}^{N} [\exp(\Omega_{it})]^{\frac{-\eta}{(\beta_M+\beta_K+\beta_L)(\eta-1)-\eta}}}$$

从而得到市场均衡时的要素配置：

$$K_{it}^* = \Upsilon_{it}^* \bar{K}_t$$

$$L_{it}^* = \Upsilon_{it}^* \bar{L}_t$$

$$M_{it}^* = \Upsilon_{it}^* \bar{M}_t$$

$$\Upsilon_{it}^* = \frac{[\exp(\Omega_{it})]^{\frac{-\eta}{(\beta_M+\beta_K+\beta_L)(\eta-1)-\eta}}}{\sum_{i=1}^{N} [\exp(\Omega_{it})]^{\frac{-\eta}{(\beta_M+\beta_K+\beta_L)(\eta-1)-\eta}}}$$

这与最优配置式（4.3）完全一样。

附表 4-1　　敏感性分析：不控制选择

代码	行业名称	参数估计					资源配置效率的改善空间（产出,%）				
		p值	资本	劳动	材料	溢价	1999—2001年	2002—2004年	2005—2007年	2008—2009年	2011—2013年
13	农副食品加工业	0.280	0.062	0.142	0.977	1.278	645.1	322.5	247.8	116.6	76.8
14	食品制造业	0	0.106	0.076	0.992	1.259	1278.2	121.3	125.8	124.1	85.4
15	酒、饮料和精制茶制造业	0.001	0.120	0.219	0.939	1.425	474.2	418.3	107.1	108.6	131.2
17	纺织业	0	0.085	0.155	0.883	1.178	108.7	245.7	125.1	93.2	94.5
18	纺织服装、服饰业	0	0.092	0.306	0.760	1.223	223.5	221.4	194.5	179.3	267.8
19	皮革、毛皮、羽毛及其制品和制鞋业	0	0.102	0.258	0.788	1.193	161.4	216.0	216.3	152.9	233.7
20	木材加工和木、竹、藤、棕、草制品业	0	0.074	0.104	0.954	1.196	108.5	108.9	113.0	85.9	39.3
21	家具制造业	0.107	0.082	0.077	0.987	1.214	52.4	64.2	68.7	66.9	51.3
22	造纸和纸制品业	0	0.066	0.073	0.989	1.199	56.1	115.5	109.6	67.5	49.9
23	印刷和记录媒介复制业	0	0.122	0.113	0.943	1.229	782.0	245.7	217.1	152.2	66.8

续表

代码	行业名称	参数估计					资源配置效率的改善空间（产出,%）				
		p值	资本	劳动	材料	溢价	1999—2001年	2002—2004年	2005—2007年	2008—2009年	2011—2013年
24	文教、工美、体育和娱乐用品制造业	0	0.072	0.192	0.844	1.162	159.4	176.5	202.4	218.5	220.7
26	化学原料和化学制品制造业	0	0.107	0.091	0.978	1.255	106.2	138.2	114.7	76.7	81.1
27	医药制造业	0	0.252	0.158	0.875	1.344	495.7	360.7	306.8	226.2	333.9
28	化学纤维制造业	0.067	0.078	0.078	0.923	1.091	68.2	67.0	54.1	68.2	21.6
29	橡胶和塑料制品业	0	0.100	0.109	0.944	1.213	73.4	152.9	121.6	132.4	88.3
30	非金属矿物制品业	0	0.086	0.138	0.963	1.304	524.8	677.0	493.1	290.6	147.5
31	黑色金属冶炼和压延加工业	0.461	0.078	0.147	0.891	1.154	106.4	139.7	138.2	135.1	170.1
32	有色金属冶炼和压延加工业	0	0.058	0.060	0.973	1.124	103.5	182.8	87.0	125.8	87.6
33	金属制品业	0	0.126	0.154	0.886	1.212	128.4	199.0	214.9	185.2	167.2
34	通用设备制造业	0	0.082	0.083	0.992	1.247	71.3	56.0	83.7	82.2	44.8
35	专用设备制造业	0	0.120	0.122	0.935	1.235	541.3	283.4	288.3	281.8	116.7
36	汽车制造业	0	0.132	0.120	0.961	1.310	44.2	52.6	87.7	157.2	186.9
37	铁路、船舶、航空航天和其他运输设备制造业	0.003	0.076	0.086	0.938	1.146	102.2	115.2	128.2	74.8	85.1
38	电气机械和器材制造业	0.001	0.071	0.130	0.983	1.320	29.5	51.0	49.9	37.0	91.4
39	计算机、通信和其他电子设备制造业	0	0.076	0.104	0.954	1.209	57.2	154.1	99.4	78.8	101.1
40	仪器仪表制造业	0	0.079	0.132	0.999	1.363	124.4	76.8	101.9	61.5	37.2

附表4-2　　　　　　　敏感性分析：常数弹性

代码	行业名称	参数估计					资源配置效率的改善空间（产出,%）				
		p值	资本	劳动	材料	溢价	1999—2001年	2002—2004年	2005—2007年	2008—2009年	2011—2013年
13	农副食品加工业	0	0.089	0.088	0.938	1.139	360.3	288.1	314.1	391.2	195.1
14	食品制造业	0	0.148	0.122	0.912	1.201	211.1	199.7	200.3	208.3	190.0
15	酒、饮料和精制茶制造业	0	0.190	0.254	0.795	1.255	147.2	154.1	165.6	171.7	161.3
17	纺织业	0	0.118	0.206	0.842	1.148	—	—	—	—	—
18	纺织服装、服饰业	0	0.166	0.313	0.710	1.120	—	—	—	—	—
19	皮革、毛皮、羽毛及其制品和制鞋业	0	0.081	0.197	0.846	1.146	149.9	189.8	158.6	154.8	219.2
20	木材加工和木、竹、藤、棕、草制品业	0	0.100	0.233	0.811	1.173	218.3	205.0	179.0	239.8	203.0
21	家具制造业	0.001	0.066	0.158	0.887	1.180	65.2	66.9	70.0	85.3	88.3
22	造纸和纸制品业	0	0.104	0.216	0.873	1.215	186.1	202.8	163.2	184.5	318.2
23	印刷和记录媒介复制业	0.580	0.144	0.122	0.920	1.196	—	81.3	89.7	—	93.0
24	文教、工美、体育和娱乐用品制造业	0	0.074	0.225	0.851	1.198	142.4	185.7	205.7	272.7	271.2
26	化学原料和化学制品制造业	0	0.126	0.118	0.933	1.199	272.4	184.3	203.1	273.5	198.1
27	医药制造业	0.729	0.404	0.262	0.663	1.159	—	—	—	—	—
28	化学纤维制造业	0.001	0.111	0.138	0.847	1.062	—	—	—	—	—
29	橡胶和塑料制品业	0	0.111	0.133	0.879	1.136	134.7	149.7	154.4	156.8	159.0
30	非金属矿物制品业	0	0.138	0.204	0.852	1.218	367.4	314.2	290.3	342.3	263.3
31	黑色金属冶炼和压延加工业	0.001	0.057	0.112	0.940	1.145	112.2	100.9	86.1	101.8	124.9
32	有色金属冶炼和压延加工业	0	0.062	0.110	0.942	1.138	123.3	130.7	109.4	190.2	109.8

续表

代码	行业名称	参数估计					资源配置效率的改善空间（产出,%）				
		p值	资本	劳动	材料	溢价	1999—2001年	2002—2004年	2005—2007年	2008—2009年	2011—2013年
33	金属制品业	0	0.026	0.078	0.976	1.174	55.1	35.6	50.8	41.6	39.1
34	通用设备制造业	0	0.118	0.121	0.915	1.183	171.4	139.6	172.7	174.4	169.3
35	专用设备制造业	0	0.120	0.127	0.904	1.189	643.6	348.1	364.0	427.3	196.0
36	汽车制造业	0	0.220	0.175	0.785	1.097	—	—	—	—	—
37	铁路、船舶、航空航天和其他运输设备制造业	0.006	0.075	0.079	0.941	1.132	114.9	116.2	121.2	101.7	115.1
38	电气机械和器材制造业	0.037	0.131	0.192	0.836	1.155	—	—	—	—	—
39	计算机、通信和其他电子设备制造业	0	0.089	0.158	0.905	1.199	113.5	169.2	145.9	129.3	244.1
40	仪器仪表制造业	0	0.111	0.176	0.875	1.225	345.0	126.8	223.1	186.2	149.3

附表 4-3　　　　　敏感性分析：逼近方法

代码	行业名称	参数估计					资源配置效率的改善空间（产出,%）				
		p值	资本	劳动	材料	溢价	1999—2001年	2002—2004年	2005—2007年	2008—2009年	2011—2013年
13	农副食品加工业	0.276	0.118	0.128	0.930	1.208	438.1	171.2	263.7	317.3	153.7
14	食品制造业	—	—	—	—	—	—	—	—	—	—
15	酒、饮料和精制茶制造业	0	0.219	0.287	0.891	1.479	870.0	594.7	285.5	255.4	304.0
17	纺织业	0	0.123	0.265	0.789	1.196	254.4	—	—	283.5	325.4
18	纺织服装、服饰业	0	0.102	0.293	0.742	1.141	—	—	—	189.6	236.1

续表

代码	行业名称	参数估计					资源配置效率的改善空间（产出,%）				
		p值	资本	劳动	材料	溢价	1999—2001年	2002—2004年	2005—2007年	2008—2009年	2011—2013年
19	皮革、毛皮、羽毛及其制品和制鞋业	0	0.083	0.197	0.854	1.160	147.9	138.7	147.5	132.2	172.0
20	木材加工和木、竹、藤、棕、草制品业	0	0.105	0.238	0.816	1.192	216.0	181.1	184.1	213.8	170.4
21	家具制造业	0	0.074	0.176	0.888	1.213	60.2	68.7	79.2	96.4	91.0
22	造纸和纸制品业	0	0.112	0.225	0.894	1.262	148.2	186.4	176.6	176.7	301.5
23	印刷和记录媒介复制业	0.620	0.146	0.119	0.942	1.235	352.9	214.8	161.5	242.4	108.8
24	文教、工美、体育和娱乐用品制造业	0	0.076	0.230	0.870	1.232	138.4	185.5	203.7	247.8	233.4
26	化学原料和化学制品制造业	0	0.141	0.097	0.940	1.217	227.8	155.3	213.7	247.2	165.5
27	医药制造业	0	0.298	0.220	0.807	1.338	1003.1	570.5	538.2	—	—
28	化学纤维制造业	0.051	0.089	0.109	0.910	1.126	68.9	88.8	84.6	105.1	37.7
29	橡胶和塑料制品业	0	0.135	0.182	0.853	1.193	150.7	151.9	—	189.0	227.5
30	非金属矿物制品业	0	0.157	0.191	0.850	1.232	875.9	508.8	288.2	484.3	279.4
31	黑色金属冶炼和压延加工业	0	0.088	0.112	0.926	1.153	108.2	121.3	110.3	141.6	188.8
32	有色金属冶炼和压延加工业	0.001	0.064	0.106	0.976	1.204	75.6	89.6	78.9	141.7	95.1
33	金属制品业	0	0.136	0.186	0.831	1.187	176.3	298.8	209.1	242.6	267.4
34	通用设备制造业	0	0.123	0.132	0.935	1.238	116.9	121.2	179.3	156.6	122.4
35	专用设备制造业	0	0.148	0.160	0.886	1.223	319.5	197.3	222.7	421.2	224.8
36	汽车制造业	0	0.170	0.158	0.851	1.182	162.1	97.2	—	—	—

续表

代码	行业名称	参数估计					资源配置效率的改善空间（产出,%）				
		p值	资本	劳动	材料	溢价	1999—2001年	2002—2004年	2005—2007年	2008—2009年	2011—2013年
37	铁路、船舶、航空航天和其他运输设备制造业	0	0.125	0.160	0.866	1.196	144.6	173.7	241.5	160.2	183.4
38	电气机械和器材制造业	0	0.146	0.232	0.847	1.280	149.3	230.5	250.3	260.9	282.1
39	计算机、通信和其他电子设备制造业	0	0.128	0.239	0.834	1.227	194.7	182.9	—	255.3	237.4
40	仪器仪表制造业	0	0.177	0.276	0.760	1.249	366.4	313.4	229.0	307.2	327.0

第 五 章

增值税税率简并改革的政策效应模拟

本章尝试将企业异质性引入增值税的效率分析，把税收超额负担的研究与经验产业组织中生产函数、需求函数和企业异质性估计文献结合起来，发展一个估计企业异质环境下增值税超额负担的结构框架。运用1998—2013年中国制造业数据的估计显示，尽管增值税多档次税率和繁多优惠政策造成行业内企业间税率差异悬殊，其超额负担其实很小，平均而言只相当于同期实际产出的2.47%，在经济总的效率损失中，增值税的份额只有3.34%，大多数行业和分析时段增值税的超额负担基本上可以忽略。政策模拟还显示，在维持进项税率分布不变的前提下实施单一销项税率政策，增值税的超额负担会大幅度增加，平均损失上升到同期实际产出的11.88%，且在多数行业和分析时段增值税效率损失的幅度变得不容忽视。本章的这些结果表明，在短期内取消所有增值税的政策优惠、推行 Mirrlees 等所建议的一致税率（Mirrlees et al., 2011），收益其实不是特别明显，反而可能带来蒙受较大效率损失的风险。通过渐进方式完善中国增值税制度较为可取。

◇ 第一节 导言

税收是政府与纳税人间的收入再分配，其可能带来额外的损失。税收经济学称这种额外损失为超额负担（excessburden）或无谓损失（deadweight loss），它是税收效率和最优税收理论的核心。[①] 税收超额负担的根源在于，不同消费者和企业、不同商品间税率的差异导致其消费、经营行为变化，从而扭曲资源配置。增值税作为中国的第一大税种，由于多档次税率、链条不完整、区域间政策不协调等原因，企业间增值税税率的差异明显，且90%是行业内税率差异造成的（陈晓光，2013）。那么，增值税的超额负担究竟达到怎样的规模？

增值税超额负担的程度直接影响相关的税收制度安排。人们早就注意到，从纠正外部性角度考虑应该允许商品间存在税率差异（即庇古税和补贴）。差别化的增值税率和税收优惠也是重要的产业政策工具。然而，近年来Mirrlees等建议消除增值税率差异，实施一致税率的增值税（Mirrlees et al.，2011）。国内学者也提出了大量类似的政策建议（郭庆旺、罗宁，2002；岳树民，2003；胡怡建，2011；吴晓强、赵健江，2017）。这些建议的理论基础是Atkinson-Stiglitz定理。[②] 一致增值（商品）税率的支持者认为，即使对不同商品实施差别税率存在某些好处，但仍然可能不足以弥补差别商品税率的超额负担（Mirrlees et

---

① Oates和Schwab甚至认为超额负担是税收分析的"土豆"和"牛肉"，即基本要素（Oates，Schwab，2015）。

② Atkinson和Stiglitz在Mirrlees最优非线性收入税（Mirrlees，1971）的环境里讨论商品税问题，证明若消费者偏好相同、效用函数在商品和休闲间是弱可分的，最优商品税应该为0或者所有商品税的税率应该一致（Atkinson，Stiglitz，1976）。Atkinson-Stiglitz定理是否成立取决于两个核心设定。一个设定是所有消费者（纳税人）的偏好相同。然而Mirrlees等证明，如果消费者的偏好是异质的（由于家庭的人口结构不同），则Atkinson-Stiglitz定理不再成立（Mirrlees，1976；Saez，2002）。另一个设定是效用函数在商品和休闲间是弱可分的，一些经验研究拒绝这个设定（Blundell，Ray，1984；Browning，Meghir，1991）。

al.，2011；Piketty，Saez，2013；Keen，2013）。这样，是否应该取消增值税税率差异实质上变成了一个经验问题。如果现实中增值税的超额负担并不大，花费较大的代价调整现行税收体制可能就得不偿失，用差别税率纠正外部性、用税收优惠作工具鼓励某些产业或某类企业发展的产业政策就是可取的。然而，正如 Nygard 和 Revesz 所指出，目前这方面的经验研究仍然十分欠缺（Nygard，Revesz，2016）。将企业异质性引入税收超额负担估计的经验研究就更为稀少。

本章尝试将最近发展的企业异质性（企业生产率与需求异质性）估计与传统税收超额负担研究结合起来，提出异质企业环境下增值税超额负担的结构估计方法。由于计量方法的发展和微观数据的日益丰富，企业异质性受到广泛的重视，并成为推动经济学各领域发展的一支重要力量。虽然商品间税率差异是税收超额负担的根源，但是在税收超额负担的分析中企业异质性还没有得到足够重视。本章同时引入包括技术异质性（企业全要素生产率）、需求异质性（纵向和横向产品差异）在内的多维度企业异质性，[①] 采用经验产业组织和国际贸易文献中常用的垄断竞争市场结构，推导出无扭曲情形及只存在增值税扭曲情形下的两个反事实配置，并根据税收超额负担的经典定义得到增值税超额负担的表达式。然后运用经验产业组织文献新近发展起来的结构估计方法，识别出相关技术和需求参数及企业异质性，并最终形成增值税超额负担的估计。希望本章的尝试能够在将企业异质性引入税收效率的经验研究方面有所促进和推动。

本章将这一方法运用到对 1998—2013 年中国制造业各二位数行

---

① Jaumandreu 和 Yin 同时考虑了成本异质（成本优势）和需求异质（需求优势），尝试分离估计两个维度的企业异质性，并发现需求端的异质性甚至大于生产率的异质性（Jaumandreu，Yin，2017）。

业数据的分析,结果显示行业内增值税的超额负担其实很小。平均而言只相当于同期实际产出的2.47%,在经济总的效率损失中增值税造成的损失只占3.34%,且在大多数行业和分析时段增值税的超额负担可以忽略不计。政策模拟显示,在维持增值税进项税率分布不变的前提下实施一致销项税率,增值税的超额负担会大幅度增加,平均损失上升到同期实际产出的11.88%,且多数情况下增值税效率损失的幅度变得不容忽视。中国增值税制度的多档次税率和繁多税收优惠政策的典型特征,导致行业内企业间实际销项税率和进项税率有非常明显的异质性,一般认为这扭曲资源配置,可能造成严重的效率损失。然而,事实上在众多造成经济扭曲的因素中,增值税的超额负担并不是需要首先关注的。本章的研究表明,在短期内取消所有增值税的政策优惠、推行Mirrlees等所建议的一致税率(Mirrlees et al., 2011),收益其实不是特别明显,反而可能使整个经济蒙受较大损失的风险。通过渐进方式完善中国增值税制度较为可取。

第二节 文献综述

超额负担理论有很长的历史,可以追溯到Dupuit的研究(Dupuit, 1844),几乎与经济学的发展同步。然而由于数据和计量方法的缺乏,直到20世纪50—60年代哈伯格才开始尝试估计实际经济中税收的超额负担。哈伯格的基本思路是将超额负担的定义公式二阶泰勒展开、忽略某商品(要素)税对其他商品(要素)的影响并假定生产者价格不变,从而进一步将经济的生产层面排除在外。这就是著名的"哈伯格三角形":税收的超额负担与税率的平方、需求(补偿需求）弹性成正比。按照这一思路，哈伯格对美国税收的效率进行了广泛的研究，例如，哈伯格发现美国个人所得税扭曲劳动—休闲决策导致的超额负担约为美国 GNP 的 0.4%（Harberger，1964），哈伯格发现资本收入税的超额负担约为美国 GNP 的 0.8%（Harberger，1966）。

哈伯格的以上工作特别是哈伯格综述的发表（Harberger，1971），激发了估计税收超额负担的兴趣，包括 Feldstein 等在内的一大批经济学家投入其中，考察了多种商品（消费）税、收入税的超额负担（Feldstein，1978；Rosen，1978；Hausman，1981；Browning，1987；Hausman，Newey，1995）。由于与超额负担估计相关的是希克斯需求（补偿需求）函数，而非通常的马歇尔需求函数，这些文献讨论的重点集中在消费者行为、支出函数和补偿需求函数的估计上。20 世纪 90 年代后期，国际学术界对超额负担的估计强调个人劳动供给和储蓄行为的影响。代表性工作是 Feldstein 的研究（Feldstein，1999），他尝试根据消费者行为间接推测劳动收入税的效率损失，即从可税收入对税率变化的敏感性角度估计超额负担，发现传统"哈伯格三角形"大大低估了收入税的超额负担，Feldstein 估计的劳动收入税超额负担是"哈伯格三角形"的 10 倍以上。Feldstein 的超额负担估计方法得到了广泛的应用（Feldstein，1999），Chetty 对其进行了进一步的精炼（Chetty，2009）。Goulder 和 Williams 在传统"哈伯格三角形"中加入个人的工作—休闲决策和劳动供给的间接影响渠道，也发现超额负担的估计值大大增加，在有些情形中能够超过"哈伯格三角形"的 10 倍（Goulder，Williams，2003）。

迄今为止的这些税收超额负担估计文献聚焦于个人（消费者）行为和需求端，较少讨论企业行为和供给端，更少涉及异质企业环境下税收的效率损失问题。企业异质性是现实世界里十分明显的现象，即便在最细分的行业里企业间也存在巨大的差异。个别企业的规模、市场份额和绩效可能是另一些企业的数倍甚至数十倍。然而囿于理论上的困难（代表性企业在理论上处理起来容易得多）及微观计量方法和数据的缺乏，理论上和经验上对企业异质性的正式处理直到最近才发展起来。近十多年来，对企业异质性的重视是推动经济学各领域发展的一个重要力量，经济学家们尝试在异质企业环境下对传统经济理论进行全方位审视。例如，Melitz 强调企业效率（生产率）的异质性（Melitz，2003）；Schott 等强调企业产品质量的差异（Schott，2004；Khandelwal，2010；Johnson，2012；Eslava et al.，2014）；De Loecker 和 Warzynski 等强调企业溢价（markups）的异质性（De Loecker，Warzynski，2012；De Loecker et al.，2016）；Das 等强调企业沉没成本的异质性（Das et al.，2007）；Bernard 等强调企业供给的产品种类和组合的差异（Bernard et al.，2010，2011；Eckel et al.，2010；Mayer et al.，2014）；等等。企业异质性的考虑正在给宏观经济学、产业组织、国际贸易、金融等经济学各个领域注入全新的活力。

虽然税收超额负担源于商品间的有效税率差异，但是在税收超额负担的估计中企业异质性还没有得到足够重视。一些最优税收文献（特别是最优商品税）很早就关注了行业间（不同商品间）的税率差异，不过行业内依然维持代表性企业的设定（Atkinson，Stiglitz，1976）。最近，企业异质性的引入推动了宏观领域资源误配置文献的迅速发展。资源误配置与税收的超额负担估计密切相关。Restuccia 和 Rogerson 总结这一轮资源误配置研究，将其概括为"间接方法"和"直接方法"（Restuccia，Rogerson，2017）。前者旨在估计经济中的总扭曲损失,[①] 后者聚焦于测量特定扭曲。[②] 他们明确指出,公共经济学领域很早就开始测量税收的超额负担,这是典型的直接方法。确实,税收超额负担本质上就是因为扭曲了资源配置而造成的效率损失。不过,资源误配置文献关注的主题是资源在生产率异质的企业间配置对加总(宏观)生产率的影响,这与传统税收超额负担文献尝试估计税收扭曲造成的社会福利损失还是存在明显的差异。这可能是资源误配置文献基本上没有引用传统税收超额负担文献的原因。[③]

陈晓光的研究与本章的努力方向接近(陈晓光,2013)。他在 Hsieh 和 Klenow(以下简称 HK)的资源误配置框架中引入增值税有效税率的差异,发现消除这一差异后宏观生产率可以提高 7.9%。他们也强调行业内企业间生产率异质性的重要性,不过并没有将分析焦点放在增值税的超额负担,而且沿用 HK 的重要设定,如替代弹性(溢价)直接给定,规模收益不变,资本和劳动贡献之外的所有剩余都归入企业生产率,要素特别是资本没有调整成本。这些宏观分析中常用的设定大大简化估计过程,然而不能不牺牲估计的准确性和可靠性。HK 自己也意识到其结果对这些模型设定十分敏感。Haltiwanger 和 Syverson 使用包含企业水平价格的美国制造业数据,对 HK 的这些设定进行了系统的检验,发现这些设定所隐含的预期全部都不成立

[①] 以 Hsieh 和 Klenow 为代表。他们根据企业的一阶条件和可得数据估计资源误配置造成的总"楔子"(wedge),将其全部视为扭曲造成的对有效率情形的偏离(Hsieh,Klenow,2009)。

[②] 例如,管制(Guner et al.,2008)、产权保护(Besley,Ghatak,2009)、金融摩擦(Midrigan,Xu,2014)等。

[③] Restuccia 和 Rogerson 也没有将税收扭曲纳入资源误配置文献讨论的话题(Restuccia,Rogerson,2017)。

(Haltiwanger, Syverson, 2017)。[1]

本章尝试使用微观数据直接估计替代弹性、要素产出弹性和多维度企业异质性。这也是目前贸易和经验产业组织等微观文献中结构估计关注的焦点。De Loecker 和 Warzynsky（以下简称 DW）将替代弹性的估计整合进 Olley 和 Pakes 开创（Olley, Pakes, 1996）、经过 Levinsohn 和 Petrin 等[2]发展的要素产出弹性和企业生产率的结构估计框架（Levinsohn, Petrin, 2003；Ackerberg et al., 2015），讨论出口对企业溢价（价格除以边际成本）的影响。受 Hall 的启发（Hall, 1988；1990），DW 根据企业成本最小化问题得到了溢价的表达式。他们先用 Ackerberg 等的方法估计可变投入（原材料）的产出弹性（Ackerberg et al., 2015），然后用该可变投入成本占总销售[3]的份额除以其产出弹性得到溢价的估计值。DW 估计溢价的两步法被广泛接受，形成贸易和产业组织文献发展的一个热点，最近的应用例子包括文献（De Loecker et al., 2016；Brandt et al., 2017）。DW 方法需要企业层面的产量和价格，这在大多数企业数据库（包括他们所用的数据）中是缺失的。他们认为其关注的焦点是溢价与企业出口间的关系，而不是溢价的水平。这种关系并不受用经过行业价格指数平减的企业销售替代企业产量的影响。然而在增值税超额负担估计中需要的是企业异质性和替代弹性（溢价）的水平。而且 DW 两步法的估计偏误在需求

---

[1] 这些隐含的结果包括：收入生产率（TFPR）与产量生产率（TFPQ）不相关，企业生产率提高（成本下降）向价格完全传递（pass through），需求的变动与收入生产率不相关，等等。

[2] 工作论文版本出现在 2006 年，并被广泛引用。

[3] 排除误差项后的销售收入。

异质环境下可能变得很严重。① 本章提出的估计方法不需要企业层面价格水平，且能够避免 DW 两步法的估计偏误。

第三节　企业异质环境下行业增值税超额负担的界定

税收的超额负担本质上是一个反事实分析（Counterfactual analysis），需要比较不同征税方式间的效率差异，通常以中性税（即对经济主体的行为不造成任何扭曲的税）作为参照物。为了评估因企业异质性造成的增值税超额负担，下面设定分析环境、构建中性征税方式并据此定义增值税超额负担。

具体地，考虑垄断竞争的市场结构。② 行业内有 N 个企业，③ 每

---

① DW 提到，他们根据 Levinsohn 和 Petrin 的方法得到原材料的需求：$m_{it} = m_t$(k_{it}, ω_{it}, z_{it})（Levinsohn，Petrin，2003）。然而如 Jaumandreu 和 Yin 指出（Jaumandreu，Yin，2017），在不完全竞争和需求异质的环境下，z_{it} 中还应该包括不可观测的需求异质性，而这破坏了 Olley 和 Pakes 根据一阶条件求逆得到不可观测异质性（生产率）的代理方法的基本假定（Olley，Pakes，1996），即"只有一个不可测变量（scalar unobservable）"。这样明显的偏误较长时间在文献中被忽视，似乎很难理解。Jaumandreu 和 Yin 认为这可能是由于生产函数和生产率估计文献对企业层面价格水平的不太严格的处理，而价格数据的稀缺性加强了这一趋势（Jaumandreu，Yin，2017）。

② 张伯伦定义垄断竞争行业的四个特征：存在大量的企业；每个企业对行业内其余企业的影响可以忽略不计；没有进入与退出障碍；每个企业面临下斜的需求曲线，拥有一定的市场力量（张伯伦，1933）。前三个特征属于充分竞争，最后一个特征属于垄断。Dixit 和 Stiglitz 将这一市场结构正式化（Dixit，Stiglitz，1977）。这是经验产业组织和国际贸易文献常用的市场结构，如文献（Melitz，2003）。

③ 根据 Dhingra 和 Morrow 的研究（Dhingra，Morrow，2017），即使考虑企业进入与退出的动态，本章的结果也不会改变。

个企业生产差异化的产品。代表性消费者的效用函数为：

$$U_t = U\left(\left(\sum_{i=1}^{N} \Delta_{it}(Y_{it}^S)^{\frac{\eta-1}{\eta}}\right)^{\frac{\eta}{\eta-1}}\right) \tag{5.1}$$

Y_{it}^S 是消费者在时期 t 对企业 i 产品的消费（需求）量。$\eta > 0$，η 为行业内任意两个企业产品间的替代弹性（绝对值）。Δ_{it} 为需求端异质性，在式（5.1）中的含义是消费者在时期 t 对企业 i 产品的偏好强度。① Δ_{it} 取决于企业的产品质量（纵向产品差异），也取决于消费者对其产品的认知度和习惯（横向产品差异）。据此可以得到企业 i 在时期 t 面临的需求函数：$P_{it}^S = \Phi_t(Y_{it}^S)^{-\frac{1}{\eta_t}}\Delta_{it}$，$P_{it}^S$ 为企业的计划价格，Φ_t 为行业层面影响需求的因素（如代表性消费者时期 t 在该行业的总支出）。可以看出 Δ_{it} 正是移动企业需求曲线的因素。生产函数为 Cobb-Douglas：②

$$Y_{it}^P = (K_{it}^P)^{\beta_K}(L_{it}^P)^{\beta_L}(M_{it}^P)^{\beta_M}\Theta_{it} \tag{5.2}$$

Y_{it}^P、K_{it}^P、L_{it}^P 和 M_{it}^P 分别为企业计划的产出、资本、劳动和材料（上标 P 表示企业计划，下同），Θ_{it} 为企业生产率（生产）。虽然本章

---

① Melitz 最早尝试这一结构（Melitz，2000）。最近一些研究，如文献（Fan et al.，2015；Amiti et al.，2017）等也采用这样的设定。

② 宏观分析中常用增加值生产函数，投入要素为资本和劳动。但是在微观层面上，对于决策主体企业而言，资本、劳动和材料是可以相互替代的投入要素。正如 Gandi 等指出的，微观层面上使用增加值生产函数需要一系列苛刻的条件。现实中这些条件往往不能满足，会造成估计的生产率分布更加离散，从而使得资源配置效率估计产生偏误（Gandi et al.，2013）。

聚焦于企业异质环境下因行业内增值税率差异导致的配置效率损失（超额负担），模型中要素仍然可在行业间自由流动，只需要设时期 t 行业的整个经济的要素总量 $\bar{M}_t$、$\bar{K}_t$ 和 $\bar{L}_t$ 给定，要素价格和其在各行业间的配置由三个要素市场均衡决定。

与常见的设定增值税有效税率的方法（陈晓光，2013）不同，本章分别引入增值税销项税率 τ_{it} 和进项税率 τ_{Mit}。理论上增值税的税率基础很明确，即企业的增加值。但增加值主要是政府施加给企业的一个统计概念，而影响企业实际生产经营决策的是成本和利润权衡。增值税有效税率也是研究者构造的概念，而不是企业生产经营决策时实实在在面对的税率。现实中企业购买材料时面对进项税率 τ_{Mit}，支付的税款归入专门账户（增值税进项税）；而销售产品时面对销项税率 τ_{it}，收到的税款归入增值税销项税账户，定期根据这两个账户计算应纳增值税额。因此，实际上增值税通过产品销售的销项税率 τ_{it} 和材料购进的进项税率 τ_{Mit} 两个分开的渠道，而不是通过单一的有效税率影响企业生产的成本和利润权衡。

下面先在行业 I 实际要素总量 K_t^I、L_t^I 和 M_t^I 给定的环境下，考虑行业 I 的两个反事实的资源配置。

考虑第一个反事实场景，即所有企业面临相同的增值税销项税率 τ_t 和进项税率 τ_{Mt}，经济中不存在其他任何扭曲。在以上偏好和技术结构下，解出竞争均衡：

$$K_{it}^* = \Upsilon_{it} K_t^I; \quad L_{it}^* = \Upsilon_{it} L_t^I; \quad M_{it}^* = \Upsilon_{it} M_t^I;$$

$$\Upsilon_{it} = \frac{[\exp(\Omega_{it})]^{\frac{-\eta}{(\beta_M+\beta_K+\beta_L)(\eta-1)-\eta}}}{\sum_{i=1}^{N}[\exp(\Omega_{it})]^{\frac{-\eta}{(\beta_M+\beta_K+\beta_L)(\eta-1)-\eta}}} \quad (5.3)$$

附录 5.1 证明，式（5.3）也是社会福利最大的配置结果。[①] 据式（5.3），一致税率 τ_t 和 τ_{Mt} 不影响市场竞争均衡配置。可见行业内一致税率的增值税是中性的，它不会扭曲资源配置。本章以这一反事实场景作为增值税效率分析的参照系。$\Omega_{it} \equiv \frac{\eta-1}{\eta}\ln\Theta_{it} + \ln\Delta_{it}$，成本端和需求端异质性以这种替代弹性加权方式影响增值税的超额负担，本章称其为综合异质性。根据式（5.3），可以求出一致增值税率情形下的总产值:[②]

$$GDP_t^* = \Phi_t \left[(K_t^I)^{\beta_K} (L_t^I)^{\beta_L} (M_t^I)^{\beta_M} \right]^{\frac{\eta-1}{\eta}} \sum_{i=1}^{N} \exp(\Omega_{it}) (Y_{it}^*)^{-\frac{\eta-1}{\eta}(\beta_K+\beta_L+\beta_M)} \quad (5.4)$$

考虑第二个反事实的场景，只存在增值税扭曲的情形，即企业间增值税率异质，增值税销项税率为 τ_{it}、进项税率为 τ_{Mit}。只存增值税扭曲时的竞争均衡配置为:

$$K_{it}^\tau = \Upsilon_{KLit}^\tau K_t^I$$
$$L_{it}^\tau = \Upsilon_{KLit}^\tau L_t^I$$
$$M_{it}^\tau = \Upsilon_{Mit}^\tau M_t^I$$

$$\Upsilon_{KLit}^\tau = \frac{\{\tilde{\kappa}_{Mit}^{-\frac{\beta_M(\eta-1)}{\eta}} \tilde{\kappa}_{it} \exp(\Omega_{it})\}^{\frac{-\eta}{(\beta_M+\beta_K+\beta_L)(\eta-1)-\eta}}}{\sum_{i=1}^{N}\{\tilde{\kappa}_{Mit}^{-\frac{\beta_M(\eta-1)}{\eta}} \tilde{\kappa}_{it} \exp(\Omega_{it})\}^{\frac{-\eta}{(\beta_M+\beta_K+\beta_L)(\eta-1)-\eta}}}$$

[①] 参见附录 5.1。本章中存在企业异质性的市场配置的最优性来源于 CES 需求函数。Dhingra 和 Morrow 进一步证明对于 CES 需求函数，即使考虑企业的进入和退出动态，存在企业异质性的市场配置也是最优的（Dhingra, Morrow, 2017）。

[②] 给定行业总的材料（中间投入），它等价于行业增加值。

$$Y_{Mit}^{\tau} = \frac{\{\tilde{\kappa}_{Mit}^{\frac{(\beta_K+\beta_L)(\eta-1)}{\eta}-1}\tilde{\kappa}_{it}\exp(\Omega_{it})\}^{\frac{-\eta}{(\beta_M+\beta_K+\beta_L)(\eta-1)-\eta}}}{\sum_{i=1}^{N}\{\tilde{\kappa}_{Mit}^{\frac{(\beta_K+\beta_L)(\eta-1)}{\eta}-1}\tilde{\kappa}_{it}\exp(\Omega_{it})\}^{\frac{-\eta}{(\beta_M+\beta_K+\beta_L)(\eta-1)-\eta}}} \quad (5.5)$$

其中，$\tilde{\kappa}_t$ 和 $\tilde{\kappa}_{Mt}$ 分别为 κ_t 和 κ_{Mt} 的均值，$\kappa_{it} \equiv 1 - \tau_{it}$，$\kappa_{Mit} \equiv 1 - \tau_{Mit}$。可见，行业平均税率因子 κ_t 和 κ_{Mt} 并不影响配置。根据式（5.5），可以求出只存在增值税扭曲的总产值：

$$GDP_t^{\tau} = \Phi_t[(K_t^I)^{\beta_K}(L_t^I)^{\beta_L}(M_t^I)^{\beta_M}]^{\frac{\eta-1}{\eta}}\sum_{i=1}^{N}\exp(\Omega_{it})$$
$$[(Y_{it}^{\tau})^{\beta_K}(Y_{it}^{\tau})^{\beta_L}(Y_{Mit}^{\tau})^{\beta_M}]^{\frac{\eta-1}{\eta}} \quad (5.6)$$

很容易得到现实配置的总产值：

$$GDP_t = \Phi_t[(K_t^I)^{\beta_K}(L_t^I)^{\beta_L}(M_t^I)^{\beta_M}]^{\frac{\eta-1}{\eta}}\sum_{i=1}^{N}\exp(\Omega_{it})$$
$$[(\hat{K}_{it})^{\beta_K}(\hat{L}_{it})^{\beta_L}(\hat{M}_{it})^{\beta_M}]^{\frac{\eta-1}{\eta}} \quad (5.7)$$

$\hat{K}_{it}$、$\hat{L}_{it}$ 和 $\hat{M}_{it}$ 分别为企业 i 在时期 t 的实际资本、劳动和材料在行业中所占的份额。

当然，由于要素能够在行业间自由流动，第一个反事实场景下，即行业内变为一致税率时的要素总量可能不再是 K_t^I、L_t^I 和 M_t^I。不过由于一致税率水平不影响行业内要素配置，而本章聚焦于行业内增值税率差异导致的配置效率损失，因此可以选择适当的税率，让行业要素总量维持在 K_t^I、L_t^I 和 M_t^I。由于第二个反事实场景下的配置也不受平均税率因子 κ_t 和 κ_{Mt} 的影响，这一逻辑也同样适用。这样，根据两个反事实配置和现实配置，本章定义行业内增值税超额负担的两个

指标:

$$EB1_t \equiv \frac{GDP_t^* - GDP_t^\tau}{GDP_t}$$

$$= \frac{\sum_{i=1}^{N} \exp(\Omega_{it})(\Upsilon_{it}^*)^{\frac{\eta-1}{\eta}(\beta_K+\beta_L+\beta_M)} - \sum_{i=1}^{N} \exp(\Omega_{it})[(\Upsilon_{it}^\tau)^{\beta_K+\beta_L}(\Upsilon_{Mit}^\tau)^{\beta_M}]^{\frac{\eta-1}{\eta}}}{\sum_{i=1}^{N} \exp(\Omega_{it})[(\hat{K}_{it})^{\beta_K}(\hat{L}_{it})^{\beta_L}(\hat{M}_{it})^{\beta_M}]^{\frac{\eta-1}{\eta}}}$$

$$EB2_t \equiv \frac{GDP_t^* - GDP_t^\tau}{GDP_t^* - GDP_t}$$

$$= \frac{\sum_{i=1}^{N} \exp(\Omega_{it})(\Upsilon_{it}^*)^{\frac{\eta-1}{\eta}(\beta_K+\beta_L+\beta_M)} - \sum_{i=1}^{N} \exp(\Omega_{it})[(\Upsilon_{it}^\tau)^{\beta_K+\beta_L}(\Upsilon_{Mit}^\tau)^{\beta_M}]^{\frac{\eta-1}{\eta}}}{\sum_{i=1}^{N} \exp(\Omega_{it})(\Upsilon_{it}^*)^{\frac{\eta-1}{\eta}(\beta_K+\beta_L+\beta_M)} - \sum_{i=1}^{N} \exp(\Omega_{it})[(\hat{K}_{it})^{\beta_K}(\hat{L}_{it})^{\beta_L}(\hat{M}_{it})^{\beta_M}]^{\frac{\eta-1}{\eta}}}$$

(5.8)

第一个指标 EB1 是增值税扭曲的损失(对一致税率时的参照产出的偏离)与实际产出的比率,第二指标 EB2 是在总扭曲损失(现实总产出与一致税率时的参照产出的差距)中增值税扭曲的损失所占的比重。超额负担的本质是测量税收造成的超出所征税额的损失(社会福利或者产出)。由于总产出(GDP)是市场主体收入和政府税收之和,不同税率的配置下总产出的差异正是税收制度间的效率差异,即一种税收安排相比另一种税收安排的超额负担。因此,式(5.8)定义的两个指标完全符合超额负担的经典定义。

式(5.8)具有不受行业层面因素影响的重要性质,即本章定义超额负担不依赖于行业层面的需求因素 Φ_t、行业要素供给总量 K_t^I、L_t^I 和 M_t^I,要素价格 P_t^K、P_t^L 和 P_t^M、不依赖平均税率因子 κ_t 和 κ_{Mt}、也不依赖企业综合异质性 Ω_{it} 的均值。这些性质提升了本章超额负担估计方法的一般性:第一,隔离要素市场和行业间要素流动的影响。本章是一般均衡框架，要素价格 P_t^K、P_t^L、P_t^M 和行业间要素配置由整个经济均衡决定。① 但这些行业总量并不影响本章定义的行业内税率差异造成的超额负担，它对行业间的要素流动是稳健的。这也使得进一步分离识别行业内税率差异和行业间税率差异的超额负担成为可能。第二，在估计超额负担时可以对企业异质性进行去均值处理。由于企业异质性的均值依赖于模型的设定，去均值处理大大降低了超额负担对估计模型设定的依赖，增加了估计的一般性。

总之，超额负担的估计只取决于替代弹性因子（η）投入产出弹性（β_K、β_L 和 β_M）以及企业综合异质性（Ω_{it}）的分布。知道了这些信息，就能得到反事实最优配置式（5.4）和式（5.6），从而根据式（5.7）和式（5.8）估计出超额负担 EB1 和 EB2。下面运用结构估计方法，尝试在统一的框架内估计这些参数和企业异质性。结构估计的优势在于上述基础参数和企业异质性的估计，不受因税收政策变化导致的经济主体（企业和消费者）行为变化的影响，而比较不同税收政策的效应正是税收超额负担分析的题中应有之义。②

◇ 第四节 基础参数和企业异质性的结构估计

替代弹性因子、投入产出弹性和综合异质性是不可观测的，只能依靠存在多种扭曲和摩擦的现实世界数据去推测它们。估计模型越接

---

① 附录5.2概括了要素市场的均衡。

② 目前一些有影响的增值税超额负担估算方法，例如 Zee 等所使用的 C-效率系数方法（Zee，2009；Mirrlees，2011；Crawford et al.，2012），没有考虑经济主体在反事实参照政策中的反应，难以摆脱"卢卡斯批判"的困扰。

近现实，对现实数据产生过程中的扭曲和摩擦考虑得越充分，对参数和企业异质性估计偏误的担心就越能得到缓解，超额负担估计的"像素"就越高。本章针对中国市场经济的特点，考虑的扭曲和摩擦主要包括纵向和横向产品差异、企业税负的异质性、短期内资本不能调整和资本利用率不充分、当期生产和销售不平衡等。

一 估计系统设定

在式（5.1）中，消费者对企业 i 产品的偏好 Δ_{it} 来源于两个方面：纵向产品差异 δ_{Qit} 和横向产品差异 δ_{Hit}。两者的差异在于，δ_{Qit} 代表产品质量的内在差异，需要付出更高的生产成本才能获得；而 δ_{Hit} 则来源于企业的区位优势、消费者的口碑和习惯等，是企业不需要付出更高生产成本就能获得的需求优势。具体地，设 $\Delta_{it} \equiv e^{\delta_{Qit}+\delta_{Hit}}$。根据效用函数式（5.1），可以得到企业 i 在时期 t 面临的需求函数为：

$$P_{it}^S = \Phi_t (Y_{it}^S)^{-\frac{1}{\eta}} e^{\delta_{Qit}+\delta_{Hit}} \tag{5.9}$$

企业并不总是使用所有的资本存量，设实际使用的资本为 $C_t K_{it}$，C_t 为资本利用率。这里只考虑企业资本利用率在经济周期中的变化。具体地，生产函数式（5.2）为：

$$Y_{it}^P = (C_t K_{it})^{\beta_K} (L_{it}^P)^{\beta_L} (M_{it}^P)^{\beta_M} e^{\omega_{it}-\alpha(\delta_{Qit})} \tag{5.10}$$

ω_{it} 为企业的真实生产率。这里考虑了企业产品的质量不同而造成的生产成本差异。企业产品质量 δ_{Qit} 越高，投入同样资源生产的产出就越少。这由函数 $\alpha(\cdot), \alpha' > 0$ 表示。

企业的当期计划销售量与当期计划产量存在差异，设 $\lambda_{it} = Y_{it}^S / Y_{it}^P$。根据企业利润最大化：

$$p_{it}^S = -\ln\lambda_{it} - \ln(1-\tau_{it}) + \ln(\frac{\eta}{\eta-1}) + mc_{it}^P \quad (5.11)$$

小写变量为相应大写变量的对数，下同。mc_{it}^P 为边际成本。短期内资本为拟固定生产要素，对应成本为固定成本；劳动和材料成本为可调整生产要素，对应可变成本。根据企业短期成本最小化，对于生产函数式（5.10）：

$$mc_{it}^P = -\ln(\beta_L + \beta_M) - [\beta_K(c_t + k_{it}^P) + \beta_L l_{it}^P + \beta_M m_{it}^P] + vc_{it}^P \\ - \omega_{it} + \alpha(\delta_{it}) \quad (5.12)$$

vc_{it}^P 为计划可变成本（对数）。根据式（5.11）和式（5.12），企业实现的销售收入：

$$r_{it} = \eta\varphi_t + (\eta-1)\ln\lambda_{it} + (\eta-1)\ln(1-\tau_{it}) - (\eta-1)\ln(\frac{\eta}{\eta-1}) \\ + (\eta-1)\ln(\beta_L + \beta_M) + (\eta-1)[\beta_K(c_t + k_{it}) + \beta_L l_{it} + \beta_M m_{it}] \\ - (\eta-1)vc_{it} + \eta\,\Omega_{it} + \psi_{it} \quad (5.13)$$

ψ_{it} 代表所有实际变量与计划变量的偏离，包括生产与需求领域的纯粹扰动和测量误差，是独立同分布的白噪音。式（5.13）中综合企业异质性 $\Omega_{it} \equiv \left(1 - \frac{1}{\eta}\right)\omega_{it} - \left(1 - \frac{1}{\eta}\right)\alpha(\delta_{Qit}) + \delta_{Qit} + \delta_{Hit}$。根据企业的质量选择（见第一章），$\left(1 - \frac{1}{\eta}\right)\alpha(\delta_{Qit}) \approx \delta_{Qit}$，企业综合异质性：

$$\Omega_{it} = \left(1 - \frac{1}{\eta}\right)\omega_{it} + ah_{it} \tag{5.14}$$

这里设 $\delta_{Hit} = ah_{it}$，向量 h_{it} 为影响企业横向产品差异的因素。根据 Olley 和 Pakes 以来企业生产率估计文献的标准设定（Olley, Pakes, 1996），ω_{it} 为一阶 Markov 过程：

$$\omega_{it} = \gamma_t + g(\omega_{it-1}) + \xi_{it} \tag{5.15}$$

ξ_{it} 为纯粹扰动。这里引入了生产率的时间趋势 γ_t。式（5.14）和式（5.15）代入收入方程（5.13）：

$$\begin{aligned} r_{it} = &\, \eta\varphi_t + (\eta - 1)\ln\lambda_{it} + (\eta - 1)\ln(1 - \tau_{it}) - (\eta - 1)\ln\left(\frac{\eta}{\eta - 1}\right) \\ &+ (\eta - 1)\ln(\beta_L + \beta_M) + (\eta - 1)\beta_K c_t + (\eta - 1)\begin{pmatrix} \beta_K k_{it} + \beta_L l_{it} \\ + \beta_M m_{it} \end{pmatrix} \\ &- (\eta - 1)vc_{it} + (\eta - 1)\gamma_t + (\eta - 1)g(\omega_{it-1}) + \eta ah_{it} + \zeta_{it} \end{aligned} \tag{5.16}$$

$\zeta_{it} = \left(1 - \frac{1}{\eta}\right)\xi_{it} + \psi_{it}$，为扰动项。又根据企业的短期利润最大

化决策：

$$\left(1 - \frac{1}{\eta}\right)\omega_{it} = p_{Mit} - \varphi_t + \left(\frac{1}{\eta} - 1\right)\beta_K c_t - \ln\beta_M - \ln\left(1 - \frac{1}{\eta}\right)$$
$$+ \left(\frac{1}{\eta} - 1\right)\beta_K k_{it} + \left(\frac{1}{\eta} - 1\right)\beta_L l_{it} + \left(\frac{1}{\eta}\beta_M - \beta_M + 1\right)m_{it}$$
$$- \ln(1 - \tau_{it}) - \left(1 - \frac{1}{\eta}\right)\ln\lambda_{it} - ah_{it} \qquad (5.17)$$

$P_{Mit} = (1 - \tau_{Mit})P_{Mt}$，为企业材料成本（不含增值税进项税）。设企业材料价格的异质性仅来源于增值税进项税率的差异。式（5.16）和式（5.17）是估计所需要参数和综合异质性的基本系统。

参照第一章，用如下模型估计企业的持续经营概率：

$$\Pr_{it \mid t-1} = \Gamma(k_{it-1}, l_{it-1}, m_{it-1}, h_{it-1}) \qquad (5.18)$$

二 估计方法

根据设定，式（5.16）中的扰动项 ζ_{it} 满足：

$$E[z_{it} \cdot \zeta_{it}] = E\left[z_{it} \cdot \left(\left(1 - \frac{1}{\eta_t}\right)\xi_{it} + \psi_{it}\right)\right] = 0$$

估计参数 θ 的 GMM 问题：

$$\min_{\theta} \left[\frac{1}{N}\sum_i \sum_{T_i} Z_{it}\hat{\zeta}_{it}(\theta)\right]' W_N \left[\frac{1}{N}\sum_i \sum_{T_i} Z_{it}\hat{\zeta}_{it}(\theta)\right] \qquad (5.19)$$

W_N 为权重矩阵,T_i 为企业 i 的观测数,N 为总观测数。定义 $\beta_K^* \equiv (\eta-1)\beta_K$,$\beta_L^* \equiv (\eta-1)\beta_L$,$\beta_M^* \equiv (\eta-1)\beta_M$,根据式(5.16)和式(5.18):

$$\begin{aligned}\hat{\zeta}_{it} = & r_{it} - (\beta_K^* k_{it} + \beta_L^* l_{it} + \beta_M^* m_{it}) - (\eta-1)[\ln\lambda_{it} + \ln(1-\tau_{it}) - vc_{it}] \\ & - a_1 sc_{it} - a_2 sc_{it}^2 - a_3 sc_{it}^3 - a_4 east_{it} - a_5 middle_{it} - a_6 core_{it} \\ & - a_7 ccity_{it} - a_8 export_{it} - a_9 age_{it} - a_{10} soe_{it} - c_0 \\ & - (\gamma_1 \cdot d00 + \gamma_2 \cdot d01 + \cdots) - (\eta-1)f(\hat{\omega}_{it-1}, \Pr_{it|t-1}) \quad (5.20)\end{aligned}$$

识别企业横向产品差异的向量 h_{it} 中包括企业的营销努力 sc_{it}(这里用三阶多项式刻画其对横向产品差异影响的非线性)和企业的区位因素虚拟变量:$east_{it}$(东部地区)、$middle_{it}$(中部地区)、$core_{it}$(地级市及以上的城区)和 $ccity_{it}$(省会),出口虚拟变量 $export_{it}$(企业出口大于 0),代表企业经营历史的变量 age_{it},国有企业虚拟变量 soe_{it}。$d00$—$d13$ 为时间虚拟变量。需求函数中的常数项、时间趋势的基准项都合并到了 c_0 中。生产率逼近中的常数项和与资本利用率相关的项合并到了时间虚拟中。用二阶多项式逼近 $f(\hat{\omega}_{it-1}, \Pr_{it|t-1})$。[①]

根据式(5.17),ω_{it-1} 的估计为:

[①] 作为敏感性分析,本章也尝试了三阶逼近,在收敛的情形下结果基本不变。只是由于估计参数大大增加,收敛性变差。

$$\hat{\omega}_{it-1} = \frac{1}{\eta-1}\begin{bmatrix} -\gamma_p p_{t-1} - \beta_K^* k_{it-1} - \beta_L^* l_{it-1} - \beta_M^* m_{it-1} + \eta em_{it-1} - \eta\ln(1-\tau_{it-1}) \\ -(\eta-1)\ln\lambda_{it-1} - a_1 sc_{it} - a_2 sc_{it}^2 - a_3 sc_{it}^3 - a_4 east_{it} - a_5 middle_{it} \\ -a_6 core_{it} - a_7 ccity_{it} - a_8 export_{it} - a_9 age_{it} - a_{10} soe_{it} \end{bmatrix}$$

(5.21)

em_{it-1} 为净材料支出（对数）。这里用行业价格水平 p_{t-1} 作为只随时间变化的市场层面的因素 φ_{t-1} 的代理变量，且设产能利用率与一般价格水平呈线性关系。常数项在对 $\hat{\omega}_{it-1}$ 作去均值处理后被消除。

虽然重新定义生产函数参数后式（5.20）和式（5.21）的非线性程度大为降低，但参数的非线性程度仍然很高，影响 GMM 估计中用数值方法搜索极值的稳定性。本章尝试对估计系统加以简化。① 根据企业成本最小化问题可得：

$$\ln\left(\frac{\eta}{\eta-1}\right) = \ln\left(\frac{(1-\tau_{it})R_{it}}{(1-\tau_{Mit})P_{Mt}M_{it} + W_{it}L_{it}}\right) + \ln(\beta_L + \beta_M) - \psi_{it}$$

由于 ψ_{it} 为纯粹的白噪音，在时期 t 取均值以消除 ψ_{it}：

$$\ln\eta = \frac{1}{N_t}\sum_{i=1}^{N_t}\ln\left(\frac{(1-\tau_{it})R_{it}}{(1-\tau_{Mit})P_{Mt}M_{it} + W_{it}L_{it}}\right) + \ln(\beta_L^* + \beta_M^*)$$

(5.22)

---

① 这一思路来源于文献（Hall，1988，1990），Jaumandreu 和 Yin 也采用类似的处理（Jaumandreu，Yin，2017；2018）。

这表明替代弹性与短期要素的产出弹性参数存在密切的关系。据此，本章运用 η 的搜索法估计以上系统。具体地，先取 η 的初值为 6，运用两步 GMM 估计剩下参数，然后根据式（5.22）计算 $\hat{\eta}$。如果 $\hat{\eta}$ 与初值的差距小于 5%，则停止搜索；否则在 η 的经验区间内以 0.5 为步长选取初值继续搜索，最后选择 $\hat{\eta}$ 与初值差距最小时的结果的最终估计值。

基本识别包括 31 个参数：投入弹性（β_K、β_L、β_M）、产能利用参数（γ_p）、常数（c_0）、需求移动参数（10 个）、时间趋势参数（11 个）、生产率未知函数逼近参数（5 个）。本章借鉴 Doraszelski 和 Jaumandreu 的降维方法（Doraszelski, Jaumandreu, 2013），将 17 个线性参数（c_0、时间趋势参数、生产率未知函数逼近参数）表示成余下 14 个非线性参数的函数，这样在实际估计中最优化程序只需要搜索 14 个参数，大大提高了 GMM 估计的收敛性和稳健性。式（5.19）中的工具向量 z_{it} 由外生变量的多项式组成。[①] 基本工具集包括常数、时间虚拟变量、sc_{it-1}、sc^2_{it-1}、sc^3_{it-1}、$east_{it-1}$、$middle_{it-1}$、$core_{it-1}$、$ccity_{it-1}$、$export_{it-1}$、age_{it-1}、soe_{it-1}，以及 k_{it-1}、l_{it-1} 和 m_{it-1} 的三阶多项式，共 40 个。

参数估计出来后，根据式（5.14），企业综合异质性的估计如下：

$$\hat{\Omega}_{it} = -\left(1 - \frac{1}{\eta_t}\right)\beta_K k_{it} - \left(1 - \frac{1}{\eta_t}\right)\beta_L l_{it} + \left(1 - \left(1 - \frac{1}{\eta_t}\right)\beta_M\right)em_{it}$$

[①] 这一方法在贸易和经验产业组织中广泛使用，例如文献（Berry et al., 1995; Olley, Pakes, 1996; Levinsohn, Petrin, 2003; Ackerberg et al., 2015; Wooldridge, 2009; Doraszelski, Jaumandreu, 2013; 2018），还包括 Ai 和 Chen 提出的格点估计方法（sieve estimation）（Ai, Chen, 2003; 2007）。

$$-\ln(1-\tau_{it}) - \left(1-\frac{1}{\eta_t}\right)\ln\lambda_{it} - \left(\frac{1}{\eta_t}-1\right)\beta_M\ln(1-\tau_{Mit})$$

(5.23)

在时期 t 对企业综合异质性进行了去均值处理。可以看到，控制横向产品差异的参数都不影响企业综合异质性从而超额负担的估计。

◈ 第五节　数据和变量描述

数据来自国家统计局的"全部国有及规模以上非国有工业企业数据库"。数据库的整理、变量定义等参见第一章。本章按二位数行业进行估计。从表 5-1 可以看出，行业内企业间增值的销项和进项税率的差别巨大，而行业间的税率差异不是特别明显。这与陈晓光的研究结论是一致的（陈晓光，2013），他们发现 90% 以上的增值税有效税率差异是四位数产业内部的企业间差异造成的。[1] 标准差和分位比都显示，进项税率的差异大于销项税率。这表明本章讨论行业内增值税的超额负担是有意义的，也表明有必要区分销项税率和进项税率。

---

[1] 他们没有区分增值税销项税和进项税，而是用应缴增值税除以企业增加值估计有效税率。

表 5-1　增值税税率的行业内分布

（单位：%）

代码	行业名称	销项税率						进项税率					
		均值		标准差		分位比		均值		标准差		分位比	
		1999年	2012年	1999年	2012年	1999年	2012年	1999年	2012年	1999年	2012年	1999年	2012年
13	农副食品加工业	9.38	10.19	4.64	4.91	2.27	2.17	9.41	10.62	5.39	5.40	2.26	1.96
14	食品制造业	12.15	11.42	4.02	4.70	1.37	1.64	12.13	12.35	5.70	5.43	1.59	1.56
15	酒、饮料和精制茶制造业	13.11	12.08	4.16	4.72	1.19	1.38	13.44	13.11	6.87	6.56	1.69	1.63
17	纺织业	12.69	12.13	3.84	4.06	1.23	1.34	13.16	12.92	5.02	4.15	1.42	1.29
18	纺织服装、服饰业	11.41	10.74	4.59	4.99	1.77	2.09	11.96	12.46	5.29	4.68	1.76	1.46
19	皮革、毛皮、羽毛及其制品和制鞋业	11.59	10.76	4.52	5.16	1.68	2.13	11.90	12.48	5.45	4.60	1.80	1.40
20	木材加工和木、竹、藤、棕、草制品业	11.75	11.88	4.42	4.42	1.67	1.39	11.33	12.08	5.59	4.96	1.96	1.47
21	家具制造业	11.81	10.08	4.31	5.51	1.68	2.74	11.98	12.75	6.03	4.73	1.90	1.39
22	造纸和纸制品业	13.17	12.52	3.19	3.97	1.15	1.22	12.72	13.04	4.31	4.56	1.43	1.31
23	印刷和记录媒介复制业	13.30	12.34	3.00	3.80	1.11	1.26	13.78	13.46	5.47	4.48	1.38	1.29
24	文教、工美、体育和娱乐用品制造业	11.71	9.85	4.42	5.63	1.60	3.41	11.78	11.85	5.45	5.05	1.80	1.72
25	石油加工、炼焦和核燃料加工业	13.31	13.23	3.78	4.34	1.15	1.15	12.82	13.07	5.27	5.35	1.52	1.39
26	化学原料和化学制品制造业	12.40	12.27	4.09	4.09	1.30	1.31	12.37	12.76	5.16	4.65	1.54	1.34
27	医药制造业	13.35	11.87	3.14	4.31	1.11	1.43	13.74	13.29	6.14	6.21	1.49	1.50
28	化学纤维制造业	13.63	13.22	3.20	3.29	1.05	1.11	13.97	13.78	4.42	3.62	1.26	1.16

续表

代码	行业名称	销项税率						进项税率					
		均值		标准差		分位比		均值		标准差		分位比	
		1999年	2012年	1999年	2012年	1999年	2012年	1999年	2012年	1999年	2012年	1999年	2012年
29	橡胶和塑料制品业	12.32	11.54	4.15	4.62	1.31	1.60	12.63	12.75	5.12	4.47	1.49	1.35
30	非金属矿物制品业	12.37	12.00	3.87	4.35	1.35	1.44	11.39	12.06	5.38	5.11	1.76	1.54
31	黑色金属冶炼和压延加工业	12.86	12.70	4.03	3.88	1.21	1.18	12.69	12.96	5.44	4.37	1.54	1.29
32	有色金属冶炼和压延加工业	12.93	12.55	3.77	4.01	1.17	1.24	13.13	12.75	4.96	4.51	1.39	1.34
33	金属制品业	12.62	11.73	3.88	4.50	1.25	1.49	13.08	12.95	5.21	4.38	1.45	1.28
34	通用设备制造业	13.20	12.04	3.35	4.15	1.15	1.38	14.11	13.31	5.65	4.42	1.43	1.28
35	专用设备制造业	12.97	12.02	3.41	4.00	1.21	1.37	14.47	13.36	6.61	4.50	1.47	1.31
36	汽车制造业	13.53	12.73	3.40	4.09	1.07	1.21	14.14	14.01	5.40	4.43	1.36	1.24
37	铁路、船舶、航空航天和其他运输设备制造业	12.56	11.88	4.11	4.38	1.27	1.43	13.63	12.97	5.63	4.47	1.45	1.34
38	电气机械和器材制造业	13.09	11.49	3.43	4.71	1.14	1.59	13.69	13.20	4.83	4.30	1.36	1.27
39	计算机、通信和其他电子设备制造业	11.18	9.39	4.86	5.61	1.86	3.93	12.23	12.28	6.63	5.54	1.96	1.71
40	仪器仪表制造业	12.81	11.36	3.78	4.64	1.17	1.68	14.06	13.19	6.09	4.99	1.40	1.38

注：分位比为第75分位除以第25分位。

第六节 估计结果

如表5-2所示，所有27个制造业行业的生产函数系数估计结果均具有很强的显著性。与本文的参数估计方法最为接近的是Brandt等的研究（Brandt et al.，2017），他们采用DW方法估计了生产函数参数和溢价。材料投入是他们估计溢价的基础，其弹性系数在他们的研究中处于核心位置。对于可比的27个制造业行业，他们估计的材料投入系数处于0.872—0.981，本章大部分行业相应的估计与他们的结果接近，处于0.64—0.94。不过资本和劳动的产出弹性系数差别比较大。在这27个制造业行业中他们的资本系数处于-0.008—0.047，其中金属制品行业（-0.08）和有色金属冶炼和压延加工业（-0.02）为负值，12个行业不显著；劳动系数处于0.002—0.104，13个行业不显著。本章的资本和劳动产出弹性系数估计比他们高，明显更为合理。[①] 溢价的估计也处于合理的区间。总体上看价格高出边际成本约20%，相当于替代弹性约为5。这与Brandt等对二位数行业溢价的估计基本一致（Brandt et al.，2017）。本章的结果与国内运用结构方法估计生产函数参数的文献也比较一致，例如，聂辉华和贾瑞雪运用Olley和Pakes方法估计全部制造业（Olley，Pakes，1996），资本系数为0.06、劳动系数为0.05和中间投入系数是0.9（聂辉华、贾瑞雪，2011）。

[①] Olley和Pakes指出，在生产函数估计中经常出现资本弹性系数过低的偏误（Olley，Pakes，1996）。

表 5-2　参数估计

代码	行业名称	函数值	自由度	p值	溢价	资本 系数	资本 标准误	劳动 系数	劳动 标准误	材料 系数	材料 标准误
13	农副食品加工业	14.80	8	0.06	1.20	0.03	0.01	0.13	0.03	0.93	0.03
14	食品制造业	33.80	7	0.00	1.29	0.08	0.01	0.23	0.04	0.88	0.04
15	酒、饮料和精制茶制造业	90.90	15	0.00	1.30	0.12	0.02	0.40	0.03	0.69	0.03
17	纺织业	61.10	7	0.00	1.10	0.04	0.01	0.22	0.03	0.79	0.03
18	纺织服装、服饰业	9.60	9	0.38	1.12	0.03	0.02	0.34	0.05	0.68	0.05
19	皮革、毛皮、羽毛及其制品和制鞋业	6.80	9	0.66	1.22	0.03	0.01	0.21	0.06	0.87	0.06
20	木材加工和木、竹、藤、棕、草制品业	27.60	12	0.01	1.20	0.05	0.02	0.36	0.06	0.68	0.06
21	家具制造业	53.90	12	0.00	1.20	0.02	0.01	0.20	0.04	0.86	0.04
22	造纸和纸制品业	127.50	23	0.00	1.28	0.05	0.01	0.22	0.03	0.89	0.03
23	印刷和记录媒介复制业	15.70	9	0.07	1.28	0.11	0.04	0.32	0.08	0.80	0.06
24	文教、工美、体育和娱乐用品制造业	35.20	7	0.00	1.20	0.03	0.01	0.40	0.06	0.64	0.08
25	石油加工、炼焦和核燃料加工业	14.50	13	0.34	1.19	0.10	0.03	0.22	0.05	0.83	0.05
26	化学原料和化学制品制造业	12.80	9	0.17	1.21	0.07	0.02	0.25	0.10	0.81	0.07
27	医药制造业	77.80	23	0.00	1.29	0.15	0.02	0.28	0.04	0.75	0.04
28	化学纤维制造业	1.60	7	0.98	1.19	0.04	0.02	0.15	0.05	0.93	0.05

续表

代码	行业名称	函数值	自由度	p值	溢价	资本 系数	资本 标准误	劳动 系数	劳动 标准误	材料 系数	材料 标准误
29	橡胶和塑料制品业	10.10	9	0.34	1.19	0.11	0.04	0.22	0.07	0.84	0.05
30	非金属矿物制品业	189.90	12	0.00	1.30	0.05	0.01	0.27	0.02	0.86	0.02
31	黑色金属冶炼和压延加工业	46.10	15	0.00	1.19	0.07	0.01	0.24	0.02	0.86	0.03
32	有色金属冶炼和压延加工业	23.80	10	0.01	1.23	0.06	0.02	0.20	0.04	0.94	0.04
33	金属制品业	164.90	10	0.00	1.20	0.03	0.01	0.25	0.04	0.80	0.04
34	通用设备制造业	176.90	12	0.00	1.26	0.07	0.01	0.22	0.02	0.89	0.02
35	专用设备制造业	119.10	12	0.00	1.24	0.09	0.01	0.22	0.03	0.85	0.03
36	汽车制造业	54.90	7	0.00	1.25	0.07	0.02	0.19	0.05	0.86	0.07
37	铁路、船舶、航空航天和其他运输设备制造业	23.10	7	0.00	1.19	0.06	0.02	0.19	0.03	0.89	0.04
38	电气机械和器材制造业	169.80	15	0.00	1.28	0.05	0.01	0.35	0.03	0.74	0.04
39	计算机、通信和其他电子设备制造业	138.70	9	0.00	1.25	0.04	0.01	0.19	0.03	0.92	0.04
40	仪器仪表制造业	45.90	14	0.00	1.31	0.11	0.02	0.39	0.04	0.74	0.05

表 5-3 列示了综合异质性的估计结果。本章的综合企业异质性是生产率和需求异质性以替代弹性为权重的综合，目前文献中并没有直接可比的估计。本章的结果比 HK 估计的中国制造业单维度异质性（企业生产率）的方差（0.95）要小得多，接近于 Foster 等使用美国同质产品行业估计的企业生产率的方差（0.26）（Foster et al., 2008）。这是可以理解的。Jaumandreu 和 Yin 利用企业国内市场和出口市场的差异分离估计企业的成本优势（生产率异质性）和产品优势（需求端异质性），发现强烈的负相关（Jaumandreu, Yin, 2017）。因此考虑相互间负相关的多维度异质性后，方差会小很多。

表 5-4 列示了各时期中国制造业各行业增值税超额负担的估计，包括式（5.8）中两个口径的超额负担定义，即增值税的效率损失与实际产出的比率（EB1）和其在行业总效率损失中所占的份额（EB2）。总体上看，一个鲜明的印象是增值税的超额负担其实很小。从损失的幅度看，平均而言它相当于同期实际产出的 2.47%；从份额上看，在各种经济扭曲造成的总效率损失中，增值税引起的损失只占 3.34%。而且，在大多数行业和大多数时期增值税的超额负担也不是很明显。具体地，根据增值税的超额负担将 27 个制造业二位数行业分为三组。第一组超额负担在所有时期都几乎可以忽略不计，[①] 有 11 个行业：纺织服装、服饰业（18），木材加工和木、竹、藤、棕、草制品业（20），家具制造业（21），文教、工美、体育和娱乐用品制造业（24），石油加工、炼焦和核燃料加工业（25），非金属矿物制品业（30），黑色

---

① 所有时期 EB1 都小于 5%。

金属冶炼和压延加工业（31），有色金属冶炼和压延加工业（32），金属制品业（33），通用设备制造业（34），计算机、通信和其他电子设备制造业（39）。第二组为增值税超额负担只是在某个时期稍微明显，其余时期基本上也可以忽略不计，[①] 包括9个行业：农副食品加工业（13，2011—2013年为6.52%），食品制造业（14，2002—2004年为6.06%），酒、饮料和精制茶制造业（15，2011—2013年为6.89%），皮革、毛皮、羽毛及其制品和制鞋业（19，2005—2007年为7.39%），医药制造业（27，2008—2009年为5.70%），汽车制造业（36，2008—2009年为9.20%），铁路、船舶、航空航天和其他运输设备制造业（37，2011—2013年为8.31%），电气机械和器材制造业（38，2011—2013年为9.00%），仪器仪表制造业（40，2008—2009年为7.71%）。第三组行业在个别时段增值税超额负担比较突出，[②] 只有7个：纺织业（17，1999—2001年为7.39%；2005—2007年为5.65%）；造纸和纸制品业（22，2005—2007年为9.83%；2008—2009年为12.19%）；印刷和记录媒介复制业（23，2008—2009年为13.75%）；化学原料和化学制品制造业（26，2008—2009年为13.35%）；化学纤维制造业（28，2002—2004年为19.53%）；橡胶和塑料制品业（29，2008—2009年为34.62%；2011—2013年为17.49%）；专用设备制造业（35，2002—2004年为15.70%；2011—2013年为13.51%）。

[①] 只有一个时期EB1在5%—10%，其余时期都小于5%。
[②] 有一个时期EB1大于10%，或者2个及以上时期在5%—10%。

表5-3　综合异质性分布

代码	行业名称	综合异质性的方差				综合异质性75/25分位比				
		1999—2001年	2002—2004年	2005—2007年	2008—2009年	2011—2013年	1999—2001年	2002—2004年	2005—2007年	2008—2009年	2011—2013年
13	农副食品加工业	0.40	0.34	0.29	0.27	0.24	1.52	1.44	1.40	1.39	1.36
14	食品制造业	0.55	0.44	0.36	0.35	0.31	1.91	1.63	1.54	1.54	1.49
15	酒、饮料和精制茶制造业	0.69	0.66	0.56	0.53	0.47	2.17	2.10	1.95	1.93	1.80
17	纺织业	0.38	0.33	0.28	0.28	0.26	1.52	1.44	1.39	1.40	1.39
18	纺织服装、服饰业	0.45	0.40	0.38	0.40	0.38	1.68	1.59	1.56	1.62	1.62
19	皮革、毛皮、羽毛及其制品和制鞋业	0.40	0.35	0.32	0.32	0.29	1.52	1.46	1.42	1.46	1.45
20	木材加工和木、竹、藤、棕、草制品业	0.59	0.47	0.42	0.41	0.38	1.92	1.71	1.68	1.65	1.61
21	家具制造业	0.42	0.34	0.28	0.30	0.27	1.57	1.47	1.39	1.42	1.40
22	造纸和纸制品业	0.39	0.34	0.30	0.30	0.28	1.54	1.46	1.42	1.44	1.44
23	印刷和记录媒介复制业	0.60	0.51	0.40	0.36	0.35	2.13	1.86	1.54	1.54	1.58
24	文教、工美、体育和娱乐用品制造业	0.60	0.54	0.52	0.53	0.50	1.95	1.86	1.82	1.90	1.86
25	石油加工、炼焦和核燃料加工业	0.47	0.41	0.39	0.37	0.38	1.70	1.58	1.55	1.53	1.55
26	化学原料和化学制品制造业	0.45	0.40	0.36	0.35	0.34	1.66	1.61	1.55	1.53	1.56
27	医药制造业	0.59	0.57	0.54	0.51	0.48	1.98	1.90	1.89	1.92	1.83

续表

代码	行业名称	综合异质性的方差					综合异质性75/25分位比				
		1999—2001年	2002—2004年	2005—2007年	2008—2009年	2011—2013年	1999—2001年	2002—2004年	2005—2007年	2008—2009年	2011—2013年
28	化学纤维制造业	0.28	0.28	0.24	0.23	0.23	1.37	1.33	1.31	1.31	1.32
29	橡胶和塑料制品业	0.39	0.34	0.30	0.30	0.28	1.55	1.47	1.42	1.44	1.41
30	非金属矿物制品业	0.44	0.41	0.37	0.37	0.32	1.65	1.63	1.59	1.59	1.53
31	黑色金属冶炼和压延加工业	0.40	0.34	0.31	0.31	0.31	1.55	1.51	1.46	1.48	1.49
32	有色金属冶炼和压延加工业	0.33	0.32	0.31	0.29	0.32	1.47	1.47	1.47	1.44	1.51
33	金属制品业	0.47	0.41	0.36	0.38	0.35	1.67	1.60	1.54	1.60	1.60
34	通用设备制造业	0.47	0.38	0.32	0.31	0.29	1.69	1.52	1.44	1.47	1.47
35	专用设备制造业	0.53	0.44	0.36	0.34	0.32	1.78	1.61	1.50	1.52	1.51
36	汽车制造业	0.47	0.42	0.37	0.36	0.35	1.65	1.56	1.52	1.54	1.56
37	铁路、船舶、航空航天和其他运输设备制造业	0.41	0.33	0.29	0.29	0.30	1.56	1.47	1.40	1.43	1.45
38	电气机械和器材制造业	0.57	0.49	0.45	0.45	0.46	1.91	1.76	1.71	1.76	1.85
39	计算机、通信和其他电子设备制造业	0.45	0.39	0.36	0.33	0.33	1.65	1.56	1.50	1.49	1.49
40	仪器仪表制造业	0.64	0.52	0.48	0.47	0.47	2.01	1.78	1.78	1.81	1.84

表5-4　　　　　　　　　　　　　　　　　超额负担估计结果　　　　　　　　　　　　　　　　（单位:%）

代码	行业名称	超额负担（EB1）					超额负担（EB2）				
		1999—2001年	2002—2004年	2005—2007年	2008—2009年	2011—2013年	1999—2001年	2002—2004年	2005—2007年	2008—2009年	2011—2013年
	制造业加权平均*	1.50	2.06	1.43	4.57	2.78	2.00	1.86	1.61	6.53	4.71
13	农副食品加工业	3.51	2.59	1.40	0.11	6.52	0.50	1.44	0.97	0.11	9.41
14	食品制造业	—	6.06	2.01	0.38	1.16	—	6.45	1.67	0.33	0.97
15	酒、饮料精制茶制造业	0.02	0.00	0.94	1.89	6.89	0.00	0.00	0.48	0.73	2.02
17	纺织业	7.39	0.34	5.65	4.82	0.31	6.52	0.25	5.27	42.77	0.18
18	纺织服装、服饰业	1.16	2.87	1.66	4.04	1.14	0.69	1.55	0.85	2.31	0.30
19	皮革、毛皮、羽毛及其制品和制鞋业	3.15	3.36	7.39	2.94	1.06	5.08	5.55	13.52	5.49	0.91
20	木材加工和木、竹、藤、棕、草制品业	1.39	0.60	0.74	1.95	0.49	0.84	0.45	0.69	1.21	0.20
21	家具制造业	0.82	0.48	1.28	1.43	0.43	1.88	1.06	3.01	2.65	0.50
22	造纸和纸制品业	0.89	2.24	9.83	12.19	0.09	1.43	3.99	15.30	22.30	0.07
23	印刷和记录媒介复制业	—	1.81	0.59	13.75	3.36	—	18.47	0.40	6.53	2.39
24	文教、工美、体育和娱乐用品制造业	0.58	0.68	0.80	0.16	1.76	0.40	0.27	0.31	0.05	0.43
25	石油加工、炼焦和核燃料加工业	0.11	0.01	1.19	0.12	0.01	0.11	0.01	1.48	0.08	0.00
26	化学原料和化学制品制造业	0.24	3.08	1.49	13.35	0.19	0.14	2.92	1.49	10.02	0.08

续表

代码	行业名称	超额负担（EB1）				超额负担（EB2）			
		1999—2001年	2002—2004年	2005—2007年	2008—2009年	2011—2013年	1999—2001年	2002—2004年	2005—2007年	2008—2009年	2011—2013年
27	医药制造业	0.59	0.43	0.04	5.70	1.48	0.24	0.32	0.02	4.99	0.74
28	化学纤维制造业	0.86	19.53	0.62	2.52	0.23	2.24	24.70	1.92	8.15	0.30
29	橡胶和塑料制品业	1.07	5.80	0.45	34.62	17.49	0.58	3.44	0.22	16.10	7.07
30	非金属矿物制品业	0.29	0.01	1.13	0.83	0.70	0.10	0.00	0.77	0.28	0.55
31	黑色金属冶炼和压延加工业	1.48	0.06	1.27	1.29	1.74	0.63	0.03	0.78	0.63	0.75
32	有色金属冶炼和压延加工业	3.14	1.30	3.04	1.04	0.16	2.18	1.14	2.73	33.13	0.12
33	金属制品业	0.92	0.27	0.71	1.24	0.66	1.00	0.22	0.79	1.62	0.63
34	通用设备制造业	1.78	1.98	0.65	4.04	1.29	1.88	2.44	0.74	3.71	1.28
35	专用设备制造业	0.01	15.70	0.53	0.26	13.51	0.00	1.37	0.31	0.07	9.21
36	汽车制造业	0.29	1.29	0.79	9.20	0.58	0.48	2.38	1.45	11.34	0.57
37	铁路、船舶、航空航天和其他运输设备制造业	1.38	1.67	0.72	3.95	8.31	1.25	2.04	0.79	4.15	5.91
38	电气机械和器材制造业	1.30	1.09	0.47	1.89	9.00	1.26	0.74	0.36	1.28	2.86
39	计算机、通信和其他电子设备制造业	0.58	1.24	0.40	1.17	0.06	0.81	1.20	0.60	2.06	18.75
40	仪器仪表制造业	0.70	0.67	0.05	7.71	1.50	0.17	0.30	0.02	4.16	0.66

注：*为行业总销售收入权重，下同。

第七节 敏感性分析和政策模拟

以上参数和企业异质性估计方法的基本特征包括 η（溢价）不变、使用边际成本构建收入方程（5.13）、运用 η 的搜索法估计系统 [式（5.20）、式（5.21）和式（5.22）]。本书还尝试了替代的估计系统构建方法：允许不同时期 η 可变，直接用销量乘以价格构建收入方程，直接将式（5.20）代入估计系统。具体的估计过程参见本章附录。

据表 5-6，总体上看两个差异明显的估计方法得到基本上相同的增值税超额负担估计结果：平均损失幅度相当于同期实际产出的 4.02%，在总效率损失中所占份额为 4.60%。具体行业和年份的增值税超额负担估计结果也基本稳定：第一组 11 个行业中 1 个变为第二组（行业 39），4 个变为第三组（行业 18、20、32 和 33）；第二组 9 个行业中有 5 个变为第一组（行业 13、14、15、19 和 38），1 个变为第三组（行业 37）；第三组 7 个行业中 1 个变为第二组（行业 23）。这表明基本结论是相当稳健的。综合这两种估计方法，本章认为只有行业 17 在 1999—2001 年、行业 22 在 2005—2007 年和 2008—2009 年、行业 28 在 2002—2004 年、行业 29 在 2002—2004 年和 2008—2013 年增值税的超额负担比较明显，只占分析单元总数（27 个行业、5 个时段，共 135 个单元）的 4.4%。当然，这 6 个行业—时段增值税的超额负担的具体原因值得进一步分析。

表5-5 超额负担估计的敏感性分析：可变替代弹性

（单位：%）

代码	行业名称	超额负担（EB1）					超额负担（EB2）				
		1999—2001年	2002—2004年	2005—2007年	2008—2009年	2011—2013年	1999—2001年	2002—2004年	2005—2007年	2008—2009年	2011—2013年
	制造业加权平均	2.67	3.82	3.25	6.77	3.57	2.34	2.76	1.76	8.39	7.73
13	农副食品加工业	0.09	3.91	1.43	0.00	3.16	0.01	1.66	0.59	0.00	2.04
14	食品制造业	0.00	2.62	0.02	1.03	0.16	0.00	1.40	0.01	0.55	0.09
15	酒、饮料和精制茶制造业	0.00	0.21	4.15	0.12	0.27	12.19	0.10	1.30	0.04	0.07
17	纺织业	10.88	0.10	—	0.03	0.92	4.53	0.04	8.04	—	0.47
18	纺织服装、服饰业	1.44	0.06	12.75	—	1.03	0.85	0.03	6.89	—	0.49
19	皮革、毛皮、羽毛及其制品和制鞋业	1.86	1.31	1.26	3.07	4.25	1.58	0.85	0.90	2.62	1.93
20	木材加工和木、竹、藤、棕、草制品业	11.76	8.94	0.12	0.07	0.98	5.44	3.90	0.07	0.04	0.58
21	家具制造业	1.26	0.78	2.57	0.88	0.51	2.31	1.25	5.19	1.02	0.58
22	造纸和纸制品业	0.78	20.06	23.21	18.34	0.03	0.64	8.54	14.08	9.99	0.31
23	印刷和记录媒介复制业	0.01	1.65	5.56	1.46	0.62	0.00	0.64	3.84	0.66	0.73
24	文教、工美、体育和娱乐用品制造业	0.52	0.94	0.25	0.03	2.07	0.45	0.56	0.13	0.01	0.93
26	石油加工、炼焦和核燃料加工业	0.11	2.61	0.12	0.17	8.28	0.06	1.71	0.06	21.01	5.94
27	化学原料和化学制品制造业	0.00	0.38	—	—	—	0.00	0.05	—	—	1.71

第五章 增值税税率简并改革的政策效应模拟 195

续表

代码	行业名称	超额负担（EB1）					超额负担（EB2）				
		1999—2001年	2002—2004年	2005—2007年	2008—2009年	2011—2013年	1999—2001年	2002—2004年	2005—2007年	2008—2009年	2011—2013年
28	医药制造业	0.65	23.33	0.18	0.38	5.44	1.56	22.25	0.28	0.51	8.26
29	化学纤维制造业	0.62	25.38	0.11	41.15	24.60	0.70	15.40	0.07	25.05	13.61
30	橡胶和塑料制品业	0.00	0.16	2.28	0.05	0.85	7.15	11.08	0.73	0.01	0.42
31	非金属矿物制品业	1.63	0.60	0.07	0.34	1.01	1.40	0.51	0.07	0.31	1.20
32	黑色金属冶炼和压延加工业	16.77	3.48	3.55	8.49	6.41	13.15	3.52	3.71	44.05	7.67
33	有色金属冶炼和压延加工业	1.17	0.02	10.57	1.42	0.04	0.74	0.01	4.49	0.82	0.02
34	金属制品业	1.51	1.85	0.17	3.17	—	1.57	2.02	0.11	2.41	—
35	通用设备制造业	15.21	3.28	—	0.03	0.03	4.53	1.71	—	0.01	0.02
36	专用设备制造业	2.43	0.49	—	—	0.11	2.42	0.32	—	—	0.05
37	汽车制造业	5.19	4.08	2.58	11.58	0.71	3.81	3.49	2.18	10.33	22.74
38	铁路、船舶、航空航天和其他运输设备制造业	1.80	0.06	1.17	0.47	0.64	2.01	0.03	0.67	0.25	17.26
39	电气机械和器材制造业	0.79	7.12	0.78	8.32	0.02	0.85	3.68	0.52	7.38	21.06
40	计算机、通信和其他电子设备制造业	5.85	0.23	0.38	3.46	4.85	1.17	0.08	0.12	1.88	2.58

表5-6　税率和企业异质性对增值税超额负担影响的政策模拟：EB1　　（单位：%）

代码	行业名称	销项和进项税率都加倍				企业综合异质性加倍				
		1999—2001年	2002—2004年	2005—2007年	2008—2009年	2011—2013年	1999—2001年	2002—2004年	2005—2007年	2008—2009年	2011—2013年
	制造业加权平均	7.47	6.58	12.65	13.35	8.64	3.54	3.08	3.71	9.73	3.92
13	农副食品加工业	13.57	18.04	11.00	10.03	16.20	32.62	14.97	0.74	0.00	0.66
14	食品制造业	—	17.91	21.17	5.22	5.38	0.19	4.27	1.44	0.01	1.20
15	酒、饮料和精制茶制造业	7.93	0.00	8.19	6.38	18.91	0.00	0.00	1.49	1.37	20.56
17	纺织业	19.11	1.20	16.79	38.09	2.04	3.80	0.11	27.81	11.68	0.10
18	纺织服装、服饰业	3.61	13.75	14.76	2.61	6.57	2.84	3.48	0.18	7.20	1.06
19	皮革、毛皮、羽毛及其制品和制鞋业	21.50	23.47	30.94	60.47	5.01	12.47	7.88	53.51	4.03	1.16
20	木材加工和木、竹、藤、棕、草制品业	2.39	2.63	3.95	4.63	2.48	0.71	1.27	0.67	0.69	0.26
21	家具制造业	5.53	9.26	11.99	5.64	10.82	1.58	0.13	0.27	0.68	0.17
22	造纸和纸制品业	6.40	7.10	31.11	33.17	1.16	1.43	6.58	1.05	1.20	0.01
23	印刷和记录媒介复制业	—	3.73	30.41	40.41	37.89	2.03	0.57	1.11	11.02	5.64
24	文教、工美、体育和娱乐用品制造业	2.79	4.23	5.18	1.15	8.62	0.79	0.98	0.69	0.05	4.30
25	石油加工、炼焦和核燃料加工业	0.54	0.04	40.77	0.15	0.03	0.06	0.00	0.31	0.01	1.93
26	化学原料和化学制品制造业	1.95	7.62	11.97	32.45	0.45	0.22	15.44	2.08	39.05	0.14

续表

代码	行业名称	销项和进项税率都加倍					企业综合异质性加倍				
		1999—2001年	2002—2004年	2005—2007年	2008—2009年	2011—2013年	1999—2001年	2002—2004年	2005—2007年	2008—2009年	2011—2013年
27	医药制造业	5.67	3.97	0.26	10.74	7.77	0.09	0.08	0.00	28.74	1.42
28	化学纤维制造业	12.63	30.64	17.04	47.15	9.78	0.33	9.28	0.26	1.93	0.05
29	橡胶和塑料制品业	14.03	6.17	2.33	47.14	18.08	—	—	—	—	—
30	非金属矿物制品业	1.23	0.02	7.83	1.80	5.12	0.01	1.23	0.24	0.65	1.00
31	黑色金属冶炼和压延加工业	2.87	9.74	4.75	5.56	6.71	4.04	0.53	—	—	—
32	有色金属冶炼和压延加工业	7.31	4.95	23.45	1.09	14.89	9.72	0.99	11.18	0.38	0.17
33	金属制品业	12.78	2.00	6.05	5.74	5.04	1.69	0.13	0.46	0.24	0.66
34	通用设备制造业	28.08	8.91	37.37	16.50	19.70	4.71	3.84	0.97	11.97	2.02
35	专用设备制造业	0.21	4.36	2.88	1.18	33.73	0.00	0.18	0.95	0.29	17.76
36	汽车制造业	1.23	6.35	5.34	11.32	2.19	0.11	1.01	0.95	43.63	0.54
37	铁路、船舶、航空航天和其他运输设备制造业	5.69	7.02	34.75	—	31.78	1.42	2.29	0.95	0.30	20.32
38	电气机械和器材制造业	7.37	7.49	2.67	6.10	15.98	0.93	0.91	0.34	3.54	20.71
39	计算机、通信和其他电子设备制造业	2.59	2.58	12.02	5.33	1.75	0.48	0.79	0.67	1.01	0.01
40	农副食品加工业	11.44	6.08	0.23	28.28	6.16	0.09	0.66	0.04	4.54	2.25

本章还进行了广泛的敏感性分析，包括不控制退出造成的样本选择问题、改变的中间投入的定义、改变估计过程中的逼近方法等。基本结果是稳健的，由于篇幅所限，本章没有报告。

结构估计的优势在于可以进行反事实分析和政策模拟，不用担心"卢卡斯批判"。本章进行了两组政策模拟，以评估税率和企业综合异质性的分布对增值税超额负担估计的影响。比较表 5-6 和表 5-4，增值税超额负担对税率分布的变化（税率异质性的增加）确实很敏感，销项和进项税率都加倍后，绝大数情形下增值税的超额负担大幅增加，平均损失幅度（相对于同期实际产出）从 2.47% 上升到 9.74%。不过企业异质性的估计对增值税超额负担的影响倒是不明显，企业综合异质性加倍（相当于方差增加 3 倍），平均损失幅度只是从 2.47% 上升到 4.80%。

表 5-7 还在维持增值税进项税率现状的情形下，讨论销项税率异质性对增值税超额负担的影响。左边模拟只对销项税率加倍时的增值税效率损失，预期之中的是超额负担大幅增加，总体上从 2.47% 增加到 9.28%。稍稍出乎意料的是超额负担的增加甚至相当于销项税率和进项税率同时加倍：比较表 5-7 的左半部分，各行业和分析时段超额负担的增加大体相当。表 5-7 的右边进一步模拟单独消除销项税率异质性后增值税超额负担的变化，结果就更出乎意料了。总体上超额负担不是减少，而是从 2.47% 增加到 11.88%，大大超出其他政策模拟结果！消除销项税率异质性后，在 135 个行业—时段单元中增值税的效率损失值得关注的单元反而由 6 个上升到 66 个，而且很多情况下增值税效率损失的幅度变得不容忽视。实行销项税一致税率反而导致增值税的超额负担大幅上升，原因何在？从增值税超额负担的定义看，增值税进项与销项税率的分布与

第五章 增值税税率简并改革的政策效应模拟

表5-7 增值税销项税率的分布对超额负担影响的政策模拟：EB1

（单位：%）

代码	行业名称	销项税率加倍					销项税变为一致税率				
		1999—2001年	2002—2004年	2005—2007年	2008—2009年	2011—2013年	1999—2001年	2002—2004年	2005—2007年	2008—2009年	2011—2013年
	制造业加权平均	9.76	8.30	7.19	10.82	10.35	5.70	21.12	7.15	17.43	8.01
13	农副食品加工业	13.69	20.44	1.53	0.23	11.37	0.01	16.02	8.45	3.45	23.02
14	食品制造业	—	15.72	18.63	2.80	12.97	0.13	4.94	3.98	1.53	30.49
15	酒、饮料和精制茶制造业	6.94	0.00	10.29	4.36	19.01	0.00	0.00	0.46	0.76	10.08
17	纺织业	24.90	3.69	10.26	10.99	11.53	1.55	31.21	21.00	17.08	6.66
18	纺织服装、服饰业	16.78	13.03	13.89	9.75	21.11	1.76	12.38	21.37	4.98	3.66
19	皮革、毛皮、羽毛及其制品和制鞋业	8.57	10.48	14.70	9.95	7.51	11.88	28.47	16.23	10.72	9.72
20	木材加工和木、竹、藤、棕、草制品业	4.18	5.71	4.57	29.43	6.65	1.61	2.10	11.69	5.86	1.49
21	家具制造业	6.09	4.26	7.85	4.69	5.54	11.32	1.22	1.57	4.31	0.71
22	造纸和纸制品业	6.39	7.83	17.24	23.54	3.16	17.50	12.22	10.42	33.77	2.56
23	印刷和记录媒介复制业	—	21.78	4.44	31.78	15.25	—	0.87	7.00	4.93	23.02
24	文教、工美、体育和娱乐用品制造业	5.93	5.03	13.69	4.14	19.27	10.59	2.62	3.93	0.65	2.82
25	石油加工、炼焦和核燃料加工业	3.68	0.06	2.24	0.13	0.46	0.19	7.00	15.81	14.64	0.01
26	化学原料和化学制品制造业	5.51	12.22	9.83	29.37	0.30	1.38	49.03	16.34	6.65	0.23

续表

代码	行业名称	销项税率加倍					销项税变为一致税率				
		1999—2001年	2002—2004年	2005—2007年	2008—2009年	2011—2013年	1999—2001年	2002—2004年	2005—2007年	2008—2009年	2011—2013年
27	医药制造业	1.91	6.40	0.58	10.18	8.77	0.64	0.23	0.17	44.15	1.57
28	化学纤维制造业	5.86	25.76	3.51	10.67	3.49	9.01	45.00	3.84	15.70	0.54
29	橡胶和塑料制品业	27.31	19.60	27.65	50.38	33.64	14.25	82.12	4.43	21.55	6.66
30	非金属矿物制品业	1.29	0.06	8.14	0.88	4.57	0.05	0.04	0.35	0.80	6.43
31	黑色金属冶炼和压延加工业	17.10	0.92	10.83	2.85	29.36	30.03	29.94	6.96	3.11	9.10
32	有色金属冶炼和压延加工业	17.09	18.66	8.49	1.13	9.40	4.84	5.46	2.60	29.06	2.16
33	金属制品业	6.08	5.70	5.18	8.61	6.73	6.01	1.53	3.90	5.22	11.64
34	通用设备制造业	10.55	11.34	5.78	15.21	5.69	14.89	30.20	15.38	34.21	40.79
35	专用设备制造业	0.43	11.33	6.65	6.12	11.74	0.02	4.87	8.25	0.18	18.38
36	汽车制造业	1.84	6.12	3.35	12.99	4.83	0.85	2.07	0.50	1.73	4.95
37	铁路、船舶、航空航天和其他运输设备制造业	4.90	11.47	7.33	23.37	17.85	4.04	31.02	2.07	1.68	8.62
38	电气机械和器材制造业	9.72	15.36	3.78	7.82	20.70	0.48	2.08	2.28	2.64	2.00
39	计算机、通信和其他电子设备制造业	7.87	2.47	2.01	5.04	0.53	2.80	31.62	2.86	56.24	1.43
40	农副食品加工业	6.65	27.09	0.44	26.71	12.53	0.67	11.29	22.19	9.20	9.40

效率损失的关系是复杂的。一个可能的解释是，由于销项税和进项税率的相关程度较高，[①] 从而企业增值税实际税负的异质性可能比销项税率或进项税率的异质性要小。如果在进项税率的分布不变的情形下单独取消销项税率的异质性，增值税实际税负的异质性可能更严重，从而导致其超额负担更大。

◇ 第八节　总结

本章尝试在税收效率的经验分析中引入企业异质性，发展一个估计行业内增值税超额负担的结构框架，将经验产业组织中生产函数、需求函数和企业异质性的估计文献与税收超额负担传统文献整合起来。运用1998—2013年中国制造业数据的估计表明，增值税的超额负担其实很小，平均而言只相当于同期实际产出的2.47%，在经济总的效率损失中增值税造成的损失只占3.34%。在估计的27个制造业行业5个子时段（共计135个行业—时段单元）中，绝大多数情形下增值税的超额负担基本上可以忽略不计，只有6个行业—时段单元增值税的超额负担值得关注。本章还发现，如果维持增值税进项税率的分布不变，只是单方面的取消销项税率的异质性，实施一致税率的销项税率，增值税的超额负担会大幅度增加，其平均损失上升至同期实际产出的11.88%，增值税的效率损失值得关注的行业—时段单元上升到66个，而多数情况下增值税效率损失的幅度变得不容忽视。

这些结果有点出乎意料。中国增值税制度的典型特征是多档次税

[①] 如在2012年增值税进项与销项税率的相关系数达到0.70，其他年份相关系数都在0.70左右。

率和诸多税收优惠政策。渐进式改革下增值税的制度设计上需要权衡改革阻力和财政收入压力，《增值税暂行条例》本来就规定了品目繁多的优惠政策，为了利于改革的顺利推行，降低改革的阻力，每次改革又新增了很多过渡性优惠政策。另外，由于中国增值税的体量庞大，国家也一直重视增值税的经济调控职能，针对特定行业、地区甚至纳税人出台了大量的优惠政策。这导致了形式非常复杂的增值税优惠政策，包括免税、税率折扣、税额扣减、即征即退、先征后返等。这是导致企业间增值税实际销项税率和进项税率鲜明异质性的根本原因。一般认为多档税率和诸多税收优惠政策的存在，不符合税收中性原则，会扭曲企业的经营决策，加剧资源错配置。然而本章的估计表明，从扭曲资源配置的程度上看，中国增值税的效率损失并不明显，至少在众多经济扭曲中并不是需要首先关注的。

  关于如何完善中国增值税制度历来存在理想主义和现实主义两种倾向，[①] 前者希望通过顶层设计一次性消除税收制度中的所有扭曲。例如借鉴欧洲的经验，梳理、取消所有增值税的政策优惠，推行Mirrlees 等所建议的一致税率（Mirrlees et al.，2011）。本章的结果显示，即使不考虑改革的阻力和成本，这种努力的收益其实也不是特别明显。而且本章的政策模拟还表明，这种激进的改革可能存在加剧效率损失的风险。由于现实世界的不确定性，系统性改革方案很难做到天衣无缝，可能造成转轨期震荡。这种震荡反而可能大大加剧增值税的超额负担。毕竟现实世界总是面临着种种约束，我们所能做的是在这些约束前提下进行抉择（Second best）。至少在增值税改革领域，本章的结果支持通过渐进方式完善中国增值税制度。

---

  ① 如杨志勇区分了的"理想状态下的增值税"与"作为改革目标的增值税"（杨志勇，2016）。

中国增值税率差异90%由行业内差异造成，篇幅所限，本章将重心放在行业内税率差异造成的增值税超额负担。行业间税率差异的变化会导致要素在行业间流动，代表性消费者的收入和支出结构也会因而改变，即行业间税率差异也会导致效率损失。由于本章是一般均衡框架，价格与行业间要素配置由整个经济的要素市场均衡决定，下一步可以将其推广到分离税收的行业间与行业内超额负担。

附　录

附录5.1：行业 I 内一致税率下的竞争配置及税率中性

讨论分散决策的竞争均衡。企业面临资本、劳动和材料价格 P_t^K、P_t^L 和 P_t^M，及一致的销项税率 τ_t 和进项税率 τ_{Mt}。企业选择三个生产要素的使用量最大化利润：

$$\max_{K_{it}^P, L_{it}^P, M_{it}^P}: \Pi_{it} = (1-\tau_t)Y_{it}^S P_{it}^S - [P_t^K K_{it}^P + P_t^L L_{it}^P + (1-\tau_{Mt})P_t^M M_{it}^P]$$

$$\text{s. t.}: \quad Y_{it}^P = (K_{it}^P)^{\beta_K}(L_{it}^P)^{\beta_L}(M_{it}^P)^{\beta_M}\Theta_{it}$$

$$P_{it}^S = \Phi_t(Y_{it}^S)^{-\frac{1}{\eta_t}}\Delta_{it}$$

$$Y_{it}^S = Y_{it}^P$$

可得企业的要素需求（省略上标 P）：

$$\begin{cases} K_{it} = \Psi_{kt} \{\exp(\Omega_{it})\}^{\frac{-\eta}{(\beta_M+\beta_K+\beta_L)(\eta-1)-\eta}} \\ L_{it} = \Psi_{lt} \{\exp(\Omega_{it})\}^{\frac{-\eta}{(\beta_M+\beta_K+\beta_L)(\eta-1)-\eta}} \\ M_{it} = \Psi_{mt} \{\exp(\Omega_{it})\}^{\frac{-\eta}{(\beta_M+\beta_K+\beta_L)(\eta-1)-\eta}} \end{cases}$$

Ψ_{kt}、Ψ_{lt}、Ψ_{mt} 是要素价格 P_t^K、P_t^L、P_t^M，以及税率 τ_t 和 τ_{Mt} 的函数，每个企业都相同。给定时期 t 行业 I 的要素总量 K_t^I、L_t^I 和 M_t^I：

$$\sum_{i=1}^N M_{it} = M_t^I$$

$$\sum_{i=1}^N K_{it} = K_t^I$$

$$\sum_{i=1}^N L_{it} = L_t^I$$

因此：

$$\Psi_{kt} = \frac{K_t^I}{\sum_{i=1}^N [\exp(\Omega_{it})]^{\frac{-\eta}{(\beta_M+\beta_K+\beta_L)(\eta-1)-\eta}}}$$

$$\Psi_{lt} = \frac{L_t^I}{\sum_{i=1}^N [\exp(\Omega_{it})]^{\frac{-\eta}{(\beta_M+\beta_K+\beta_L)(\eta-1)-\eta}}}$$

$$\Psi_{mt} = \frac{M_t^I}{\sum_{i=1}^N [\exp(\Omega_{it})]^{\frac{-\eta}{(\beta_M+\beta_K+\beta_L)(\eta-1)-\eta}}}$$

从而得到竞争均衡下时期 t 行业 I 的要素配置：

$$K_{it}^* = \Upsilon_{it}^* K_t^I$$

$$L_{it}^* = \Upsilon_{it}^* L_t^I$$

$$M_{it}^* = \Upsilon_{it}^* M_t^I$$

$$Y_{it}^{*} = \frac{[\exp(\Omega_{it})]^{\frac{-\eta}{(\beta_M+\beta_K+\beta_L)(\eta-1)-\eta}}}{\sum_{i=1}^{N}[\exp(\Omega_{it})]^{\frac{-\eta}{(\beta_M+\beta_K+\beta_L)(\eta-1)-\eta}}}$$

这就是前文中的配置式（5.3）。

在偏好式（5.1）和技术约束式（5.2）下考虑 t 行业 I 的要素总量 K_t^I、L_t^I 和 M_t^I 下社会福利最大化问题：

$$\max_{\{K_{1t}^P, L_{1t}^P, M_{1t}^P\}, \cdots, \{K_{Nt}^P, L_{Nt}^P, M_{Nt}^P\}} U_t = U\left(\left(\sum_{i=1}^{N}\Delta_{it}(Y_{it}^S)^{\frac{\eta-1}{\eta}}\right)^{\frac{\eta}{\eta-1}}\right)$$

$$\text{s. t.:} \quad Y_{it}^P = (K_{it}^P)^{\beta_K}(L_{it}^P)^{\beta_L}(M_{it}^P)^{\beta_M}\Theta_{it};$$

$$\sum_{i=1}^{N}K_{it}^P = K_t^I$$

$$\sum_{i=1}^{N}L_{it}^P = L_t^I$$

$$\sum_{i=1}^{N}M_{it}^P = M_t^I$$

$$Y_{it}^S = Y_{it}^P$$

其解也是配置式（5.3）。因此，一致增值税率下竞争均衡是社会最优的配置，即一致增值税率是中性的。

附录5.2：行业间资源配置和要素市场均衡

如前文所述，行业内企业的相对规模不依赖于整个经济层面和行业层面变量（包括行业内平均水平 τ_t^I 和 τ_{Mt}^I），这是一个很重要的性质，它让我们可以分离行业间要素流动对行业内资源配置的影响。由于行业 I 的综合商品 C_t^I：

$$C_t^I = \Big(\sum_{i=1}^{N} \exp(\Omega_{it}) [(K_{it}^I)^{\beta_K} (L_{it}^I)^{\beta_L} (M_{it}^I)^{\beta_M}]^{\frac{\eta-1}{\eta}}\Big)^{\frac{\eta}{\eta-1}}$$

$$= \Lambda_t^I (K_t^I)^{\beta_K} (L_t^I)^{\beta_L} (M_t^I)^{\beta_M}$$

$\Lambda_t^I \equiv \Big(\sum_{i=1}^{N} \exp(\Omega_{it})(\Upsilon_{it}^*)^{\frac{\eta-1}{\eta}(\beta_K+\beta_L+\beta_M)}\Big)^{\frac{\eta}{\eta-1}}$（对于第二个反事实场景，$\Lambda_t^I \equiv$ $\Big(\sum_{i=1}^{N} \exp(\Omega_{it}) [(\Upsilon_{it}^{\tau})^{\beta_K+\beta_L} (\Upsilon_{Mit}^{\tau})^{\beta_M}]^{\frac{\eta-1}{\eta}}\Big)^{\frac{\eta}{\eta-1}}$），只取决于行业 I 的企业异质性和税率的分布（去均值）特征。因此，为分析对于行业间的资源配置，可以抽象掉行业内的异质性，设每个行业（每种综合消费品）的生产函数为 $C_t^I = \Lambda_t^I (K_t^I)^{\beta_K} (L_t^I)^{\beta_L} (M_t^I)^{\beta_M}$，$I = 1, \cdots, S$。根据代表性消费者的效用函数 $U_t = U(C_t^1, \cdots, C_t^I, \cdots, C_t^S)$ 和消费均衡，可以得到每个行业的需求函数 $P_t^I = D(C_t^I)$，$I = 1, \cdots, S$。由于每个行业在要素市场都是价格接受者，根据任意行业 I 在给定要素价格 P_t^K、P_t^L、P_t^M、税率水平 τ_t^I 和 τ_{Mt}^I 下的企业均衡，可以得到其要素需求 $K_t^I(P_t^K, P_t^L, P_t^M, \tau_t^I, \tau_{Mt}^I)$、$L_t^I(P_t^K, P_t^L, P_t^M, \tau_t^I, \tau_{Mt}^I)$ 和 $M_t^I(P_t^K, P_t^L, P_t^M, \tau_t^I, \tau_{Mt}^I)$。

整个经济要素市场的均衡条件为：

$$\sum_{I=1}^{S} K_t^I(P_t^K, P_t^L, P_t^M, \tau_t^I, \tau_{Mt}^I) = \bar{K}_t$$

$$\sum_{I=1}^{S} L_t^I(P_t^K, P_t^L, P_t^M, \tau_t^I, \tau_{Mt}^I) = \bar{L}_t$$

$$\sum_{I=1}^{S} M_t^I(P_t^K, P_t^L, P_t^M, \tau_t^I, \tau_{Mt}^I) = \bar{M}_t$$

要素价格 P_t^K、P_t^L 和 P_t^M，行业间要素配置由此决定。

附录5.3 敏感性分析中替代的估计方法

替代弹性可变时,根据前文中式(5.9)和式(5.10),企业的实际销售收入 r_{it}(取对数,以下小写变量为相应大写变量的对数):

$$r_{it} = \varphi_t + \left(1 - \frac{1}{\eta_t}\right)\ln\lambda_{it} + \left(1 - \frac{1}{\eta_t}\right)(\beta_K c_t + \beta_K k_{it} + \beta_L l_{it} + \beta_M m_{it})$$
$$+ \Omega_{it} + \psi_{it} \qquad (A5.1)$$

从而,前文中式(5.20)变为:

$$\hat{\zeta}_{it} = r_{it} - \left(1 - \frac{1}{\eta_t}\right)(\beta_K k_{it} + \beta_L l_{it} + \beta_M m_{it}) - p_t - \left(1 - \frac{1}{\eta_t}\right)\ln\lambda_{it}$$
$$- a_1 sc_{it} - a_2 sc_{it}^2 - a_3 sc_{it}^3 - a_4 east_{it} - \ldots - a_{10} soe_{it}$$
$$- c_0 - (\gamma_1 \cdot d00 + \gamma_2 \cdot d01 + \cdots) - \left(1 - \frac{1}{\eta_t}\right)f(\omega_{it-1}, \Pr_{it|t-1})$$
$$(A5.2)$$

前文中式(5.21)变为:

$$\hat{\omega}_{it-1} = \frac{\eta_{t-1}}{\eta_{t-1} - 1}\left[\begin{array}{l} -\ln\left(1 - \dfrac{1}{\eta_{t-1}}\right) + \left(1 - \dfrac{1}{\eta_{t-1}}\right)\beta_M p_{Mt-1} - p_{t-1} - \left(1 - \dfrac{1}{\eta_{t-1}}\right)\gamma_p p_{t-1} \\ - \left(1 - \dfrac{1}{\eta_{t-1}}\right)\beta_K k_{it-1} - \left(1 - \dfrac{1}{\eta_{t-1}}\right)\beta_L l_{it-1} + \left(1 - \left(1 - \dfrac{1}{\eta_{t-1}}\right)\beta_M\right) \\ em_{it-1} + \left(1 - \dfrac{1}{\eta_{t-1}}\right)\beta_M\ln(1 - \tau_{Mit-1}) - \ln(1 - \tau_{it-1}) - \left(1 - \dfrac{1}{\eta_{t-1}}\right) \\ \ln\lambda_{it-1} - a_1 sc_{it-1} - a_2 sc_{it-1}^2 - \ldots - a_{10} soe_{it-1} \end{array}\right]$$
$$(A5.3)$$

前文中式（5.22）变为：

$$\ln\left(\frac{\eta_t}{\eta_t - 1}\right) = b_t + \ln(\beta_L + \beta_M),$$

$$b_t \equiv \frac{l}{N_t} \sum_{i=1}^{N_t} \ln\left(\frac{(1 - \tau_{it})R_{it}}{(1 - \tau_{Mit})P_{Mt}M_{it} + W_{it}L_{it}}\right) \quad (A5.4)$$

替代弹性参数的估计值是短期规模参数 $\beta_L + \beta_M$ 的函数，它可以替代系统式（A5.2）和式（A5.3）中的 η_t。由于溢价为 $e^{b_t + \ln(\beta_L + \beta_M)}$，它应该大于1，即 $b_t + \ln(\beta_L + \beta_M)$ 应该大于0。而且，$\beta_L + \beta_M$ 的值会影响 $b_t + \ln(\beta_L + \beta_M)$ 的符号，最优化程序模块在搜寻时会出现间断点，导致 GMM 估计不收敛。在估计中，本书用 $\ln\left(\frac{\eta_t}{\eta_t - 1}\right) = b_t \cdot e^{b_t \cdot (1 - \frac{1}{\beta_L + \beta_M})}$ 在 $\beta_L + \beta_M = 1$ 附近对函数（A5.4）平滑逼近。作为敏感性分析，还考虑了 $\ln\left(\frac{\eta_t}{\eta_t - 1}\right) = b_t \frac{e^{\beta_L + \beta_M} - 1}{e - 1}$ 逼近式（A5.4）。

第 六 章

增值税减税改革的政策效应模拟

本章同时考虑增值税减税对企业需求和成本的影响，提出一个结构估计模型评估增值税减税的产出、价格、就业和税收收入效应。这一方法能够识别出企业异质的增值税减税效应。本章运用规模以上工业企业数据库得到了一些有意义的发现。第一，增值税减税的实质效应（产出和就业）相当可观，价格效应不明显，减税激发微观活力的代价是税收收入的较大幅度减少。以增值税对称减税3个百分点为例，制造业的加总产出、价格、就业和税收收入增长率分别为4.3%、−0.6%、7.1%和−15.9%。第二，完善增值税的抵扣链条、提升企业进项税抵扣的便利，同样具有重要的降税效应。若这些政策使得进项税率比销项税率少降1.5个百分点，与上述基准结果相比，产出增长率提高3.8个百分点、价格多降0.6个百分点、就业增长率提高3.3个百分点、税收收入则多降34.2个百分点。第三，增值税减税能够明显改善制造业的资源配置效率，提升宏观生产率。削减增值税税率后生产率高的企业增长更快，从而其市场份额提高。减税后消费者从生产率高的企业获得的福利（消费者剩余）更多，政府得自高生产率企业的对财政收入的份额也更大。

◇ 第一节 导言

中国经济进入新常态以来，应对经济下行压力也成为政府经济工作的常态。减税降费作为积极财政政策的重要方面，一直受到高度重视。早在2008年国际金融危机发生后，中国就提出了结构性减税降费政策。此后配合增值税转型改革、"营改增"改革、"三去一降一补"供给侧结构性改革，减税降费一直是宏观经济政策的主旋律。2019年结构性减税降费发展为以增值税减税、社会保险费降费为核心的普惠式减税降费。增值税是中国政府税收的主体，2019年中国更是将原涵盖制造业等行业的16%增值税率降为13%，将"营改增"后交通运输、建筑、房地产等行业适行的10%税率降为9%，全面减税降费的决心可见一斑。然而，减税降费能否充分发挥提振宏观经济的政策效应，受到企业、居民行为和市场环境等诸多因素的制约。增值税减税的效应可能更为间接、迂回。在材料采购端减税直接导致企业可抵扣的进项税额减少，使减税效应打折扣；在商品服务销售端减税可能更多地传导（Pass through）至价格，导致减税红利更多地在消费者—企业和上下游企业间分割，也影响减税实质效应的发挥。因此，评估增值税减税的效应是理解其影响机制的前提，更可以为制定有效的增值税政策提供重要参照。

减税的政策效应一直是激发经济研究者兴趣的领域。李明等利用2002年所得税分享改革"准自然实验"评估了所得税减税的效应，发现税率每下降1%，劳均增加值增速提高约3.2%（李明等，2018）。在增值税减税的效应方面，聂辉华等发现东北增值税转型改革所蕴含的减税对企业投资有显著正向效应，对就业有显著负向效应（聂辉华等，2009）。Liu 和 Lu 发现增值税减税通过促进企业投资提升了全要素生产率，这种竞争优势的改善进一步促进企业出口（Liu，Lu，2015）。申广军等发现增值税有效税率降低 1 个百分点，固定资产投资率提高 2.1 个百分点，资本和劳动的产出效率分别提高 3.9 个百分点和 5.5 个百分点（申广军等，2016）。许伟和陈斌开发现增值税税负每下降 1 个百分点，企业投资约增加 16 个百分点（许伟、陈斌开，2016）。李戎等发现降低县级地区的增值税实际有效税率 1 个百分点，该地区的经济增长率将提高 0.45 个百分点（李戎等，2018）。

目前这些增值税率调整效应的研究都采用有效税率定义，即企业实际缴纳的增值税除以营业收入。本书注意到增值税抵扣链条并不完整，企业间供应链结构和抵扣链条完整程度存在很大差异，导致制造业增值税的进项税率明显低于销项税率，且即便在细分行业内前者的方差也明显大于后者。有效税率将增值税对需求端和成本端的两个不同影响渠道综合在一起，平均掉了增值税的重要企业异质性。

这些研究都聚焦于增值税减税对企业投资的促进效应，侧重于资本调整渠道。减税通过刺激投资、扩张总需求从而影响总产出和就业，这是凯恩斯强调的减税的重要宏观效应。然而理解减税效应的微观基础也十分重要。投资需求（总需求）的扩张影响企业（特别是生产投资品的上游企业）的需求，通过这些企业的产出、劳动雇用和价格调整，才最终传导到宏观产出、就业和一般价格水平。只有理解了企业的这些调整行为及后果，增值税减税的宏观影响链条才是完整的。更为重要的是除了影响企业投资需求外，增值税减税还有更为直接的影响渠道：减税改变企业面临的需求曲线和供给（边际成本）曲线，从而直接影响均衡产出、就业和价格。微观经济理论中流转税减税的这种直接影响机制已经十分明晰，然而减税效应的量化评估却并不容易。它需要充分考虑在宏观加总中被平均掉了的企业异质性（Bond，Reenen，2007），更需要同时估计需求函数和边际成本（供给）函数。这正是近来在产业组织、国际贸易发展起来的结构估计（Structural estimation）的主题。目前，即使在国际学术界评估减税的这种直接效应的研究也相当少见。

这些研究的另一共同特点是使用简式（Reduced-form）回归方法，注重因果关系识别和政策效应的存在性、显著性。这也是极具挑战性的。正如Cummins等所指出，税收政策的调整往往不是外生的，识别税收政策效应面临尤其突出的内生性问题（Cummins et al.，1994；Romer，Romer，2010）。因此既有文献下了大量功夫，寻找有效税率的工具变量和"自然实验"以解决内生性问题。然而，在简式回归框架下，内生性问题可以被压缩，但不可能彻底解决。结构估计运用经济理论从内生性问题的源头加以应对。更为重要的是，结构估计致力于识别不随企业和消费者行为变化的基础参数（Deep Parameters），能够进行反事实分析（Counterfactual analysis）和政策模拟。Chetty比较了简式回归方法和结构估计方法在公共经济学中的应用，认为在很多领域其提出的"Sufficient Statistics"能够综合两者的优势（Chetty，2009）。然而，正如Weyl和Fabinger指出，Chetty的比较建立在完全竞争设定上，而现实中企业或多或少存在一定的市场力量（Weyl，Fabinger，2013）。因此，结构估计方法是评估增值税减税效应的适合工具。

本章突破分析增值税减税效应的传统有效税率框架，尝试运用结构估计方法在同时估计企业需求函数和成本（短期供给）函数的基础上，量化评估和模拟增值税减税的产出、价格、就业和税收收入等直接效应。这也是贸易和经验产业组织等微观文献中关注的焦点之一。20世纪末以来生产函数和生产端异质性（企业生产率）的结构估计方法得到很大的发展（Olley, Pakes, 1996; Levinsohn, Petrin, 2003; Ackerberg et al., 2015），需求函数的结构估计也快速平行发展起来（Berry, 1994）。最近，在不完全竞争环境下综合生产函数和需求函数估计成为一个热点。例如，De Loecker 等都在生产函数和生产率估计中引入需求因素（De Loecker, 2011; Aw et al., 2011; De Loecker, Warzynsky, 2012; De Loecker et al., 2016; Doraszelski, Jaumandreu, 2013, 2018）。Jaumandreu 和 Yin 发展了整合需求函数和生产函数估计的结构模型，尝试分离生产端异质性和需求端异质性，并同时引入投入、产出和需求异质性，探讨在不完全竞争下可靠的企业生产率估计（Jaumandreu, Yin, 2017）。本章提出一个充分考虑生产端和需求端企业异质性、同时识别生产函数和需求函数参数的结构估计模型，据以评估和模拟增值税减税的产出、价格、就业和税收收入效应。本章还引入劳动的调整成本、控制企业进入和退出、考虑产能利用率的波动及每期生产量—销售量的差异。这一框架能够识别出企业异质的增值税减税效应。

本章使用中国规模以上工业企业数据库中的 10 个制造业大类行业，评估和模拟增值税减税的直接效应，得到了一些很有意义的发现。第一，增值税减税的实质效应相当可观。增值税减税后，产出会增长、就业会增加、价格水平会下降、税收收入会收缩；增值税减税的幅度越大，产出和就业的增长效应以及价格和税收收入的收缩效应就越强。以增值税在 2012 年基础上减税 3 个百分点为例，制造业的总产出、价格、总就业和总税收收入的增长率分别为 4.30%、

-0.60%、7.07%和-15.89%。这表明企业通过价格渠道向下游企业或者消费者转嫁（Passthrough）税收负担并不明显，也表明增值税减税确实不是"免费的午餐"，增值税减税激发微观活力的代价是税收收入的较大幅度减少。第二，完善增值税的抵扣链条、提升企业进项税抵扣的便利，同样具有重要的降税政策效应。例如，若这些政策使得销项税率降低3个百分点，但进项税率只降1.5个百分点，与基准结果相比产出增长率会提高3.81个百分点、价格多降0.55个百分点、就业增长率提高3.27个百分点、税收收入则多降34.15个百分点。这表明区分销项税率和进项税率两条影响渠道确实能够提供丰富的额外信息。第三，增值税减税能够明显改善制造业的资源配置效率、提升宏观生产率。削减增值税税率后生产率越高的企业增长更快，其雇用的劳动增加更多、产出增长更快，从而市场份额增加。同时，减税后生产率高的企业价格水平下降更多，消费者获益更大；减税后征自生产率高的企业的增值税收入下降幅度更小，从而生产率高的企业对财政收入的相对贡献更大。

◈ 第二节　增值税减税效应分析框架

一　增值税减税效应的机制

目前文献大多使用增值税有效税率作为基本工具（陈晓光，2013；申广军等，2016；许伟、陈斌开，2016）：

$$增值税有效税率 \equiv \frac{增值税纳税额}{营业收入} = \frac{销项税额 - 进项税额}{营业收入}$$

这里假设增值税的税率调整完全通过产出价格渠道产生影响。这种处理视企业投入—产出的中间决策过程为黑箱，简化了对企业行为的分析。这在宏观分析层面是很自然的。理论上增值税的税基很明确，即对应于宏观变量 GDP 的企业增加值。然而，增加值本质是政府和宏观经济学家施加给企业的一个统计概念，实际上企业在生产经营决策中关注的变量是销售收入、成本和利润。从这个角度看，增值税有效税率也是研究者构造的概念，是对企业生产经营决策中实实在在面对的材料成本（进项税率）和销售价格（销项税率）的简化。也就是说，有效税率将增值税对产品销售和材料采购这两个不同渠道的影响综合在一起。为了更贴切地描述企业的决策过程、考虑更充分的企业异质性，本书分开增值税的两个影响渠道。具体地，企业 i 在时期 t 购买材料时面对进项税率 τ_{Mit}、销售产品时面对销项税率 τ_{it}：

$$\tau_{it} \equiv \frac{\text{销项税额} + \text{应缴产品销售税金及附加}}{\text{企业报告的销售收入} + \text{销项税额}}$$

$$\tau_{Mit} \equiv \frac{\text{进项税额}}{\text{材料成本} + \text{进项税额}}$$

τ_{it} 的分母为消费者支付的价格，τ_{Mit} 的分母是企业采购材料时支付的价格，即企业产出和材料投入的价格都是含税（增值税）价格。这样一方面便于引入对企业产出的需求，因为消费者支付的是含税价格；另一方面也便于对材料市场的处理，即作为企业中间投入的材料与用于消费品的材料都是同样的价格。即便设定材料市场是完全竞争的，由于企业进项税率差异，企业的材料成本也是异质的。制造业所有行业的增值税进项税率 τ_{Mit} 明显低于销项税率 τ_{it}，即使在同行业内 τ_{Mit} 也十分悬殊，而且其方差明显大于 τ_{it}。这表明整体而言制造业的抵扣链条并不完整，企业间供应链结构的差异和材料采购环节抵扣链条完整程度的差异，构成企业成本差异的重要来源。将 τ_{it} 和 τ_{Mit} 综合成有效税率，等于平均掉了 τ_{Mit} 所蕴含的重要的企业异质性。而分开增值税的投入和产出两个影响渠道，能够更充分利用企业税率异质性的信息。

设资本为拟固定生产要素，劳动（尽管面临调整成本）和材料成本为可调整生产要素，对应于企业可变成本。这样，企业短期决策（利润最大化）问题为：

$$\underset{L_{it},M_{it}}{\mathrm{Max}}\ \pi_{it} = (1-\tau_{it})Y_{it}P_{it} - W_t L_{it} - (1-\tau_{Mit})P_{Mt}M_{it}$$

Y_{it} 为企业 i 在时期 t 的销售量，P_{it} 为消费者支付的价格（含税），L_{it} 和 M_{it} 分别为标准质量的静态投入量（劳动和材料）。设要素（投入）市场是完全竞争的，P_{Mt} 为材料价格（含税），W_t 为工资率。这里 τ_{it} 和 τ_{Mit} 的不同影响明确显示出来：销项税率 τ_{it} 越高，企业实际收入越低；进项税率越高 τ_{Mit}，企业的实际成本越低。削减 τ_{it} 和 τ_{Mit} 的不同影响在市场均衡框架中更容易理解。如图 6-1，增值税减税一方面降低 τ_{it}，使企业面对的需求曲线从 D 移动到 D'；另一方面进项税率下降使得企业的短期供给（边际成本）曲线从 S 移动到 S'。均衡结果是产出 Y 增加，企业得到的净价格（税后）P' 上升，但消费者支付的价格（含税）P 下降。

显然图 6-1 的结果并不是必然的，它取决于增值税减税政策对企业 τ_{it} 和 τ_{Mit} 影响的差异程度（本章称为不对称减税），[①] 也受需求

[①] 这也是范子英和彭飞讨论的"营改增"减税效应问题。他们基于中国 135 个行业的投入产出表测算了服务业和上游行业之间的产业互联程度，评估了"营改增"对企业减税和分工的影响，发现"营改增"企业的实现税负能否有效降低，取决于通过上游企业获得的进项抵扣能力（范子英、彭飞，2017）。

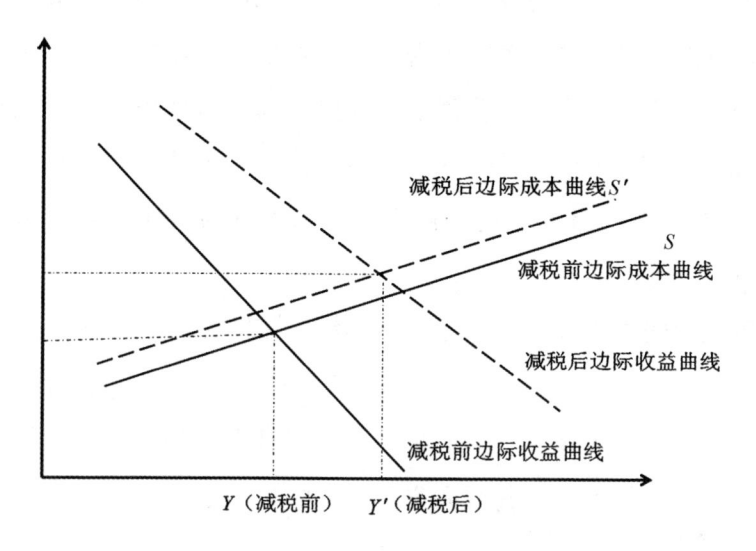

图 6-1 增值税减税的影响

函数和供给函数参数（弹性）的影响，结果可能逆转。然而值得注意的是，如果使用有效税率就不会出现这种不确定性：有效税率降低必定促进产出、降低价格。这说明增值税减税是否促进产出、降低价格，程度如何，是很有必要且有意义的经验问题。学界和实践领域对增值税减税效果的担心和讨论也正是出于其存在需求端和供给端两个不同的影响渠道。

二 具体分析环境设定

设定垄断竞争的市场环境。企业 i 在时期 t 的需求函数为：

$$y_{it} = \varphi - \eta_{it}(p_{it} - \delta_{Qit}) + \delta_{Hit} + v_{it} \tag{6.1}$$

小写变量为相应大写变量的对数，下同。$\eta_{it} > 0$，为需求价格弹性。值得注意的是，这里考虑了需求价格弹性的企业异质性，它可以随企业和时期变化。不可观测需求端异质性（需求优势）包括纵向产品差异（产品质量）δ_{Qit} 和横向产品差异 δ_{Hit}。υ_{it} 为独立同分布的需求扰动。需求函数（6.1）具有一般性，可以理解为对任意需求函数的一阶逼近。

设定企业间可以比较的"标准质量"产出量是 $Y_{it}\exp(\alpha(\delta_{Qit}))$，$\alpha'(\cdot) > 0$。这只是描述质量和成本的一般关系，即产品质量 δ_{Qit} 越高，需要的生产投入越多，从而生产成本就越大，相应地折算的标准产出就越大。具体地，存在纵向产品差异时生产函数：

$$y_{it} = \beta_K k_{it} + \beta_L l_{it} + \beta_M m_{it} + \omega_{it} - \alpha(\delta_{Qit}) + \vartheta_{it} \qquad (6.2)$$

式（6.2）实际上是对传统生产函数在异质产出环境下的一般化，它原则上保持传统生产函数的一切性质。ω_{it} 代表企业生产端的不可观测异质性（成本优势），也正是传统"索洛余值"意义上的全要素生产率，它测度企业 i 在时期 t 生产标准质量产出的效率。ϑ_{it} 为独立同分布的扰动。根据式（6.1）和式（6.2），需求端异质性 δ_{Qit} 和 δ_{Hit} 的主要差别在于，前者需要付出更高的生产成本才能获得，而后者来源于企业促销、市场口碑等纯粹的需求因素，与企业生产过程和成本无关。

三 增值税率调整的效应

对于生产函数（6.2），根据企业短期成本最小化问题可得条件要素需求函数：

$$l_{it} = \frac{\beta_M}{\beta_L + \beta_M}[\ln\beta_L - \ln\beta_M + (1 - \tau_{Mit}) + p_{Mt} - w_t]$$

$$+ \frac{1}{\beta_L + \beta_M}[y_{it} - \beta_K k_{it} - \omega_{it} + \alpha(\delta_{Qit})]$$

$$m_{it} = \frac{\beta_L}{\beta_L + \beta_M}[\ln\beta_M - \ln\beta_L - (1 - \tau_{Mit}) - p_{Mt} + w_t]$$

$$+ \frac{1}{\beta_L + \beta_M}[y_{it} - \beta_K k_{it} - \omega_{it} + \alpha(\delta_{Qit})] \tag{6.3}$$

又结合需求函数（6.1）可求出企业短期利润最大化的产出水平：

$$\frac{(\beta_L + \beta_M)(\eta_{it} - 1) - \eta_{it}}{(\beta_L + \beta_M)\eta_{it}} y_{it} = -\frac{1}{\eta_{it}}\varphi - \ln(1 - \tau_{it}) + \ln\frac{\eta_{it}}{\eta_{it} - 1}$$

$$+ \frac{\beta_L}{\beta_L + \beta_M}[w_t - \ln\beta_L] + \frac{\beta_M}{\beta_L + \beta_M}[\ln(1 - \tau_{Mit}) + p_{Mt} - \ln\beta_M]$$

$$- \frac{1}{\beta_L + \beta_M}[\beta_k k_{it} + \omega_{it} - \alpha(\delta_{Qit})] - \left(\delta_{Qit} + \frac{1}{\eta_{it}}\delta_{Hit}\right) \tag{6.4}$$

设增值税率调整使得企业的进项税率由 τ_{Mit} 变为 τ'_{Mit}，销项税率由 τ_{it} 变为 τ'_{it}。根据式（6.3）和式（6.4），容易得到增值税税率调整后产出增长率（产出效应）和价格增长率（价格效应）为：

$$\Delta y_{it} = \frac{(\beta_L + \beta_M)\eta_{it}}{\eta_{it} - (\beta_L + \beta_M)(\eta_{it} - 1)}[\ln(1 - \tau'_{it}) - \ln(1 - \tau_{it})]$$

$$- \frac{\eta_{it}\beta_M}{\eta_{it} - (\beta_L + \beta_M)(\eta_{it} - 1)}[\ln(1 - \tau'_{Mit}) - \ln(1 - \tau_{Mit})],$$

$$\Delta p_{it} = \frac{\beta_M}{\eta_{it} - (\beta_L + \beta_M)(\eta_{it} - 1)}[\ln(1 - \tau'_{Mit}) - \ln(1 - \tau_{Mit})]$$

$$- \frac{\beta_L + \beta_M}{\eta_{it} - (\beta_L + \beta_M)(\eta_{it} - 1)}[\ln(1 - \tau'_{it}) - \ln(1 - \tau_{it})],$$

(6.5)

就业增长率（就业效应）为：

$$\Delta l_{it} = \frac{\beta_M}{\beta_L + \beta_M}[\ln(1 - \tau'_{Mit}) - \ln(1 - \tau_{Mit})] + \frac{1}{\beta_L + \beta_M}\Delta y_{it}, \quad (6.6)$$

以及应缴纳增值税额增长率（税收效应）为：

$$\frac{1}{STAX_{it} - MTAX_{it}}\left\{\begin{array}{l} STAX_{it} \cdot \left[\ln\tau'_{it} - \ln\tau_{it} + \left(1 - \frac{1}{\eta_{it}}\right)\Delta y_{it}\right] \\ - MTAX_{it} \cdot \left[\begin{array}{l}\ln\tau'_{Mit} - \ln\tau_{Mit} - \frac{\beta_L}{\beta_L + \beta_M} \\ [\ln(1 - \tau'_{Mit}) - \ln(1 - \tau_{Mit})] \\ + \frac{1}{\beta_L + \beta_M}\Delta y_{it}\end{array}\right]\end{array}\right\}.$$

(6.7)

$STAX_{it}$ 为企业 i 在时期 t 的销项税额，$MTAX_{it}$ 为进项税额。

若短期规模收益不变，即 $\beta_L + \beta_M = 1$；且增值税减税对 τ_{it} 和 τ_{Mit} 的影响使得 $\frac{1 - \tau'_{it}}{1 - \tau_{it}} = \frac{1 - \tau'_{Mit}}{1 - \tau_{Mit}}$，式（6.5）变成：

$$\Delta y_{it} = \eta_{it}(1-\beta_M)[\ln(1-\tau'_{it}) - \ln(1-\tau_{it})] > 0,$$

$$\Delta p_{it} = -\beta_L[\ln(1-\tau'_{it}) - \ln(1-\tau_{it})] < 0$$

即增值税减税后产出和就业将增加、价格将下降。当然，增值税税率调整的实际产出效应、价格效应、就业效应和税收效应取决于生产函数参数 β_L 和 β_M，以及企业异质的需求价格弹性 η_{it}。

◇ 第三节 参数与企业异质性的结构估计

然而，β_L、β_M 和 η_{it} 也是不可观测的。下面提出这些参数及企业异质性的结构估计思路。

一 估计系统

根据生产函数结构估计的惯例，设企业生产率 ω_{it} 为一阶 Markov 过程：

$$\omega_{it} = \gamma_t + g(\omega_{it-1}) + \xi_{it} \tag{6.8}$$

ξ_{it} 为生产率的随机扰动，还引入生产率时间趋势 γ_t。根据需求函数（6.1）和生产函数（6.2），将式（6.8）代入销售收入方程：

$$r_{it} = \frac{1}{\eta_{it}}\varphi + \left(1 - \frac{1}{\eta_{it}}\right)\ln\lambda_{it} + \left(1 - \frac{1}{\eta_{it}}\right)\beta_K u_t$$

$$+ \left(1 - \frac{1}{\eta_{it}}\right)(\beta_K k_{it} + \beta_L l_{it} + \beta_M m_{it})$$

$$+ \left(1 - \frac{1}{\eta_{it}}\right)\gamma_t + \left(1 - \frac{1}{\eta_{it}}\right)g(\omega_{it-1})$$

$$- \left(1 - \frac{1}{\eta_{it}}\right)\alpha(\delta_{Qit}) + \delta_{Qit} + \frac{1}{\eta_{it}}\delta_{Hit} + \zeta_{it} \quad (6.9)$$

这里考虑了经济波动造成的资本（产能）利用率的变化（即当期只有比例为 U_t 的资本存量投入生产，实际使用的资本为 $U_t K_{it}$），还考虑了企业每期生产量和销售量的差异 λ_{it}。$\zeta_{it} = \left(1 - \frac{1}{\eta_{it}}\right)(\vartheta_{it} + \xi_{it}) + \frac{1}{\eta_{it}}\upsilon_{it}$，为独立同分布的纯粹扰动项。

同时，在需求函数（6.1）和生产函数（6.2）下根据企业短期利润最大化，可以得到企业生产率的表达式：

$$\omega_{it} = \frac{\eta_{it}}{\eta_{it} - 1}$$

$$\begin{bmatrix} \ln(1 - \tau_{Mit}) - \ln(1 - \tau_{it}) + p_{Mt} - \frac{1}{\eta_{it}}\varphi - \left(1 - \frac{1}{\eta_{it}}\right)\ln\lambda_{it} + \left(\frac{1}{\eta_{it}} - 1\right) \\ \beta_K u_t - \ln\beta_M - \ln\left(1 - \frac{1}{\eta_{it}}\right) + \left(\frac{1}{\eta_{it}} - 1\right)(\beta_K k_{it} + \beta_L l_{it}) + \left(\frac{1}{\eta_{it}}\beta_M - \beta_M + 1\right) \\ m_{it} + \left(1 - \frac{1}{\eta_{it}}\right)\alpha(\delta_{Qit}) - \delta_{Qit} - \frac{1}{\eta_{it}}\delta_{Hit} \end{bmatrix}$$

$$(6.10)$$

式（6.9）和滞后一期的式（6.10）是本章估计所需参数和企业

异质性的基本方程。

二 三个识别问题

还需要解决三个识别问题。

第一，δ_{Qit} 和 δ_{Hit} 的识别。根据企业产品质量（δ_{Qit}）的最优决策（见第一章）：

$$\alpha'(\delta_{Qit}) = \frac{\eta_{it}}{\eta_{it} - 1}$$

即 δ_{Qit} 是需求弹性的函数，因此，可用 $\frac{\eta_{it}}{\eta_{it} - 1}$ 的非参数函数逼近式（6.9）和式（6.10）中 δ_{Qit} 相关的项：

$$\left(1 - \frac{1}{\eta_{it}}\right)\alpha(\delta_{Qit}) - \delta_{Qit} = \Upsilon\left(\frac{\eta_{it}}{\eta_{it} - 1}\right) \tag{6.11}$$

第二，横向产品差异 δ_{Hit} 的识别。借鉴 De Loecker 的方法（De Loecker，2011），本章用需求移动因子（Demand shifters）来控制横向产品差异：

$$\begin{aligned}\delta_{Hit} = {} & a_1 sc_{it} + a_2 east_{it} + a_3 middle_{it} + a_4 export_{it} \\ & + a_5 core_{it} + a_6 ccity_{it} + a_7 entrant_{it}\end{aligned} \tag{6.12}$$

sc_{it} 为企业的营销努力度，$export_{it}$ 为出口市场参与度，$east_{it}$ 为东部地区虚拟变量,$middle_{it}$ 为中部地区虚拟变量,$core_{it}$ 为地级市及以上的城区虚拟变量,$ccity_{it}$ 为省会虚拟变量,$entrant_{it}$ 为新进入企业虚拟变量。

第三,需求弹性的识别。根据企业选择劳动和材料投入的成本最小化问题:

$$\ln\left(\frac{(1-\tau_{it})R_{it}}{(1-\tau_{Mit})P_{Mt}M_{it}+W_tL_{it}}\right) = -\ln(\beta_M+\beta_L)+\ln\left(\frac{\eta_{it}}{\eta_{it}-1}\right)$$
$$+\ln\left(1+\frac{W_tL_{it}}{(1-\tau_{Mit})P_{Mt}M_{it}+W_tL_{it}}\Delta_{it}\right)+\vartheta_{it}$$
$$(6.13)$$

Δ_{it} 为存在劳动调整成本时劳动的影子价格对实际工资率的偏离。根据设定,ϑ_{it} 为生产函数中独立同分布的产出扰动,因此可用 OLS 回归方法清除式 (6.13) 中的 ϑ_{it},得到生产函数参数和需求弹性的关系。具体地,估计如下收入—可变成本比率模型:

$$\ln\left(\frac{(1-\tau_{it})R_{it}}{(1-\tau_{Mit})P_{Mt}M_{it}+W_tL_{it}}\right) = X_{it}\sigma$$
$$+\sigma^L\ln\left(1+\frac{W_tL_{it}}{(1-\tau_{Mit})P_{Mt}M_{it}+W_tL_{it}}\Delta_{it}\right)+\vartheta_{it} \quad (6.14)$$

控制向量 X_{it} 包括常数,一组影响企业收入—可变成本比率的变量,包括企业的营销努力度、出口市场参与度、企业年龄、地区虚拟变量(东部和中间)、区位虚拟变量(地级市及以上的城区、省会)、新进入企业虚拟变量,还包括一整套年份虚拟变量和行业虚拟变量(四位数行业)。

还需要识别劳动的影子价格 Δ_{it}。注意到 $\dfrac{P_{Mt}M_{it}}{W_t L_{it}} = \dfrac{\beta_M}{\beta_L}(1+\Delta_{it})$，不失一般性，设 Δ_{it} 在不同时期、不同企业可以平均掉：

$$\hat{\Delta}_{it} = \dfrac{P_{Mt}M_{it}}{W_{it}L_{it}} \left(\dfrac{1}{N}\sum_i \sum_{T_i} \dfrac{P_{Mt}M_{it}}{W_{it}L_{it}}\right)^{-1} - 1$$

T_i 为企业 i 的观测数，N 为总观测数。用 OLS 估计式 (6.14)，得到 $\hat{\sigma}^L$ 和清除了 ϑ_{it} 的收入—可变成本率预期值 $\overline{\ln\left(\dfrac{R_{it}}{P_{Mt}M_{it}+W_{it}L_{it}}\right)}$。

定义 $\hat{\Theta}_{it} = \overline{\ln\left(\dfrac{R_{it}}{P_{Mt}M_{it}+W_{it}L_{it}}\right)} - \hat{\sigma}^L \ln\left(1 + \dfrac{W_{it}L_{it}}{P_{Mt}M_{it}+W_{it}L_{it}}\hat{\Delta}_{it}\right)$：

$$\hat{\eta}_{it} = \dfrac{(\beta_M+\beta_L)\exp(\hat{\Theta}_{it})}{(\beta_M+\beta_L)\exp(\hat{\Theta}_{it})-1} \qquad (6.15)$$

式 (6.15) 形成企业异质的需求弹性与短期规模收益系数 $\beta_L + \beta_M$ 的关系，可以作为约束施加到估计系统式 (6.9) 和式 (6.10)。

三 估计方法

根据设定，式 (6.9) 中的扰动项 ζ_{it} 满足 $E[Z \cdot \zeta] = 0$，z 为工具向量。因此，估计参数 θ 的 GMM 问题：

$$\min_{\theta} \left[\dfrac{1}{N}\sum_i \sum_{T_i} Z_{it}\zeta_{it}(\theta)\right]' W_N \left[\dfrac{1}{N}\sum_i \sum_{T_i} Z_{it}\zeta_{it}(\theta)\right] \qquad (6.16)$$

$W_N = z'z$，为权重矩阵。具体地，估计系统为式（6.12）和式（6.15），以及根据收入方程（6.9）和滞后生产率方程（6.10）得到：

$$\hat{\zeta}_{it} = r_{it} - \left(1 - \frac{1}{\hat{\eta}_{it}}\right)(\beta_K k_{it} + \beta_L l_{it} + \beta_M em_{it}) - \left(1 - \frac{1}{\hat{\eta}_{it}}\right)\ln\lambda_{it} - \frac{1}{\hat{\eta}_{it}}\delta_{Hit}$$

$$- (c_0 + \gamma_1 \cdot d00 + \gamma_2 \cdot d01 + \cdots)\left(1 - \frac{1}{\hat{\eta}_{it}}\right) - \frac{1}{\hat{\eta}_{it}}c_1$$

$$- \left(1 - \frac{1}{\hat{\eta}_{it}}\right)g(\omega_{it-1}, \hat{Pr}_{it|t-1}) + \Upsilon\left(\frac{\hat{\eta}_{it}}{\hat{\eta}_{it} - 1}\right) \quad (6.17)$$

$$\hat{Pr}_{it|t-1} = \Gamma(k_{it-1}, l_{it-1}, em_{it-1}, sc_{it-1}) \quad (6.18)$$

$$\hat{\omega}_{it-1} = \frac{\hat{\eta}_{it-1}}{\hat{\eta}_{it-1} - 1}$$

$$\begin{bmatrix} \ln(1 - \tau_{M_{it-1}}) - \ln\left(1 - \frac{1}{\hat{\eta}_{it-1}}\right) + \left(1 - \frac{1}{\hat{\eta}_{it-1}}\right)\beta_M p_{Mt-1} - \left(1 - \frac{1}{\hat{\eta}_{it-1}}\right) \\ \gamma_p p_{t-1} - \ln\beta_M - \left(1 - \frac{1}{\hat{\eta}_{it-1}}\right)\ln\lambda_{it-1} - \left(1 - \frac{1}{\hat{\eta}_{it-1}}\right)\begin{pmatrix} \beta_K k_{it-1} + \beta_L l_{it-1} \\ + \beta_M em_{it-1} \end{pmatrix} \\ + em_{it-1} - \ln(1 - \tau_{it-1}) - \frac{1}{\hat{\eta}_{it-1}}(a_0 + \delta_{Hit-1}) + \Upsilon\left(\frac{\hat{\eta}_{it-1}}{\hat{\eta}_{it-1} - 1}\right) \end{bmatrix}$$

$$(6.19)$$

考虑到企业退出造成的样本选择问题（见第一章），期望生产率函数中引入企业 i 时期 t 持续经营的概率 $\Pr_{it|t-1}$，变为 $g(\omega_{it-1}, \hat{Pr}_{it|t-1})$。$em_{it} = m_{it} + p_m$，为材料支出。式（6.17）中用 c_0 吸收时间趋势中的基准值、未知函数 $g(\cdot)$ 和 $\Upsilon(\cdot)$ 中的常数；用 c_1 合并需求

函数参数 φ 和横向产品差异 δ_{Hit} 中的常数；用时间虚拟变量序列 $d00 - d13$ 合并识别 $\left(1-\frac{1}{\eta_i}\right)\beta_M p_{Mt}$、$\left(1-\frac{1}{\eta_i}\right)\beta_K u_t$ 和 $\left(1-\frac{1}{\eta_i}\right)\gamma_t$；用 $\hat{\omega}_{it-1}$ 和 $\hat{Pr}_{it|t-1}$ 的二阶多项式逼近未知函数 $g(\cdot)$。$\hat{Pr}_{it|t-1}$ 由式（6.18）中未知函数 $\Gamma(\cdot)$ 的四阶多项式识别。式（6.19）中设产能利用率 u_t 与一般价格水平 p_t 呈线性关系（$u_t = \gamma p_t$），即 $\left(1-\frac{1}{\eta_i}\right)\gamma_p p_{t-1}$ 项（$\gamma_p = \gamma\beta_K$ 为待估参数）。式（6.17）和式（6.19）中用 $\frac{\eta_{it-1}}{\eta_{it-1}-1}$ 的三阶多项式逼近未知函数 $Y(\cdot)$，以控制产品质量的异质性。

基本识别包括 33 个参数：投入弹性（β_K、β_L、β_M）、横向产品差异参数（7 个）、时间趋势参数（11 个）、未知函数 $g(\cdot)$ 逼近参数（5 个）、未知函数 $Y(\cdot)$ 逼近参数（3 个）、产能利用参数（γ_p）、常数（a_0、c_0 和 c_1）。本章借鉴 Doraszelski 和 Jaumandreu 的降维方法（Doraszelski, Jaumandreu, 2013），将 18 个线性参数（c_0、c_1、时间趋势参数、生产率逼近参数）表示成余下 15 个非线性参数的函数。这样在实际估计中最优化程序只需要搜索 15 个参数，大大提高了 GMM 估计的收敛性和稳健性。式（6.15）中的工具向量 Z 由外生变量的多项式组成。基本工具集包括常数、时间虚拟变量（11 个）、$east_{it-1}$、$middle_{it-1}$、$core_{it-1}$、$ccity_{it-1}$、$entrant_{it-1}$、$export_{it-1}$、sc_{it-1}，$\hat{\eta}_{it-1}$ 的三阶多项式，以及 k_{it-1}、l_{it-1} 和 m_{it-1} 的三阶多项式（19 个），共 41 个。

参数估计出来后，根据式（6.15）自然得到企业异质的需求价格弹性的 η_{it} 估计，根据式（6.19）还可以得到企业生产率 ω_{it} 的估计。

第四节 估计结果

后面使用规模以上工业企业数据库进行分析。表6-1比较10个行业生产函数参数的估计结果。从资本、劳动和材料投入的产出弹性和规模收益参数看,估计结果均处在合理的范围内,且估计的标准误都很小。短期规模参数均小于1,处于0.83(化学医药行业)至0.95(纺织服装行业)间,长期规模参数在0.93(非金属行业)至1.09(电气电子行业)间。就参数结构而言,资本产出弹性系数估计都比较合理。① 这表明弹性参数的估计是满意的。加成率(Markup)处于1.13(化学医药行业)至1.27(电气电子行业)间,对应的需求弹性处于4.7—8.7。加成率的分布比较集中,方差只有0.02—0.08,90分位与10分位的比也只有1.05—1.17。绝大部分企业的价格超出边际成本的幅度10%—30%,从而对应的企业利润率也处于正常水平。这表明需求弹性的估计也比较合理。

表6-1　　　　　生产函数的参数估计结果

代码	行业简称	资本弹性		劳动弹性		材料弹性		加成率分布				
		系数	标准误	系数	标准误	系数	标准误	均值	方差	中位数	P10	P90
1	食品	0.1209	0.0114	0.2467	0.0369	0.6797	0.0373	1.2493	0.0843	1.2252	1.1753	1.3639
2	纺织	0.0906	0.0133	0.3266	0.0573	0.6269	0.1096	1.2388	0.0242	1.2376	1.2070	1.2713
3	木材	0.1100	0.0132	0.2387	0.0495	0.6458	0.0671	1.1680	0.0252	1.1649	1.1375	1.2030

---

① Olley和Pakes指出,在生产函数估计中经常出现资本弹性系数过低的偏误(Olley, Pakes, 1996)。

续表

代码	行业简称	资本弹性		劳动弹性		材料弹性		加成率分布				
		系数	标准误	系数	标准误	系数	标准误	均值	方差	中位数	P10	P90
4	造纸	0.1447	0.0130	0.3215	0.0446	0.5188	0.0553	1.1312	0.0325	1.1249	1.0906	1.1768
5	化学	0.1669	0.0106	0.4060	0.0425	0.4223	0.0352	1.1257	0.0598	1.1123	1.0651	1.1976
6	非金	0.0738	0.0070	0.2427	0.0249	0.6102	0.0419	1.1664	0.0349	1.1661	1.1257	1.2115
7	金属	0.1506	0.0071	0.2257	0.0215	0.6388	0.0386	1.1278	0.0223	1.1253	1.1008	1.1580
8	设备	0.1257	0.0073	0.3343	0.0281	0.5010	0.0226	1.1336	0.0307	1.1320	1.0943	1.1745
9	运输	0.1255	0.0210	0.2343	0.0472	0.6436	0.0438	1.1824	0.0374	1.1816	1.1302	1.2304
10	电气	0.1517	0.0191	0.3775	0.0596	0.5637	0.0508	1.2700	0.0456	1.2655	1.2147	1.3332

注：加成率（Markup）为 $\eta_{it}/(\eta_{it}-1)$。P10 为 10 分位值，P90 为 90 分位值。

表 6-2　　削减增值税税率的产出和价格效应模拟　　（单位：%）

代码	行业简称	产出效应					价格效应				
		1.5	2	2.5	3	3.5	1.5	2	2.5	3	3.5
1	食品	1.8719	2.5063	3.1110	3.7170	4.3147	-0.3363	-0.4490	-0.5577	-0.6666	-0.7735
2	纺织	2.4861	3.3173	4.1437	4.9696	5.7726	-0.4735	-0.6320	-0.7895	-0.9462	-1.1004
3	木材	1.7046	2.2780	2.8513	3.4199	3.9888	-0.2576	-0.3443	-0.4298	-0.5155	-0.5996
4	造纸	2.2832	3.0390	3.7962	4.5340	5.2706	-0.2270	-0.3025	-0.3775	-0.4525	-0.5260
5	化学	2.8176	3.7412	4.6567	5.5583	6.4491	-0.2644	-0.3515	-0.4371	-0.5214	-0.6039
6	非金	1.6484	2.2110	2.7768	3.3399	3.9013	-0.2291	-0.3067	-0.3849	-0.4635	-0.5416
7	金属	1.7298	2.3073	2.8814	3.4456	4.0063	-0.1874	-0.2501	-0.3125	-0.3741	-0.4343
8	设备	2.2304	2.9747	3.7141	4.4383	5.1585	-0.2538	-0.3389	-0.4226	-0.5058	-0.5876
9	运输	1.6399	2.1803	2.7304	3.2814	3.8135	-0.2699	-0.3597	-0.4497	-0.5378	-0.6264
10	电气	2.6338	3.5127	4.3725	5.2188	6.0501	-0.5261	-0.7038	-0.8746	-1.0444	-1.2098

表6-3　　　　　削减增值税税率的就业和税收效应模拟　　　（单位：%）

代码	行业简称	削减增值税税率的就业效应					削减增值税税率的税收收入效应				
		1.5	2	2.5	3	3.5	1.5	2	2.5	3	3.5
1	食品	3.2248	4.2880	5.3136	6.3181	7.3185	-3.7756	-5.2625	-6.7910	-8.4927	-10.1326
2	纺织	3.7206	4.9549	6.1758	7.3863	8.5775	-8.6560	-12.2119	-15.9031	-20.2360	-24.3323
3	木材	3.1510	4.1935	5.2250	6.2427	7.2564	-8.6941	-12.0762	-15.6826	-19.9635	-24.6155
4	造纸	3.7706	5.0156	6.2436	7.4629	8.6652	-9.0894	-12.9526	-17.0603	-21.3936	-25.9354
5	化学	4.2557	5.6404	7.0135	8.3668	9.7003	-7.8667	-11.1468	-14.6191	-18.2877	-22.1394
6	非金	3.1298	4.1754	5.2153	6.2473	7.2645	-7.8856	-11.1538	-14.8733	-18.8189	-22.8841
7	金属	3.2689	4.3520	5.4197	6.4739	7.5182	-8.5778	-12.3383	-16.2291	-20.3863	-24.2926
8	设备	3.6972	4.9233	6.1336	7.3275	8.5083	-8.9708	-12.4802	-16.1921	-20.0949	-24.6350
9	运输	3.1727	4.2187	5.2616	6.2909	7.3091	-4.0459	-5.7038	-7.4233	-9.1247	-10.7254
10	电气	3.8156	5.0695	6.2980	7.5087	8.6987	-9.1694	-13.2112	-17.3776	-21.6729	-26.3838

表6-2和表6-3以2012年为基础，设定增值税税率削减的幅度分别为1.5个百分点、2个百分点、2.5个百分点、3个百分点、3.5个百分点，模拟企业销项税率和进项税率同步变化时的产出、价格、就业和税收收入效应。每个行业的产出、价格、就业分别为以销售收入为权重的加权平均值。行业的税收收入效应为加总每个企业应交增值税的变化额后，除以行业的应交增值税总额。所有行业都呈现出一个明确且直观的结论：增值税减税后，产出会增长，就业会增加，价格水平会下降，税收收入会收缩；增值税减税的幅度越大，产出和就业的增长效应以及价格和税收收入的收缩效应就越强。以增值税在2012年的基础上减税3个百分点为例。产出增长最多的三个行业是化学医药行业（5.56%）、电气电子（5.22%）和纺织服装（4.97%），产出增长较少的运输设备行业（3.28%）、非金属行业（3.34%）和木材家具行业（3.42%）效应也很明显。价格下降幅度

最大的三个行业是电气电子（1.04%）、纺织服装（0.95%）和食品饮料（0.67%）；价格下降幅度较少的三个行业为金属行业（0.37%）、造纸印刷行业（0.45%）和非金属行业（0.46%）。就业增长最多的三个行业为化学医药行业、电气电子和造纸印刷，分别为8.37%、7.51%和7.46%；增长较少的三个行业为木材家具、非金属和运输设备，增长率分别也有6.24%、6.25%和6.29%。调减增值税率后行业间税收收入下降幅度的差别比较明显，下降最快的三个行业为电气电子、造纸印刷和金属，下降分别达到21.67%、21.39%和20.39%；食品饮料、运输设备和化学医药行业的税收收入也分别下降了8.49%、9.12%和18.29%。

聂辉华等发现减税（转型）导致企业从业人数减少近10%（聂辉华等，2009）；陈烨等运用可计算一般均衡模型（CGE）的模拟也发现，增值税减税（转型）可能造成数百万人失业（陈烨等，2010）。然而，聂海峰和刘怡发现增值税转型增加企业投资1.6%—3.5%，就业也增加了3%（聂海峰、刘怡，2009）。申广军等发现增值税有效税率降低一个百分点，就业增加0.4个百分点（申广军等，2016）。本书认为这是由于增值税减税长期效应和直接（短期）效应存在差异：从长期效应看减税有可能使资本相对于劳动的成本下降，导致资本替代劳动；而短期效应则会增加产出和就业。增值税减税的价格效应也有丰富的含义。一般认为企业可以将税负加入价格（即文献中经常讨论的 Pass through），向下游企业或者消费者转嫁税收负担。企业间增值税的这种转嫁可能削弱甚至抵消产业链上各环节的实质（产出和就业）效应。不过，本书的政策模拟发现这种影响渠道并不明显。从税收收入效应看，增值税减税确实不是"免费的午餐"。增值税减税激发微观活力的代价是税收收入的大幅度减少，政府可能需要寻找替代的收入来源。

图6-2在2012年的基础上模拟制造业削减增值税税率的总效应，企业销项税率和进项税率在同步变化。其中产出、价格、就业以企业销售收入为权重对整个制造业加权平均，税收收入效应为加总每个制造业企业应交增值税的变化额后，除以整个制造业的应交增值税总额。可以看到，随着增值税税率削减的幅度从0.5个百分点均匀提高到4个百分点，产出、价格、就业和税收收入都接近均匀变化。以增值税在2012年基础上减税3个百分点为例，制造业的总产出、价格、总就业和总税收收入的增长率分别为4.30%、-0.60%、7.07%和-15.89%。可见，增值税减税的实质效应相当明显。

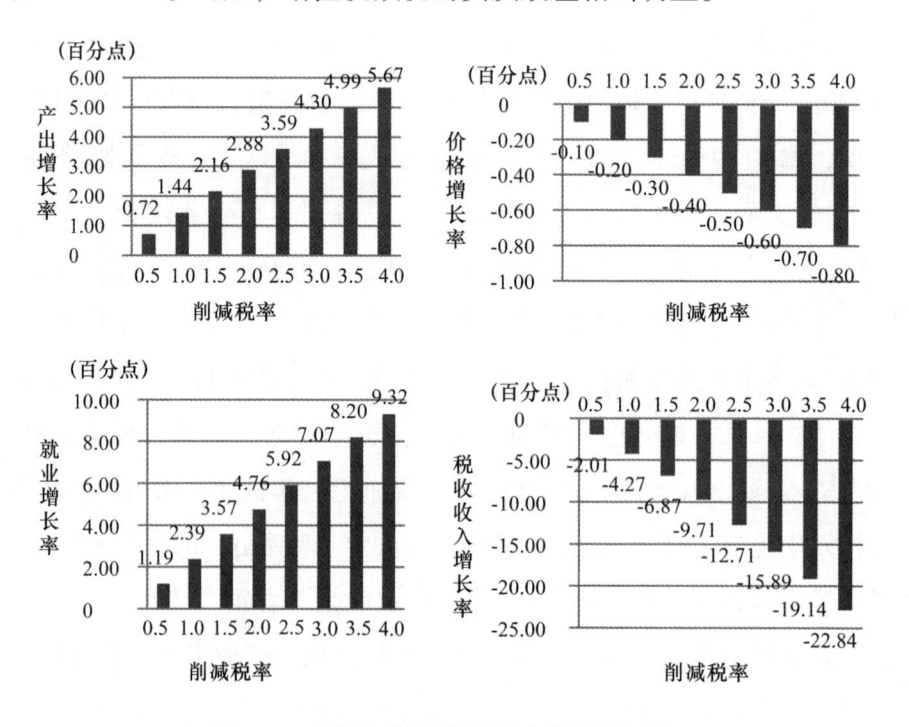

图6-2 制造业削减增值税税率的总效应模拟

注：所有制造业行业以销售收入为权重平均。

销项税率与进项税率的不对称削减是否有显著影响？表 6-4 模拟在 2012 年基础上销项税率削减 3 个百分点，进项税率削减 1.5 个百分点、2.25 个百分点和 3.75 个百分点。制造业整体和分行业效应的计算方法同上。可以看到，不对称减税的影响是不可忽视的。制造业整体在销项税率减少 3 个百分点的基础上，进项税率分别少降 1.5 个百分点、少降 0.75 个百分点、多降 0.75 个百分点，与对称减税 3 个百分点的基准结果相比，产出增长率分别提高 3.81 个百分点、提高 1.89 个百分点和下降 1.86 个百分点；价格下降率分别多降 0.55 个百分点、多降 0.27 个百分点和少降 0.26 个百分点；就业增长率分别提高 3.27 个百分点、提高 1.62 个百分点和下降 1.59 个百分点；税收收入下降率分别多降 34.15 个百分点、多降 17.81 个百分点和少降 20.73 个百分点，后者变成了税收收入上升 4.84%。分行业看，不对称减税的差异同样是巨大的。这表明在降低增值税率的同时，完善增值税的抵扣链条、提升企业进项税抵扣的便利，同样具有重要的政策效应。也就是说，增值税进项端改革同样能够起到相当明显的减税降费效果。这些结果也表明，本章区分销项税率和进项税率两条影响渠道确实能够提供更为丰富的信息。

表 6-4　　　　销项税率与进项税率不对称变化的政策模拟

代码	行业简称	产出效应			价格效应			就业效应			税收收入效应		
		1.5	2.25	3.75	1.5	2.25	3.75	1.5	2.25	3.75	1.5	2.25	3.75
	全部	8.112	6.185	2.443	-1.149	-0.873	-0.338	10.342	8.690	5.482	-50.039	-33.696	4.843
1	食品	8.015	5.831	1.646	-1.439	-1.048	-0.294	9.854	8.063	4.625	-24.907	-16.953	1.118
2	纺织	9.397	7.167	2.820	-1.793	-1.364	-0.537	10.970	9.169	5.642	-65.458	-43.790	7.149
3	木材	7.520	5.438	1.453	-1.136	-0.820	-0.218	9.721	7.958	4.572	-60.179	-40.763	3.350
4	造纸	8.026	6.269	2.837	-0.797	-0.623	-0.285	10.597	9.018	5.935	-64.941	-43.897	5.581

续表

代码	行业简称	产出效应			价格效应			就业效应			税收收入效应		
		1.5	2.25	3.75	1.5	2.25	3.75	1.5	2.25	3.75	1.5	2.25	3.75
5	化学	8.250	6.884	4.244	-0.770	-0.644	-0.399	10.816	9.583	7.206	-59.959	-40.152	7.308
6	非金	6.974	5.128	1.608	-0.970	-0.713	-0.222	9.370	7.785	4.753	-51.685	-35.681	1.485
7	金属	8.059	5.735	1.196	-0.866	-0.622	-0.131	10.586	8.514	4.465	-76.806	-50.407	16.670
8	设备	7.607	6.009	2.900	-0.864	-0.684	-0.330	10.127	8.717	5.965	-60.380	-41.058	3.686
9	运输	7.444	5.342	1.234	-1.139	-0.843	-0.204	9.779	8.026	4.599	-28.982	-19.483	2.552
10	电气	8.852	7.019	3.447	-1.776	-1.406	-0.689	10.421	8.949	6.098	-66.938	-45.462	5.517

注：1.5、2.25 和 3.75 指进项税率削减的幅度（百分点），即销项税率变化的 50%、75% 和 125%。

本章方法的一个重要优势在于整合了参数和多维度企业异质性（包括企业生产率）的估计，能够估计出企业异质的减税效应。这样就能够分析到底是什么样的企业从减税降费改革中获益或者哪类企业获益更多。为节省篇幅，后文只就企业生产率与减税效应的关系展开分析。图 6-3 列示了整个制造业行业减税效应和企业生产率（分行业除去了均值）的非参数回归。十分明确的结果是，削减增值税税率后生产率越高的企业产出增长越快，雇用劳动增加越多，从而其市场份额增加。这表明增值税减税明显改善了制造业的资源配置效率。也就是说，减税确实可以通过 Restuccia 和 Rogerson 等所讨论过的机制改善资源配置，提升宏观生产率（Restuccia, Rogerson, 2008; Hsieh, Klenow, 2009; 陈晓光, 2013）。同时，减税后生产率高的企业价格水平下降更多，从而消费者获益更大；减税后征自生产率高的企业的增值税收入下降幅度更小，从而生产率高的企业对财政收入的相对贡献更大。

由于参数和企业异质性是分行业估计的，虽然上述非参数回归时

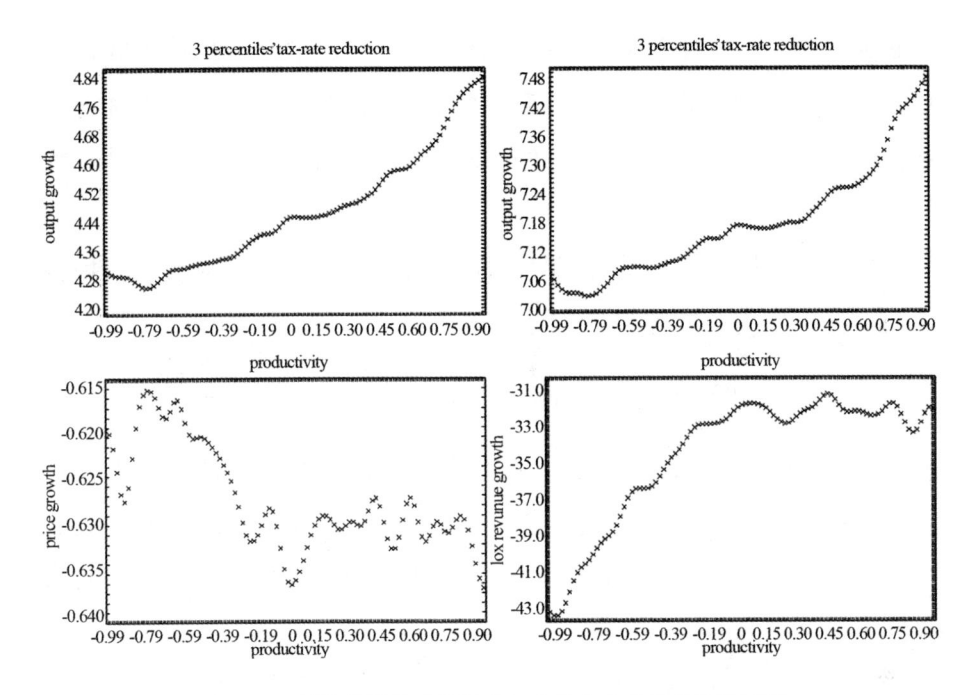

图 6-3　制造业增值减税效应与企业生产率的非参数回归

分行业除去了企业生产率的均值，行业特征仍然可能是重要的。而且，前文关于企业生产率和减税效应的结论在哪些行业更为相关也是很有意思的话题。因此，本书进一步在一个简单回归框架下讨论企业生产率与减税效应的关系。具体地，分行业回归方程如下：

$$effect_{it} = \alpha_0 + \alpha_1 \omega_{it} + control'_{it}\beta + \nu_{it} \qquad (6.20)$$

$effect_{it}$ 分别为增值税减税的产出、价格、就业和税收收入效应（以在 2012 年基础上对称减税 3 个百分点的为基准）。$control_{it}$ 为控制变量，包括企业资本、劳动（以控制企业规模和要素密度对减税效应的影响），还包括一整套地区（省）虚拟变量。表 6-5 列示了估计结果。可以看到减税后，除了行业 9 以外，生产率高的企业产出和就业增长显著更快；除了行业4、5、7外，生产率高的企业价格下降显著更多；除了行业1以外，生产率高的企业产出税收收入下降显著更小。可见在绝大多数行业，上述对整个制造业的非参数回归的结论维持不变。

本章还进行了广泛的敏感性分析。由于篇幅所限，附表中只报告了改变控制纵向产品差异的方法（见附表6-1）和改变材料的定义（见附表6-2）两种情形。前者假设式（6.11）为 $\left(1-\frac{1}{\eta_{it}}\right)\alpha(\delta_{Qit})-\delta_{Qit}\approx 0$，即企业产品质量提高使得价格上升从而增加销售收入、企业产品质量提高造成产量下降减少销售收入，产品质量对销售收入的这两种效应刚好抵消。可以看到，参数估计和减税政策效应模拟的结果是十分稳健的。

表6-5　　　　　　　企业生产率与减税效应的分行业回归

代码	行业简称	产出效应		价格效应		就业效应		税收收入效应	
		系数	标准误	系数	标准误	系数	标准误	系数	标准误
1	食品饮料	0.2044	0.0142	-0.0007	0.0025	0.1824	0.0137	-1.1116	1.0567
2	纺织服装	0.0946	0.0067	-0.0234	0.0009	0.0741	0.0068	4.0865	0.5703
3	木材家具	0.1247	0.0128	-0.0352	0.0018	0.1179	0.0138	6.3162	1.3302
4	造纸印刷	0.1464	0.0117	0.0037	0.0018	0.1370	0.0142	2.4177	1.0281
5	化学医药	0.2002	0.0065	0.0182	0.0013	0.2438	0.0078	0.6008	0.3039
6	非金属	0.1233	0.0099	-0.0146	0.0014	0.1210	0.0100	6.1263	0.7617
7	金属	0.1604	0.0051	0.0059	0.0007	0.1692	0.0058	2.3993	0.6295
8	设备制造	0.1329	0.0056	-0.0023	0.0009	0.1326	0.0067	3.5480	0.4377
9	运输设备	-0.0254	0.0093	-0.0311	0.0012	-0.0532	0.0100	2.3571	0.7932
10	电气电子	0.1324	0.0073	-0.0117	0.0008	0.1171	0.0078	0.2711	0.4710

注：只列示了 α_1 的估计值和标准误。

◇ 第五节　总结

本章尝试尽可能利用微观数据中包含的企业异质性信息，从微观视角考察增值税减税的宏观效应。本章把产业组织和国际贸易领域的结构估计方法引入税率调整的政策评估，将增值税减税对投资（资本调整）的效应与其对产出、价格、就业和税收收入等的直接效应区分开来，聚焦于税率调整的直接效应。鉴于增值税抵扣链条并不完整，制造业增值税的进项税率明显低于销项税率，且即便在细分行业内进项税率的异质性也明显更大，本章突破分析增值税效应的传统有效税率框架，将增值税对需求端和成本端的两个不同影响渠道分开。这些应该是有益的尝试，也得到了数据的支持。如就业效应表现出的结果差异表明分开增值税减税的长期（资本—劳动替代）和短期（直接）效应是重要的，区分销项税率和进项税率两条影响渠道也确实能够提供丰富的额外信息，增值税减税能够明显改善制造业的资源配置效率、提升宏观生产率。应该说这些结果可以作为制定有效的增值税政策的重要参考。

当然，能够在统一的框架里综合评估增值税减税对投资、企业进入和退出动态等长期效应与对产出、价格、就业和税收收入的效应是很有意义的。一个可能的选择是异质性随机动态一般均衡（DSGE），如扩展 Restuccia 和 Rogerson 的分析框架（Restuccia, Rogerson, 2009）。不过这些宏观模型的代价是诸多严格的假定，需要对现实经济进行较大的抽象，不得不牺牲现实中丰富的企业异质性。另一种可能性是在本章结构模型的基础上引入资本调整（投资）决策；建立上下游企业的投入—产出结构,讨论下游企业投资需求变化对上游企业产出和价格的影响等。这也是值得努力的方向。

附 录

附表6-1　　　　　　　敏感性分析1:假设抵消

代码	行业简称	资本弹性		劳动弹性		材料弹性		加成率	产出效应	价格效应	劳动效应	税收效应
		系数	标准误	系数	标准误	系数	标准误					
	加总	—	—	—	—	—	—	—	4.2998	-0.7438	6.9351	-16.0059
1	食品	0.1261	0.0116	0.2484	0.0363	0.6674	0.0341	1.2390	3.7336	-0.6347	6.3676	-8.4959
2	纺织	0.0911	0.0091	0.3136	0.0257	0.6176	0.0411	1.2134	4.7766	-0.8172	7.3220	-20.3016
3	木材	0.1098	0.0083	0.2292	0.0396	0.6537	0.0518	1.1698	3.2953	-0.4916	6.1419	-20.0781
4	造纸	0.2092	0.0934	0.4230	0.2085	0.7223	0.3076	1.5463	5.9716	-2.0278	7.3246	-21.4862
5	化学	0.1433	0.0136	0.3303	0.0670	0.4936	0.0757	1.1255	4.5589	-0.4064	7.5107	-19.1778
6	非金	0.1116	0.0055	0.2589	0.0228	0.5795	0.0230	1.1514	3.5331	-0.4378	6.4652	-18.5586
7	金属	0.1509	0.0064	0.2326	0.0211	0.6448	0.0287	1.1491	3.5476	-0.4314	6.5190	-20.3396
8	设备	0.1425	0.0144	0.3688	0.0501	0.5843	0.0409	1.3010	4.9014	-1.0956	7.2007	-20.2222
9	运输	0.1104	0.0115	0.2258	0.0326	0.5998	0.0256	1.1197	3.1580	-0.3512	6.3549	-9.0960
10	电气	0.1672	0.0219	0.4300	0.0674	0.6344	0.0717	1.4454	5.9425	-1.7383	7.5378	-21.6421

附表6-2　　　　　　　敏感性分析2:材料定义

代码	行业简称	资本弹性		劳动弹性		材料弹性		加成率	产出效应	价格效应	劳动效应	税收效应
		系数	标准误	系数	标准误	系数	标准误					
	加总	—	—	—	—	—	—	—	4.4240	-0.5594	7.2368	-17.4552
1	食品	0.1261	0.0099	0.2561	0.0303	0.6173	0.0302	1.2097	3.5471	-0.5189	6.2946	-9.4343
2	纺织	0.1061	0.0100	0.3729	0.0313	0.4963	0.0577	1.1539	5.2678	-0.6754	7.9548	-21.4213
3	木材	0.1201	0.0171	0.3251	0.0628	0.5644	0.0723	1.2010	4.2926	-0.7308	6.9043	-20.9092
4	造纸	0.1630	0.0260	0.3773	0.0763	0.5068	0.0989	1.2271	4.8931	-0.8109	7.4643	-23.5197

续表

代码	行业简称	资本弹性		劳动弹性		材料弹性		加成率	产出效应	价格效应	劳动效应	税收效应
		系数	标准误	系数	标准误	系数	标准误					
5	化学	0.1798	0.0122	0.4147	0.0477	0.4155	0.0324	1.1641	5.2943	-0.6165	8.0080	-20.4036
6	非金	0.1243	0.0066	0.3111	0.0260	0.4932	0.0267	1.1326	3.8887	-0.4144	6.8408	-19.8578
7	金属	0.1665	0.0075	0.2672	0.0214	0.5407	0.0242	1.0769	3.8222	-0.2319	6.9921	-21.3608
8	设备	0.1110	0.0097	0.4105	0.0479	0.4062	0.0266	1.1508	4.9778	-0.5965	7.7749	-22.2152
9	运输	0.0933	0.0142	0.1864	0.0438	0.6187	0.0347	1.1237	2.4121	-0.2732	5.6859	-10.7778
10	电气	0.1722	0.0197	0.4626	0.0736	0.4535	0.0370	1.2845	5.7896	-1.1716	7.9316	-23.8656

第七章

社会保险降费改革的政策效应模拟

本章提出一个同时估计需求函数和生产函数、可以模拟社会保险降费效应的结构模型,以评估降费对服务业就业的影响。根据全国税收调查中10个服务业行业数据的政策模拟,得到了一些有意义的结果。第一,服务业社会保险降费的就业效应相当可观,降费4个百分点,劳动需求平均增长约8个百分点。第二,尽管服务业行业差异巨大、需求价格弹性悬殊,在所有10个行业中成本传导(Pass through)模式却是一致的,即面对劳动成本的下降,企业更多地选择扩张业务量、增加劳动雇用而不是削减服务价格。降费4个百分点,价格水平只下降0.73个百分点。第三,降费明显改善服务业资源配置效率,提升服务业全要素生产率。降费后生产率高的企业劳动需求增加更多,市场份额扩大。第四,小规模服务业企业对劳动成本的变化更加敏感。由于服务业中小规模企业为数众多,降费对社会就业的促进作用不可小觑。第五,社会保险收入对费率的变化相当敏感,减费的同时需要配合以替代的社会保险收入来源。本章的研究表明,社会保险征费体制改革与实质性降费政策相配合,可以在改善长期征管效率的同时稳定其对就业的短期冲击。

◇ 第一节　导言

减税降费作为重要的积极财政政策工具，自中国经济进入新常态以来一直受到高度重视。早在2008年国际金融危机发生后，中国就提出了结构性减税降费政策。随后的增值税转型改革、"营改增"改革、"三去一降一补"供给侧结构性改革中都包含了减税降费的政策意图。下调社会保险费率的尝试始于2015年，当年失业、工伤和生育三项保险的费率合计下调约1.75个百分点。[①] 2016年降费范围延伸到社会保险费的主体——基本养老保险，单位缴费比例下调至20%或19%，[②] 失业保险费率阶段性降至1%—1.5%。2019年5月1日起实行的《降低社会保险费率综合方案》，进一步将养老保险单位缴费率高于16%的省降至16%，并调低缴费基数，同时继续执行前期的阶段性降费政策。这是中国社会保险制度建立以来降费幅度最大的一次，标志着中国结构性减税降费发展为以社会保险费降费、增值税减税为核心的实质性、普惠式减税降费，其减轻企业负担和稳定就业的政策意图十分明确。

这些减税降费政策的成效如何？陈小亮从宏观税负角度对减税降费的效果进行了整体评估，发现2008—2015年效果欠佳、2016年以后效果开始显现但仍然偏弱（陈小亮，2018）。学界也利用微观数据

---

① 失业、工伤和生育三项保险的费率分别由3%、1%和1%降至2%、0.75%和不超过0.5%。

② 单位缴费比例超过20%的地区下调至20%，为20%且2015年年底基本养老保险基金累计结余可支付月数高于9个月的地区可以降至19%。

就制造业减税（主要是增值税）对企业投资、生产率、出口等的影响展开了广泛的研究（聂辉华等，2009；Liu，Lu，2015；申广军等，2016；许伟、陈斌开，2016；范子英、彭飞，2017；李明等，2018）。本书将视角转向降低社会保险费率的就业效应，特别是对服务业就业的影响。服务业是中国就业的主渠道，2018年占总就业的46.3%（《中国统计年鉴》）。发达国家的新增就业几乎全部来自服务业（Schettkat，Yocarini，2003）；中国未来的就业创造也将越来越依靠服务业的就业扩张（袁志刚、高虹，2015）。而且，服务业既可以充当国民经济的就业海绵，也可以充当就业稳定器（丁守海等，2014）。面对中美经贸摩擦带来的不确定性，服务业就业对于稳定全社会就业的重要性更加凸显出来。

在微观经济理论中，降低社会保险费率对企业劳动需求的影响机制很明晰。它降低企业的劳动成本和边际成本，使其短期供给曲线向右移动，但不会影响企业面临的需求曲线，从而均衡产出和就业需求会上升、价格会下降。费率下调在多大程度上传导（Pass through）至产出和就业，多大程度传导至价格，取决于企业需求曲线和供给曲线的斜率。因此，评估社会保险降费效应的关键，是同时估计需求函数和供给（边际成本）函数。这正是近来产业组织、国际贸易领域快速发展的重要主题。本章提出一个充分考虑生产端和需求端企业异质性、同时识别生产函数和需求函数参数的结构估计（Structural estimation）模型，以评估和模拟降低服务业社会保险费率的就业、价格和保费收入的影响。这一框架能够识别出企业异质的社会保险降费效应。应该说，从这一角度评估减税降费的政策效应，目前在国际学术界也是新的尝试。

本章根据全国税收调查中的10个服务业行业数据估计了这一模

型，得到了合理的参数；在此基础上模拟社会保险降费的就业、价格和保费效应，得到了一些有意义的结果。第一，服务业社会保险降费的就业效应相当可观。服务业社会保险降费的幅度与企业劳动需求增长的程度基本呈现稳定关系，降费的就业效应是降费幅度的2倍，降费4个百分点，就业需求将增长近8个百分点。第二，服务业企业成本的变化更多体现为实质效应（就业）而非传导至价格。面对劳动成本的下降，服务业企业更多地选择增加劳动雇用量、提供更多服务，而不是削减服务价格。尽管服务业行业差异巨大、需求价格弹性悬殊，在所有10个行业这种成本传导模式却是一致的。第三，服务业社会保险费收入对费率的变化相当敏感。这表明减费的积极效应不是"免费的午餐"，减费的同时需要寻找替代的社会保险收入来源以抵消这种负面影响。第四，降费能够明显改善服务业的资源配置效率、提升服务业整体全要素生产率。降费后生产率越高的企业增长越快、劳动需求增加越多，从而市场份额增加。第五，降费对小规模服务业企业的就业刺激效应更强。由于服务业中小规模企业为数众多，降费对社会就业的促进作用确实不可小觑。同时，由于小规模服务业企业对劳动成本的变化更敏感，社会保险征费体制改革应该有实际性降费政策加以配合，改善征管长期效率的同时缓解其对就业的短期冲击。

虽然理论上降低社会保险费率对企业劳动需求的影响机制很清楚，然而量化评估降费效应却十分困难，关键在于成本加成率的估计。面对产出端或投入端的税收负担，企业在多大程度上通过降低成本等调整措施自行消化？在多大程度提高价格、向上下游企业或者消费者转嫁？这些问题的回答都指向加成率的估计。这方面较早的努力体现在财政学领域的税负归宿（Tax incidence）文献、产业组织和国际贸易领域的成本传导（Pass through）文献。税负归宿文献聚焦于分析对商品和服务征税的经济归宿，如企业和消费者各自承担多少流转税税收负担（Weyl, Fabinger, 2013），直观体现为需求曲线的移动。成本传导文献主要关注成本的变化如何影响企业价格和实际产出，如进口中间品关税、汇率等引起的投入要素价格变化的传导效应（De Loecker et al., 2016），直观体现在供给（边际成本）曲线的移动。这两股基本上独立发展的文献，焦点都指向企业加成率的估计。

有意思的是，加成率的经验估计最先却是在宏观生产函数估计领域发展起来的。Hall 在 20 世纪 80 年代的系列论文（Hall, 1986, 1988, 1990）中，根据企业成本最小化行为提出了估计加成率的直观思路。在完全竞争条件下，可变投入的产出弹性等于其成本在销售收入中所占的份额。因此，可变投入产出弹性对其成本份额偏离的程度，就构成市场不完全竞争程度即加成率的测度。这种加成率估计方法需要估计生产函数。Hall 沿用 Solow 用宏观数据估计生产函数和生产率思路（Solow, 1957），得到宏观层面的加成率估计。然而宏观层面的加成率估计却不能不平均掉丰富的企业异质性（Bond, Reenen, 2007），Berry 等提出根据消费者行为和市场结构，从需求端估计加成率的微观思路（Berry et al., 1995）。他们选择特定的市场结构、竞争环境和企业行为模式，根据企业的最优定价决策从观测到的价格数据推测消费者替代弹性进而估计加成率。这一加成率估计思路还需要使用诸如消费者特性、产品特征和相应价格等细节数据。这使得其加成率估计只能局限在特定的市场和产品，如 Berry 等对汽车市场（Berry et al., 1995）、Nevo 对早餐谷物食品市场（Nevo, 2001）、Goldberg 和 Hellerstein 对啤酒市场的估计（Goldberg, Hellerstein, 2012）。

20 世纪末以来，利用微观数据估计企业生产函数和企业全要素生产率的代理变量方法得到很大的发展（Olley, Pakes, 1996; Levinsohn, Petrin, 2003; Ackerberg et al., 2015）。这给从生产端估计企业加成率的思路带来了新的可能性。De Loecker 和 Warzynski（简称 DLW）正是沿着这一方向开创了用微观数据估计企业加成率的新思路（De Loecker, Warzynski, 2012）。他们将 Hall 方法和 ACF 的生产函数估计结合起来，提出了利用企业层面数据估计加成率的三步法。这一加成率估计方法只需很一般的环境设定（如企业成本最小化），且只需要企业生产投入和产出数据（绝大多数微观企业数据库都具备），因而呈现出十分广泛的应用前景。应用这一方法估计企业加成率、分析企业市场力量及其影响因素的文献迅速发展起来。例如，Lu 和 Yu 发现中国 21 世纪初加入 WTO 削减关税，使得企业加成率分布的发散程度下降，有助于缓解资源误配置程度（Lu, Yu, 2015）；De Loecker 等利用印度数据发现出口关税下降有助于提升市场竞争度，但消费者只是部分受惠于投入品关税下降引起的成本节省（由于不完全传导和企业加成率上升）（De Loecker et al., 2016）；Blonigen 等发现美国制造业企业并购后加成率明显上升（Blonigen et al., 2016）；Brandt 等发现中国加入 WTO 出口关税下降有助于压缩企业的加成率，而削减投入品关税反而导致企业加成率上升（Brandt et al., 2017）；De Loecker 等估计了 20 世纪 50 年代以来美国企业市场力量的演变趋势，发现 1955—1980 年是稳定的，之后加成率从 1980 年的 1.21 稳步上升到 2016 年的 1.61（De Loecker et al., 2018）。

然而正如 Jaumandreu 和 Yin 指出，由于对企业需求异质性处理不足，DLW 三步法存在不容忽视的问题，可能导致加成率估计严重偏误（Jaumandreu, Yin, 2017）。要估计企业的市场力量（加成率），就需要将标准 ACF 方法扩展到存在企业需求异质性的不完全竞争环境。虽然 DLW 意识到可能需要在 ACF 的生产率代理函数中引入需求端影响因素,但他们并没有加以处理,也没有深究其对加成率估计的影响,而这使得 DLW 加成率估计三步法面临以下严重问题。第一,代理函数中应该包括估计目标即企业加成率,从而加成率的估计不应该与生产函数参数和随机误差的估计分开,而应该同时进行。第二,代理函数中应该包括需求端的不可观测异质性,而这显然破坏了 OP/LP/ACF 生产函数估计传统的基本逻辑:用可观测变量作为不可观测变量的代理变量。[1] 第三,需求端不可观测异质性,会造成 ACF 第一步回归严重的内生性问题,也使得生产端随机误差的估计混入大量杂音。由于存在以上诸多问题,预测 DLW 加成率估计偏误的方向是困难的。最近 DLW 方法存在的问题开始受到学术界注意,如 Traina 等从不同角度指出了 DLW 在方法和估计结果上的问题(Traina, 2018; Karabarbounis, Neiman, 2018; Raval, 2019; Doraszelski, Jaumandreu, 2019)。

本章提出一个充分考虑需求异质性同时识别生产函数和企业加成率的结构估计方法,能够克服 DLW 方法的上述不足,可以为评估和模拟社会保险费率调整对企业劳动需求、价格等方面的影响提供可靠的工具。与 DLW 的生产端思路相同,本章从可变投入的成本最小化问题出发,得到可变投入份额和加成率的关系式。不过本章并不据此估计加成率,而是以此作为生产函数估计方程的约束,将生产函数估计和加成率整合在一个估计系统中。这一方法还能够正式处理纵向产品差异和横向产品差异、劳动调整成本等丰富的企业异质性。

---

[1] Jaumandreu 和 Yin 表明企业需求端异质性甚至比生产端异质性(生产率)更大(Jaumandreu, Yin, 2017)。

◇ 第二节　估计框架

设定垄断竞争的市场环境。企业 i 在时期 t 的需求函数为：

$$y_{it} = \varphi - \eta_{it}(p_{it} - \delta_{Qit}) + \delta_{Hit} + v_{it} \quad (7.1)$$

小写变量为相应大写变量的对数，下同。$\eta_{it} > 0$，为需求价格弹性（绝对值）。值得注意的是，这里考虑了需求价格弹性的企业异质性，它可以随企业和时期变化。不可观测需求端异质性（需求优势）包括纵向产品差异（产品质量）δ_{Qit} 和横向产品差异 δ_{Hit}。v_{it} 为独立同分布的需求扰动。需求函数（7.1）具有一般性，可以理解为对任意需求函数的一阶逼近。

设定服务业企业间可以比较的"标准质量"产出量是 $Y_{it}\exp(\alpha(\delta_{Qit}))$，其中，$\alpha'(\cdot) > 0$。这只是描述服务业产出质量和成本的一般关系，即产出质量 δ_{Qit} 越高，需要的投入越多从而成本就越大，相应地折算的标准产出就越大。这样，存在纵向产品差异时服务业生产函数：

$$y_{it} = \beta_K k_{it} + \beta_L l_{it} + \beta_M m_{it} + \omega_{it} - \alpha(\delta_{Qit}) + \vartheta_{it} \quad (7.2)$$

式（7.2）实际上是对传统生产函数在异质产出环境下的一般化，它原则上保持传统生产函数的一切性质。$\hat{\omega}$ 代表企业生产端的不可观测异质性（成本优势），也正是传统"索洛余值"意义上的全要素生产率,它测度企业 i 在时期 t 生产标准质量产出的效率。ϑ_{it} 为独立同分布的扰动。根据式(7.1)和式(7.2),需求端异质性 δ_{Qit} 和 δ_{Hit} 的主要差别在于,前者需要付出更高的成本才能获得,而后者来源于企业促销、市场口碑等纯粹的需求因素,与企业生产过程和成本无关。

对于需求函数(7.1)和生产函数(7.2),根据企业短期优化问题可得:

$$l_{it} = \frac{\beta_M}{\beta_L + \beta_M}[\ln\beta_L - \ln\beta_M + p_{Mt} - \ln(1 + \Delta_{it}) - \ln(1 + \tau_{Wit}) - w_t]$$
$$+ \frac{1}{\beta_L + \beta_M}[y_{it} - \beta_k k_{it} - \omega_{it} + \alpha(\delta_{Qit})]$$

(7.3)

$$\frac{(\beta_L + \beta_M)(\eta_{it} - 1) - \eta_{it}}{(\beta_L + \beta_M)\eta_{it}} y_{it} = -\frac{1}{\eta_{it}}\varphi - \ln(1 - \tau_{it}) + \ln\frac{\eta_{it}}{\eta_{it} - 1}$$
$$+ \frac{\beta_M}{\beta_L + \beta_M}(p_{Mt} - \ln\beta_M) + \frac{\beta_L}{\beta_L + \beta_M}\left[\begin{array}{c}\ln(1 + \Delta_{it}) + \ln(1 + \tau_{Wit})\\ + w_t - \ln\beta_L\end{array}\right]$$
$$- \frac{1}{\beta_L + \beta_M}[\beta_K k_{it} + \omega_{it} - \alpha(\delta_{Qit})] - \left(\delta_{Qit} + \frac{1}{\eta_{it}}\delta_{Hit}\right)$$

(7.4)

τ_{it} 为企业 i 在时期 t 的营业税率,[①] τ_{Wit} 为综合社会保险费率,w_t 为人均企业工资(费前),p_{Mt} 为材料价格。Δ_{it} 为存在劳动调整成本时劳动的影子价格对实际工资率的偏离,即企业实际人均工资成本为

[①] 在样本期"营改增"改革还没有实施。

$(1 + \Delta_{it})(1 + \tau_{Wit})W_{it}$。

设社会保险费率从 τ_{Wit} 调整为 τ'_{Wit}。根据式 (7.3) 和式 (7.4)，容易得到社会保险费率调整后就业增长率（就业效应）和价格增长率（价格效应）为：

$$\Delta l_{it} = -\frac{\eta_{it}(1-\beta_M) + \beta_M}{\eta_{it}(1-\beta_L-\beta_M) + (\beta_L+\beta_M)}[\ln(1+\tau'_{Wit}) - \ln(1+\tau_{Wit})]$$

$$\Delta p_{it} = \frac{\beta_L}{\eta_{it}(1-\beta_L-\beta_M) + (\beta_L+\beta_M)}[\ln(1+\tau'_{Wit}) - \ln(1+\tau_{Wit})]$$

$$(7.5)$$

以及应缴社会保险额增长率为：

$$\Delta fee_{it} = \ln\tau'_{Wit} - \ln\tau_{Wit} + \Delta l_{it} \tag{7.6}$$

显然，在 $\eta_{it} - (\eta_{it}-1)(\beta_L+\beta_M) > 0$，这个很一般的情形下（$\eta_{it}$ 一般大于3，短期规模收益一般小于1），根据式 (7.5) $\Delta l_{it} > 0$，$\Delta p_{it} < 0$。即降低社会保险费率后，就业将增加、价格将下降。当然，社会保险降费的价格效应、就业效应和保费收入效应的大小取决于生产函数参数 β_L 和 β_M，以及企业异质的需求价格弹性 η_{it}。然而，这些参数是不可观测的。下面提出这些参数及企业异质性的结构估计思路。

模型的识别和估计如第六章。

◇◇ 第三节　数据来源和变量描述

本章使用"全国税收调查"中的服务业数据,由财政部和税务总局选取企业填报(包括重点调查和分层随机抽样调查),样本期为2007—2011年。全国税收调查覆盖了包括服务业的所有国民经济行业的纳税人,企业层面变量十分丰富,具有完整的社会保险缴费信息,是分析服务业社会保险降费效应的理想材料。与广为应用的工业企业数据库相比,"全国税收调查"数据具有可靠性高、样本覆盖面广等重要优势(Liu, Mao, 2018)。它包含了大量中小企业样本,这大大增强了服务业数据的代表性。本章根据最新的行业分类标准《国民经济行业分类》(GB/T4754-2011)调整代码,在此基础上将服务业分为10个大类行业(表7-1)。

表7-1　服务业行业定义

代码	行业名称	所包含的二位数服务业行业
1	建筑业	47房屋建筑业,48土木工程建筑业,49建筑安装业,50建筑装饰和其他建筑业
2	批发业	51批发
3	零售业	52零售业
4	交通运输、仓储和邮政业	53铁路运输业,54道路运输业,55水上运输业,56航空运输业,57管道运输业,58装卸搬运和其他运输服务业,59仓储业,60邮政业
5	住宿业	61住宿业
6	餐饮业	62餐饮业

续表

代码	行业名称	所包含的二位数服务业行业
7	信息传输、软件和信息技术服务业	63 电信、广播电视和卫星传输服务，64 互联网和相关服务，65 软件和信息技术服务业
8	房地产业	70 房地产业
9	租赁和商务服务业	71 租赁业，72 商务服务业
10	居民服务、修理和其他服务业	79 居民服务业，80 机动车、电子产品和日用产品修理业，81 其他服务业

表7-2　　　　　　　　　基本变量描述统计　　　　　（单位：万元，个）

代码	行业简称	企业数	观测数	销售		资本		劳动		材料	
				2007	2011	2007	2011	2007	2011	2007	2011
1	建筑业	26986	60289	2967	3893	268	206	100	66	2211	2977
2	批发业	147707	334561	955	1568	15	15	13	13	820	1328
3	零售业	58985	137936	760	1267	24	25	18	20	621	997
4	运输仓储	17324	34578	1844	2008	595	211	88	47	952	1225
5	住宿业	5053	9866	1120	1946	750	576	155	128	173	356
6	餐饮业	5258	10959	1155	1230	148	78	123	107	339	343
7	信息业	10446	22201	1904	1784	158	96	70	59	682	644
8	房地产业	26477	52732	3617	4191	122	87	34	27	2454	2632
9	商务服务	6002	10823	875	1272	81	68	37	37	276	373
10	居民服务	8347	15471	1085	1345	121	95	60	59	320	432

注：销售、资本、劳动和材料为各年的中位数。

由于估计系统涉及相关变量的滞后值，参数估计时需要持续经营的企业和面板数据。而根据式（7.5）和式（7.6）分析降费效应时则不需要面板数据。因此，本章按照一般清理和特别清理两个标准对服务业数据库进行了细致清理，后者用于参数估计，前者用于企业异质性估计和降费效应的政策模拟。具体地，一是进行一般清理，删除服务业数据中营业收入、资本、劳动、材料、工资总额小于或等于0的样本;删除营业收入小于或等于营业税金及附加、工资福利总额小于或等于社会保险缴费额、可变成本(材料成本加上劳动成本)小于或等于净营业收入(营业收入－营业税金及附加)的样本。这样形成的2007—2011年312585家服务业企业的689416个观测值就是本章的基本样本,表7－2列示了基本样本的描述统计,附表7－1描述了相关的其他重要变量。二是特别清理,在基本样本基础上,进一步删除可变成本率(可变成本/营业收入)两端各1%野值,只保留样本期内至少存在连续两年观测值的样本,最终形成面板数据。

恰当定义估计系统中的可观测变量,对于估计的准确性来说极为重要。本章所用变量的构建同第一章,这里主要说明社会保险费率的界定。样本期内,中国主要社会保险项目包括基本养老保险(法定单位缴费率20%)、基本医疗保险(法定单位缴费率6%)、失业保险(法定单位缴费率2%)、工伤保险(单位缴费率1%)、生育保险(缴费率不超过1%),统称为"五险"。[①] 根据相关政策规定,企业应缴纳的社会保险费为法定单位缴费率乘以缴费工资基数。然而由于全国社会保险缴费制度、社会保险缴费工资基数和名义缴费率并不统一,社会保险名义费率与实际费率发生偏离。本章采用实际费率定义,设定企业的综合社会保险费率为:

$$\tau_{Wit} \equiv \frac{\text{企业当年计提的社会保险额}}{\text{企业当年计提的工资及奖金总额}}$$

表7－3描述了各服务业行业在一些年份的综合社会保险费率的分布,附表7－2和附表7－3列出基本养老保险费率和基本医疗保险

[①] 2016年生育保险和基本医疗保险合并实施,"五险"变为"四险"。

费率的分布，附表7-4列出了各服务业行业营业税率的分布。如前文所述，五项社会保险单位法定缴费率约为30%（其中养老保险费率20%）。据表7-3、附表7-2和附表7-3，所有服务业行业企业的综合缴费率以及单项缴费率均远低于这些名义缴费率。这一方面是由于各地社会保险费征收力度存在差别，另一方面是由于实际工资总额大于缴费工资基数。还可以看到，行业间社会保险费率的差异很大，如2011年建筑业、运输仓储业和综合社会保险费率的中位数达到20%，而餐饮业只有11.6%。行业内企业间的社会保险费率差异更是巨大，如2011年建筑业综合社会保险费率90分位企业达到50%，而10分位企业只有2.6%，所有行业90/10分位比都超过5倍。这表明社会保险费率差异是造成企业间劳动成本异质性的一个重要来源，采用实际费率定义是必要的。

表7-3　　　　　　　　　综合社会保险费率的分布　　　　　　（单位：%）

代码	行业简称	2007年				2009年				2011年			
		均值	10	50	90	均值	10	50	90	均值	10	50	90
1	建筑业	19.3	2.6	18.5	47.9	17.3	2.1	17.2	46.1	17.5	2.6	20.0	50.0
2	批发业	21.2	6.0	14.7	38.4	22.1	3.6	15.6	38.5	21.5	4.9	18.0	41.2
3	零售业	23.8	6.1	16.7	39.6	23.0	4.0	16.8	39.3	21.4	5.3	18.9	40.5
4	运输仓储	26.0	6.5	23.8	49.8	28.8	4.3	21.2	47.2	29.4	4.9	20.3	46.4
5	住宿业	21.3	4.3	17.3	39.1	19.5	4.0	15.6	38.5	25.3	5.8	19.3	44.1
6	餐饮业	17.1	2.3	13.0	34.4	15.3	1.9	9.8	30.6	16.4	2.7	11.6	31.2
7	信息业	21.5	6.8	18.7	37.1	23.6	6.3	17.9	37.9	24.0	7.1	18.5	39.2
8	房地产业	17.4	4.1	14.9	37.3	16.4	3.8	14.4	37.1	15.6	4.1	15.0	38.6
9	商务服务	13.4	5.4	18.6	41.7	17.1	5.6	17.3	40.0	17.0	6.7	18.4	42.4
10	居民服务	16.2	5.8	19.1	39.6	20.0	5.2	18.4	40.5	20.2	6.4	20.0	42.0

注：均值为以企业缴费前工资福利总额为权重加权平均，10、50和90分别为10分位、50分位和90分位。

◇◇ 第四节 估计结果

本章分别估计了 10 个服务业行业，表 7-4 列出了生产函数参数和需求价格弹性 η_{it}（对应于加成率）的估计结果。值得指出的是，由于数据原因，对于服务业而言，目前并没有可直接比较的文献。与本章估计思路比较接近的是 Brandt 等的研究（Brandt et al., 2017），他们采用 DLW 方法估计了制造业二位数行业的生产函数参数和加成率。在 27 个制造业行业中他们的资本系数处于 -0.008—0.047，其中 2 个行业（金属制品、有色金属冶炼和压延加工业）为负值，12 个行业不显著；劳动系数处于 0.002—0.104，13 个行业不显著。材料投入是他们估计溢价的基础，其弹性系数在他们的研究中处于核心位置，他们估计的材料投入弹性系数位于 0.872—0.981。据表 7-4，本章的生产函数参数估计均具有很强的显著性（除了信息业材料投入弹性的标准误稍大）。服务业行业间生产函数参数估计差别很大，建筑业、批发业、零售业和房地产业的结果与制造业估计比较接近，其余 6 个服务业行业的材料投入弹性处于 0.12—0.42，都小于劳动投入弹性。笔者认为这体现出服务业与制造业明显的不同特征。这些行业都是劳动密集型行业，劳动投入的重要性超过材料投入是合理的。从附表 7-1 中也可以看到，这 6 个行业可变成本在营业收入中的占比（可变成本率）、劳动费用在可变成本中的占比（劳动报酬率）都明显较高，表 7-4 中这些服务业行业的参数结构是很自然的。[①] 服务业

[①] 对于 Cobb-Douglas 生产函数，在充分竞争市场中要素投入弹性等于其成本份额。

行业间加成率的分布也十分悬殊，住宿业（中位数1.98）、信息业（1.82）、餐饮业（1.71）、商务服务业（1.50）和居民服务业（1.43）远远高于运输仓储业（1.06）、批发业（1.09）和零售业（1.13）。不过这也正体现出服务业行业间的巨大差异性，也与附表7-1中可变成本率和劳动报酬率的行业间差异吻合。例如，一般而言住宿业和信息业的边际成本很低，从而价格超出边际成本80%—90%是正常的。总之，笔者认为表7-4的服务业估计结果是合理的。

表7-4　　　　　　　　参数估计和加成率的分布

代码	行业简称	函数值	资本		劳动		材料		加成率分布		
			系数	标准误	系数	标准误	系数	标准误	10	50	90
1	建筑业	180.296	0.077	0.011	0.209	0.035	0.816	0.083	1.148	1.207	1.256
2	批发业	258.447	0.037	0.002	0.221	0.013	0.746	0.014	1.035	1.091	1.128
3	零售业	179.177	0.025	0.003	0.193	0.014	0.784	0.015	1.045	1.129	1.221
4	运输仓储	342.454	0.207	0.013	0.459	0.037	0.349	0.036	0.973	1.058	1.304
5	住宿业	71.306	0.135	0.053	0.474	0.242	0.349	0.254	1.702	1.978	2.244
6	餐饮业	24.853	0.098	0.032	0.502	0.234	0.331	0.209	1.606	1.711	1.788
7	信息业	353.374	0.479	0.099	0.953	0.222	0.107	0.068	1.523	1.820	2.000
8	房地产业	101.316	0.111	0.013	0.380	0.058	0.429	0.043	1.082	1.207	1.368
9	商务服务	272.125	0.272	0.041	0.455	0.120	0.421	0.094	1.095	1.504	1.967
10	居民服务	430.249	0.390	0.159	0.689	0.295	0.177	0.073	1.337	1.428	1.475

在生产函数参数和需求价格弹性估计的基础上，根据式（7.5）和式（7.6）就能够模拟社会保险降费对服务业就业、价格和保费收入的影响，表7-5和表7-6列示了模拟结果。中国五项社会保险的单位法定缴费率接近30%，仅基本养老保险的单位法定缴费率就达到20%，远远高于美国6.2%的企业缴费率水平，社会保险降费率有很

大的下降空间（郑秉文，2016）。因此，表7-5和表7-6以2011年为基础，设定综合社会保险费削减的幅度为1—10个百分点，模拟其对就业、价格和保险收入的相应影响。如果企业实际综合社会保险费率小于削减幅度，则设定综合费率为0。表7-5中每个服务业行业的就业效应分别以企业劳动为权重的在行业内加权平均，第一行加总效应为以企业劳动为权重对整个服务业加权平均。表7-6中服务业行业的价格和保费收入效应分别以企业销售收入和保费额为权重的在行业内加权平均，第一行加总效应为以企业相应权重对整个服务业加权平均。根据表7-5和表7-6，所有服务业行业的政策模拟都呈现出明确的结论，即降低社会保险费率后，就业会增加、价格水平会下降、保费收入会收缩；降费幅度越大，就业的增长效应以及价格和保险收入的收缩效应就越强；降费对服务业的就业促进作用十分明显，价格效应相对较弱，降费的实质效应居于主导；保费收入的收缩效应对费率的变化十分敏感。

表7-5　　　　　削减社保费率的就业效应模拟　　　　（单位：%）

代码	行业简称	1	2	3	4	5	6	7	8	9	10
	加总	1.993	3.976	5.941	7.902	9.824	11.749	13.631	15.501	17.323	19.159
1	建筑业	1.477	2.643	3.738	4.715	5.691	6.635	7.521	8.397	9.098	10.019
2	批发业	2.128	4.256	6.385	8.516	10.643	12.765	14.835	16.794	18.689	20.530
3	零售业	1.624	3.239	4.842	6.442	8.028	9.590	11.078	12.523	13.940	15.337
4	运输仓储	1.779	3.543	5.307	7.061	8.820	10.571	12.316	14.047	15.775	17.474
5	住宿业	1.043	2.085	3.120	4.146	5.152	6.148	7.128	8.082	9.031	9.948
6	餐饮业	1.143	2.273	3.384	4.469	5.532	6.559	7.551	8.506	9.437	10.321
7	信息业	1.762	3.518	5.268	7.012	8.758	10.485	12.072	13.801	15.474	17.128
8	房地产业	1.427	2.862	4.306	5.758	7.218	8.684	10.158	11.638	13.126	14.621
9	商务服务	1.655	3.305	4.958	6.616	7.824	8.946	10.052	11.148	12.212	13.243
10	居民服务	1.693	3.363	5.034	6.642	8.189	9.756	11.273	12.768	14.287	15.548

表7-6　　　　　削减社保费率的价格效应和保费收入效应模拟　　　　（单位：%）

代码	行业简称	价格效应					保费收入效应				
		2	4	6	8	10	2	4	6	8	10
	加总	-0.37	-0.73	-1.09	-1.43	-1.76	-9.97	-20.30	-30.74	-42.60	-52.29
1	建筑业	-0.35	-0.67	-0.99	-1.29	-1.59	-12.38	-14.43	-15.91	-18.35	-19.08
2	批发业	-0.20	-0.41	-0.61	-0.80	-0.98	-10.13	-19.38	-25.37	-33.04	-38.32
3	零售业	-0.22	-0.45	-0.66	-0.88	-1.08	-9.32	-19.17	-28.03	-34.92	-39.65
4	运输仓储	-0.22	-0.44	-0.67	-0.89	-1.11	-5.25	-10.40	-16.14	-21.74	-26.35
5	住宿业	-0.59	-1.18	-1.78	-2.38	-2.96	-9.31	-18.57	-28.65	-40.12	-43.78
6	餐饮业	-0.64	-1.26	-1.86	-2.39	-2.90	-17.44	-29.07	-39.87	-42.94	-55.73
7	信息业	-1.66	-3.33	-5.03	-6.74	-8.47	-7.37	-15.06	-24.45	-33.05	-41.89
8	房地产业	-0.40	-0.80	-1.20	-1.60	-1.99	-11.72	-24.65	-38.92	-57.27	-81.89
9	商务服务	-0.53	-1.07	-1.61	-2.14	-2.68	-14.79	-24.62	-40.96	-53.88	-77.17
10	居民服务	-0.79	-1.60	-2.40	-3.20	-3.92	-10.37	-20.37	-32.12	-41.81	-37.55

具体地，表7-5和表7-6的第一个明确结果是，服务业社会保险降费对就业的促进效应十分可观。总体上，服务业社会保险降费的幅度与促进就业的程度基本呈现稳定关系，社会保险降费的就业效应是降费幅度的2倍。例如，社会保险降费3个百分点，就业将增长6个百分点；降费8个百分点，就业增长近16个百分点。第二个明确结果是，服务业企业成本的变化更多体现为实质效应（就业）而非传导至价格。以综合社会保险费率2011年的基础上降费4个百分点为例，① 总体上服务业就业增长7.9个百分点，价格水平下降0.73个百分点。面对劳动成本的下降，服务业企业更多地选择增加就业、提供更多服务，而不是削减服务价格。而且，尽管服务业行业差异巨大、需求价格弹性悬殊，这种成本传导模式却是一致的。同样以降费4个

---

① 大体上相当于2019年5月1日起实行的《降低社会保险费率综合方案》的降费幅度。

百分点为例,加成率最大的五个行业——住宿业、信息业、餐饮业、商务服务业和居民服务业,就业增长率分别为4.15个百分点、7.01个百分点、4.47个百分点、6.62个百分点和6.64个百分点,价格下降分别为1.18个百分点、3.33个百分点、1.26个百分点、1.07个百分点和1.60个百分点;而加成率最小的三个行业——运输仓储业、批发业和零售业,就业增长率分别为5.31个百分点、6.39个百分点和4.84个百分点,价格分别下降0.44个百分点、0.41个百分点和0.45个百分点。第三个明确结果是,服务业社会保险费收入对费率的变化相当敏感。费率只下降2个百分点,服务业的保费收入就下降近10个百分点,若费率下降4个百分点,保费收入会减少近20个百分点。这表明降费的就业效应不是"免费的午餐",其代价是社会保险收入的大幅度减少,需要寻找替代的社会保险收入来源以抵消这种负面影响。

本章估计方法的一个重要优势在于整合了参数和多维度企业异质性(包括企业生产率)的估计,而且能够估计出企业异质的降费效应。这样就能够分析到底是什么样的企业从降费中获益或者哪类企业获益更多。本章主要分析了两类企业异质性:企业全要素生产率和企业规模。本书分别就这两类企业异质性对降费的就业效应进行了非参数回归(见图7-1)。[①] 非参数回归不需要对两个变量间关系的函数形式作出先验设定,能够充分、直观地展示出两者关系的一般性质。先看企业生产率(分行业除去了均值)与降费就业效应的关系(图7-1上图)。十分明确的结果是,削减社会保险费率后,全要素生产率越高的服务业企业增长越快,雇用的劳动增加越多,从而其市场份

---

① 前面为准确地模拟降费的效应,样本中包括了大量社会保险费率为0的企业。显然,这些企业降费的效应为0。图7-1在分析企业规模与降费效应关系时排除了2011年社会保险费率为0的企业。

额增加。这表明削减社会保险费率能够明显改善服务业的资源配置效率。也就是说，降低费率确实可以通过 Restuccia 和 Rogerson 等所讨论过的机制改善资源配置，提升服务业的整体生产率（Restuccia, Rogerson, 2008；Hsieh, Klenow, 2009；陈晓光, 2013）。

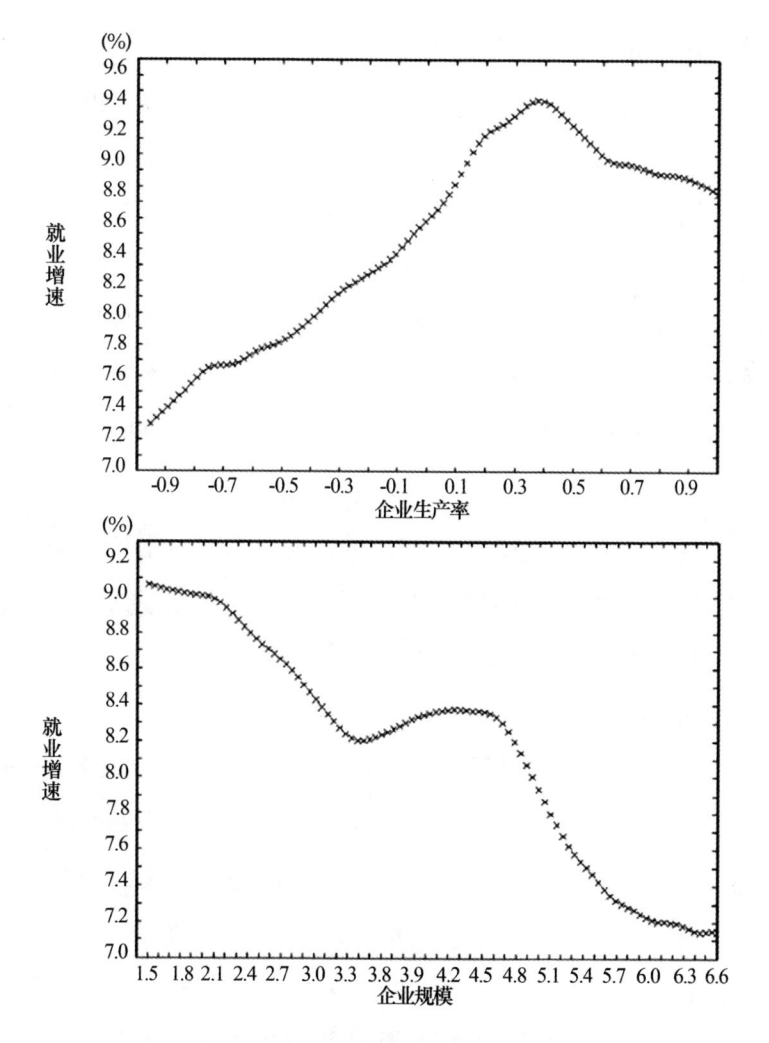

图7-1　服务业企业生产率、规模与减费就业效应（降费4个百分点）

注：下图只包括2011年社会保险费率不为0的样本。

再看企业规模（以企业就业人数取对数测量）与降费效应。图7-1下图显示，服务业企业规模越小，社会保险降费对其就业增长的刺激效应就越强。同样降低综合社会保险费率4个百分点，就业人数超过400人的大中型服务业企业就业效应平均约为7个百分点，而8人左右的小规模服务业企业就业效应平均增加约9个百分点。一个直观的解释是规模较小的企业社会保险费率越低；而费率基数低的企业降费幅度小（同样降低费率4个百分点），从而就业效应也小。很容易验证，这个因果链条的后半段是成立的（由于篇幅所限，没有列示）。然而值得注意的是，图7-1下图只包括社会保险费率为正的样本。根据图7-2上图，对于这些费率为正的样本，小规模服务业企业缴纳的社会保险费率反而稍微高出。因此，从费率基数低这个角度对企业规模与就业效应的解释并不成立。对于正常缴纳社会保险费的企业，为什么小规模企业降费的就业效应更大，是一个值得关注的问题，本章并不自称找到了答案。一个可能的解释是，劳动成本对于小规模服务业企业而言可能更为重要，从而劳动成本下降的影响更大。不过其政策含义是十分明确的：由于服务业中小规模企业为数众多，降低社会保险费率对就业的促进作用确实不容忽视。

企业规模与降费效应的另一个重要事实值得注意。样本期内32.23%的服务业企业社会保险缴费为0，图7-2下图画出这些企业的规模（就业人数）分布。明显的事实是，50%的未缴费企业就业人数小于11人、75%就业人数在23人以下。这与郑秉文的观察是一致的，"没有合规缴费的企业绝大多数为中小民营企业"（郑秉文，2019）。显然这些小型企业主要集中在服务业。2018年《深化党和国家机构改革方案》为提高社会保险费征管效率，提出各项社会保险费由税务部门统一征收，有担心认为这可能"增加企业缴费负担、引发

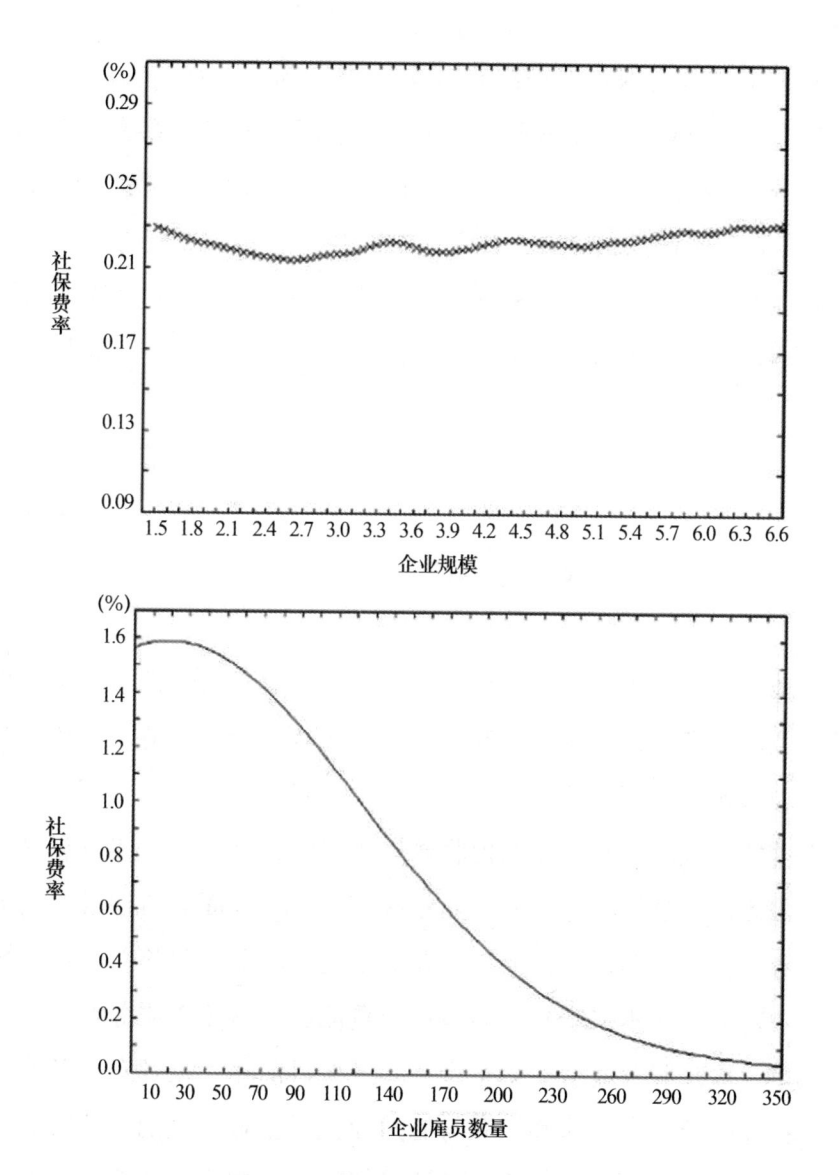

图 7-2　服务业企业费率、规模及其分布

注：上图只包括 2011 年费率不为 0 的样本，下图只包括 2011 年费率为 0 的样本。

企业裁员和提高失业率"（郑秉文，2019）。根据前文的分析，这些担心是有理由的，中小服务业企业对劳动成本的变化可能更加敏感。

2019 年《降低社会保险费率综合方案》重新部署了社会保险费征收体制改革，决定企业职工各险种原则上暂按现行征收体制继续征收，"成熟一省、移交一省"。这无疑是正确的方向。确实，从稳定广大中小服务业企业就业的角度看，征费体制改革与降费应该双管齐下，一方面通过改革提高企业缴费遵从度，改善社会保险资金征管的长期效率；另一方面同时下调社会保险费率和工资费基，缓解其对就业的短期冲击。

◇ 第五节 总结

本章尝试尽可能利用微观数据中包含的企业异质性信息，另辟蹊径从微观视角模拟社会保险降费政策对服务业就业的影响。本章把产业组织和国际贸易领域的结构估计方法引入费率调整的政策评估，应该是有益的尝试。从服务业的税收调查数据中，得到了一些有意义的结果：服务业社会保险降费的就业效应相当可观；面对劳动成本的下降，服务业企业更多地选择增加就业而不是削减服务价格；小规模服务业企业对劳动成本的变化更敏感；降费能够明显改善服务业的资源配置效率，提升服务业全要素生产率。虽然目前还少见针对服务业的可以直接比较的研究，这些结果与制造业减税就业效应的一些既有研究还是形成对比。例如，聂辉华等发现减税（转型）导致企业从业人数减少近 10%（聂辉华等，2009）；陈烨等运用可计算一般均衡模型（CGE）的模拟，发现增值税减税（转型）可能造成数百万人失业（陈烨等，2010）。本书认为这刚好凸显了减税和降费的重要差异：长期看减税有可能使资本相对于劳动的成本下降，导致资本替代劳动；而降费直接减少企业的劳动成本从而减少边际成本，刺激企业增加供给和就业。

当然，本章侧重于服务业企业的劳动需求分析，没有从一般均衡角度讨论劳动市场的供求和均衡。笔者认为目前来看，兼顾对微观异质性考虑的充分性与宏观影响机制的完整性是困难的。然而不可否认，其他劳动力市场的供求端因素也会对服务业降费的就业效应产生重要影响，例如，杨灿明就指出在减税降费的研究中，需要关注政府主导的财政投资可能推升企业要素成本，抵消减税降费所带来的政策红利（杨灿明，2017）。如何在更一般的框架下讨论降费的就业效应，是一个值得努力的方向。

附 录

附表7-1　　　　　服务业行业基本变量描述统计　　　　　（单位：%）

代码	行业简称	样本量			可变成本率			劳动报酬率			营业税率		
		2007年	2009年	2011年	2007年	2009年	2011年	2007年	2009年	2011年	2007年	2009年	2011年
1	建筑业	4822	10079	10753	89.3	89.1	89.3	8.5	6.6	5.8	3.3	3.3	3.3
2	批发业	17011	36999	32350	92.3	92.0	92.6	2.4	2.9	2.2	0.1	0.1	0.1
3	零售业	7377	17108	14643	90.8	89.7	90.1	3.7	4.6	4.2	0.2	0.2	0.2
4	运输仓储	2395	4657	6161	77.0	81.3	83.8	18.3	13.2	9.3	3.3	3.3	3.3
5	住宿业	772	1579	2219	38.3	41.7	44.1	50.5	49.6	43.2	5.5	5.5	5.6
6	餐饮业	672	1772	1634	50.1	50.5	50.0	30.9	32.9	35.4	5.5	5.5	5.6
7	信息业	1657	4084	3850	61.8	65.4	65.7	25.9	26.6	26.0	2.4	2.5	2.5
8	房地产业	3529	8178	9054	75.8	75.4	71.9	3.1	2.7	3.3	6.1	6.4	7.3
9	商务服务	691	1988	1809	65.3	66.9	66.7	26.5	25.2	26.3	5.5	5.5	5.6
10	居民服务	952	2858	2456	64.7	67.8	69.5	37.4	33.8	32.2	5.5	5.4	5.5

注：可变成本率＝可变成本/销售收入，劳动报酬率＝劳动报酬/可变成本；可变成本率、劳动报酬率和营业税率均为各年的中位数。

附表7-2　　　　　服务业行业基本养老保险费率的分布　　　　（单位：%）

代码	行业简称	2007年				2009年				2011年			
		均值	10	50	90	均值	10	50	90	均值	10	50	90
1	建筑业	10.8	1.7	11.7	27.3	9.8	1.6	10.7	26.0	9.4	1.8	11.7	27.2
2	批发业	11.0	3.8	11.5	23.8	11.1	3.6	11.0	23.0	10.3	3.9	11.2	22.4
3	零售业	13.7	4.2	12.3	23.9	12.8	4.0	11.9	23.3	11.8	4.3	11.7	22.2
4	运输仓储	14.8	3.9	14.3	27.3	15.2	3.8	13.4	25.6	14.3	3.6	11.6	22.8
5	住宿业	10.7	3.3	10.3	20.7	10.5	3.0	10.3	21.9	10.7	3.5	10.0	20.0
6	餐饮业	9.3	1.1	6.6	20.3	8.5	1.0	5.1	19.0	8.6	1.7	6.5	17.2
7	信息业	10.6	3.5	9.5	19.2	11.7	3.7	9.8	19.6	12.1	4.1	10.0	18.9
8	房地产业	9.0	2.6	8.7	20.4	8.6	2.8	8.7	20.1	7.6	2.6	8.0	19.8
9	商务服务	7.9	3.0	10.4	22.2	7.8	3.6	9.7	21.7	8.5	3.8	9.4	20.7
10	居民服务	7.3	3.2	10.1	20.8	9.5	3.2	9.9	21.1	9.5	3.6	10.1	19.9

注：均值为以企业缴费前工资福利总额为权重加权平均，10、50和90分别为10分位、50分位和90分位。

附表7-3　　　　　服务业行业基本医疗保险费率的分布　　　　（单位：%）

代码	行业简称	2007年				2009年				2011年			
		均值	10	50	90	均值	10	50	90	均值	10	50	90
1	建筑业	4.36	0.53	4.11	11.00	3.96	0.52	3.99	10.39	3.91	0.59	4.47	10.96
2	批发业	4.23	1.21	4.36	9.97	4.45	1.20	4.48	9.99	4.50	1.33	4.58	9.89
3	零售业	5.63	1.22	4.52	10.00	5.27	1.33	4.67	10.00	5.12	1.36	4.58	9.56
4	运输仓储	5.28	1.17	4.97	10.89	5.81	1.18	4.80	10.57	5.70	1.10	4.64	9.88
5	住宿业	4.47	0.82	3.58	9.17	4.55	0.97	3.76	8.89	3.74	1.11	3.61	7.62
6	餐饮业	3.87	0.35	2.53	9.51	3.81	0.41	2.14	7.69	3.94	0.54	2.46	6.99
7	信息业	3.88	1.20	3.73	7.72	4.55	1.51	4.36	8.38	4.93	1.48	4.32	8.25
8	房地产业	3.86	0.76	3.29	8.39	3.75	0.87	3.41	8.49	1.77	0.84	3.13	7.94
9	商务服务	3.99	1.01	4.16	9.80	3.72	1.33	4.20	9.59	3.93	1.39	4.19	9.75
10	居民服务	3.19	1.13	3.87	9.25	4.33	1.17	4.34	9.55	4.36	1.34	4.33	8.82

注：均值为以企业缴费前工资福利总额为权重加权平均，10、50和90分别为10分位、50分位和90分位。

附表7-4　　　　　　服务业行业营业税率的分布　　　　　　（单位：%）

代码	行业简称	2007年				2009年				2011年			
		均值	10	50	90	均值	10	50	90	均值	10	50	90
1	建筑业	3.10	2.57	3.30	3.76	3.05	2.52	3.30	3.82	3.04	2.57	3.35	3.97
2	批发业	0.15	0.02	0.11	0.48	0.26	0.02	0.13	0.59	0.21	0.02	0.14	0.69
3	零售业	0.29	0.04	0.16	0.66	0.33	0.05	0.18	0.84	0.39	0.06	0.22	0.98
4	运输仓储	2.87	2.26	3.32	4.52	2.77	0.97	3.30	4.59	2.47	0.23	3.32	4.46
5	住宿业	5.52	5.01	5.54	6.37	5.50	5.00	5.54	6.49	3.70	2.89	5.58	6.23
6	餐饮业	5.36	5.00	5.51	6.13	5.31	5.00	5.51	6.11	5.64	5.45	5.60	6.19
7	信息业	2.95	0.32	2.41	5.24	2.56	0.32	2.48	5.50	2.76	0.36	2.49	5.60
8	房地产业	7.18	5.00	6.11	9.12	7.45	5.00	6.37	9.69	3.61	5.35	7.27	12.82
9	商务服务	3.06	0.72	5.50	7.01	3.31	0.92	5.47	7.01	2.69	0.91	5.55	6.35
10	居民服务	2.58	1.39	5.46	5.76	2.97	1.03	5.42	5.67	2.17	1.06	5.50	5.87

注：均值为以企业缴费前工资福利总额为权重加权平均，10、50和90分别为10分位、50分位和90分位。

参考文献

一 中文文献

陈诗一、陈登科，2017，《中国资源配置效率动态演化——纳入能源要素的新视角》，《中国社会科学》第4期。

陈小亮，2018，《中国减税降费政策的效果评估与定位研判》，《财经问题研究》第9期。

陈晓光，2013，《增值税有效税率差异与效率损失——兼议对"营改增"的启示》，《中国社会科学》第8期。

陈烨等，2010，《增值税转型对就业负面影响的CGE模拟分析》，《经济研究》第9期。

程俊杰，2015，《中国转型时期产业政策与产能过剩——基于制造业面板数据的实证研究》，《财经研究》第8期。

丁守海、陈秀兰、许珊，2014，《服务业能长期促进中国就业增长吗》，《财贸经济》第8期。

董敏杰、梁泳梅、张其仔，2015，《中国工业产能利用率：行业比较、地区差距及影响因素》，《经济研究》第1期。

范子英、彭飞，2017，《"营改增"的减税效应和分工效应：基于产业互联的视角》，《经济研究》第 2 期。

盖庆恩等，2015，《要素市场扭曲、垄断势力与全要素生产率》，《经济研究》第 5 期。

盖庆恩等，2017，《土地资源配置不当与劳动生产率》，《经济研究》第 5 期。

盖庆恩、朱喜、史清华，2013，《劳动力市场扭曲、结构转变和中国劳动生产率》，《经济研究》第 5 期。

耿强、江飞涛、傅坦，2011，《政策性补贴、产能过剩与中国的经济波动——引入产能利用率 RBC 模型的实证检验》，《中国工业经济》第 5 期。

龚关、胡关亮，2013，《中国制造业资源配置效率与全要素生产率》，《经济研究》第 4 期。

郭庆旺、罗宁，2002，《税务稽查、税收优惠与税收流失研究》，《财经论丛》（浙江财经学院学报）第 1 期。

国务院发展研究中心《进一步化解产能过剩的政策研究》课题组等，2015，《当前我国产能过剩的特征、风险及对策研究——基于实地调研及微观数据的分析》，《管理世界》第 4 期。

韩国高等，2011，《中国制造业产能过剩的测度、波动及成因研究》，《经济研究》第 12 期。

胡怡建，2011，《推进服务业增值税改革促进经济结构调整优化》，《税务研究》第 6 期。

胡永刚、刘方，2007，《劳动调整成本、流动性约束与中国经济波动》，《经济研究》第 10 期。

黄枫、吴纯杰，2013，《市场势力测度与影响因素分析——基于我国化学药品制造业研究》,《经济学》(季刊)第 2 期。

江飞涛等,2012,《地区竞争、体制扭曲与产能过剩的形成机理》,《中国工业经济》第 6 期。

江源,2006,《钢铁等行业产能利用评价》,《统计研究》第 12 期。

李明、李德刚、冯强,2018,《中国减税的经济效应评估——基于所得税分享改革"准自然试验"》,《经济研究》第 7 期。

李戎、张凯强、吕冰洋,2018,《减税的经济增长效应研究》,《经济评论》第 4 期。

李世刚、尹恒,2014,《寻租导致的人才误配置的社会成本有多大?》,《经济研究》第 7 期。

林毅夫、巫和懋、邢亦青,2010,《"潮涌现象"与产能过剩的形成机制》,《经济研究》第 10 期。

刘小玄、吴延兵,2009,《企业生产率增长及来源:创新还是需求拉动》,《经济研究》第 7 期。

鲁晓东、连玉君,2012,《中国工业企业全要素生产率估计:1999—2007》,《经济学》(季刊)第 3 期。

罗德明、李晔、史晋川,2012,《要素市场扭曲、资源错置与生产率》,《经济研究》第 3 期。

毛其淋、盛斌,2013,《中国制造业企业的进入退出与生产率动态演化》,《经济研究》第 4 期。

聂海峰、刘怡,2009,《增值税转型对投资和就业的影响——中部地区增值税转型效果评价》,"2009 中国公共经济学论坛暨公共经济与管理国际会议"会议论文。

聂辉华、方明月、李涛,2009,《增值税转型对企业行为和绩效的影响——以东北地区为例》,《管理世界》第 5 期。

聂辉华、贾瑞雪，2011，《中国制造业企业生产率与资源误置》，《世界经济》第7期。

聂辉华、江艇、杨汝岱，2012，《中国工业企业数据库的使用现状和潜在问题》，《世界经济》第5期。

申广军、陈斌开、杨汝岱，2016，《减税能否提振中国经济？——基于中国增值税改革的实证研究》，《经济研究》第11期。

沈利生，1999，《我国潜在经济增长率变动趋势估计》，《数量经济技术经济研究》第12期。

孙浦阳、蒋为、张龑，2013，《产品替代性与生产率分布——基于中国制造业企业数据的实证》，《经济研究》第4期。

孙巍、李何、王文成，2009，《产能利用与固定资产投资关系的面板数据协整研究——基于制造业28个行业样本》，《经济管理》第3期。

吴晓强、赵健江，2017，《论后营改增时期的增值税改革》，《税务研究》第2期。

谢千里等，2008，《中国工业生产率的增长与收敛》，《经济学》（季刊）第3期。

许伟、陈斌开，2016，《税收激励和企业投资——基于2004—2009年增值税转型的自然实验》，《管理世界》第5期。

杨灿明，2017，《减税降费：成效、问题与路径选择》，《财贸经济》第9期。

杨光、孙浦阳、龚刚，2015，《经济波动、成本约束与资源配置》，《经济研究》第2期。

杨汝岱，2015，《中国制造业企业全要素生产率研究》，《经济研究》第2期。

杨志勇，2016，《中国增值税改革中的三大问题》，《地方财政研究》第 9 期。

姚战琪，2009，《生产率增长与要素再配置效应：中国的经验研究》，《经济研究》第 11 期。

尹恒等，2015，《企业全要素生产率估计方法比较》，《世界经济文汇》第 4 期。

袁志刚、高虹，2015，《中国城市制造业就业对服务业就业的乘数效应》，《经济研究》第 7 期。

岳树民，2003，《改进增值税小规模纳税人征管制度的建议》，《经济研究参考》第 63 期。

张杰等，2009，《出口促进中国企业生产率提高吗？——来自中国本土制造业企业的经验证据》第 12 期。

张军等，2009，《结构改革与中国工业增长》，《经济研究》第 7 期。

钟春平、潘黎，2014，《"产能过剩"的误区——产能利用率及产能过剩的进展、争议及现实判断》，《经济学动态》第 3 期。

二　英文文献

Ackerberg, D. et al., 2015, "Identification Properties of Recent Production Function Estimators", *Econometrica*, Vol. 83.

Ai, C., X. Chen, 2003, "Efficient Estimation of Models with Conditional Moment Restrictions Containing Unknown Functions", *Econometrica*, Vol. 71, No. 26.

Ai, C., X. Chen, 2007, "Estimation of Possibly Misspecified Semiparameteric Conditional Moment Restriction Models with Different Conditioning Variables", *Journal of Econometrics*, Vol. 141.

Amiti, M. et al., 2017, "How did China's WTO Entry Benefit US Consumers?", Federal Reserve Bank of New York.

Arellano, M., S. R. Bond, 1991, "Some Tests of Specification for Panel Data: Monte Carlo Evidence and an Application to Employment Equations", *Review of Economic Studies*, Vol. 58.

Asker, J., A. Collard-Wexler, J. De Loecker, 2014, "Dynamic Inputs and Resource (mis) Allocation", *Journal of Political Economy*, Vol. 122, No. 5.

Atkinson, A. B., J. E. Stiglitz, 1976, "The Design of Tax Structure: Direct versus Indirect Taxation", *Journal of public Economics*, Vol. 6, No. 1 − 2.

Aw, B. et al., 2011, "R&D Investment, Exporting, and Productivity Dynamics", *American Economic Review*, Vol. 101.

Baltagi, B. H., J. M. Griffin, S. R. Vadali, 1998, "Excess Capacity: A Permanent Characteristic of US Airlines?", *Journal of Applied Econometrics*, Vol. 13, No. 6.

Bartelsman, E., J. Haltiwanger, S. Scarpetta, 2013, "Cross-Country Differences in Productivity: The Role of Allocation and Selection", *American Economic Review*, Vol. 103, No. 1.

Bartelsman, E. J., M. Doms, 2000, "Understanding Productivity: Lessons from Longitudinal Microdata", *Journal of Economic Literature*, Vol. 38.

Basu, S., M. S. Kimball, 1997, "Cyclical Productivity with Unobserved Input Variation", NBER Working Papers, No. 5915.

Bernard, A. B. et al., 2010, "Multiproduct Firms and Product Switching",

American Economic Review, Vol. 100.

Bernard, A. B. et al., 2011, "Multiproduct Firms and Trade Liberalization", The Quarterly Journal of Economics, Vol. 126, No. 3.

Berndt, E. R., C. J. Morrison, 1981, "Capacity Utilization Measures: Underlying Economic Theory and an Alternative Approach", The American Economic Review, Vol. 71, No. 2.

Berry, S., 1994, "Estimating Discrete Choice Models of Product Differentiation", The RAND Journal of Economics, Vol. 25, No. 2.

Berry, S. et al., 1995, "Automobile Prices in Market Equilibrium", Econometrica, Vol. 63, No. 4.

Besley, T., M. Ghatak, 2010, "Property Rights and Economic Development", Handbook of Development Economics, Elsevier.

Bhattacharya, D., N. Guner, G. Ventura, 2013, "Distortions, Endogenous Managerial Skills and Productivity Differences", Review of Economic Dynamics, Vol. 16, No. 1.

Blonigen, Bruce A., Justin R. Pierce, 2016, "Evidence for the Effects of Mergers on Market Power and Efficiency", Technical Report, National Bureau of Economic Research.

Bloom, N. et al., 2013, "Does Management Matter? Evidence from India", The Quarterly Journal of Economics, Vol. 128, No. 1.

Blundell, R., R. Ray, 1984, "Testing for Linear Engel Curves and Additively Separable Preferences Using a New Flexible Demand System", The Economic Journal, Vol. 94, No. 376.

Bond, S., J. V. Reenen, 2007, "Micro Econometric Models of Investment and Employment", Handbook of Econometrics, Vol. 6.

Brandt, L., 2012, "Creative Accounting or Creative Destruction? Firm-Level Productivity Growth in Chinese Manufacturing", *Journal of Development Economics*, Vol. 97, No. 2.

Brandt, L., T. Tombe, X. Zhu, 2013, "Factor Market Distortions across Time, Space and Sectors in China", *Review of Economic Dynamics*, Vol. 16, No. 1.

Brandt, L. et al., 2017, "WTO Accession and Performance of Chinese Manufacturing Firms", *American Economic Review*, Vol. 107.

Brandt, L. et al., 2019, "WTO Accession and Performance of Chinese Manufacturing Firms: Corrigendum", *American Economic Review*, Vol. 109, No. 4.

Brati, V., 2013, "Tax Reforms in EU Member States", *Newsletter: An Occasional Publication of the Institute of Public Finance*, Vol. 15, No. 72.

Browning, E. K., 1987, "On the Marginal Welfare Cost of Taxation", *The American Economic Review*, Vol. 77, No. 1.

Browning, M., C. Meghir, 1991, "The Effects of Male and Female Labor Supply on Commodity Demands", *Econometrica: Journal of the Econometric Society*, Vol. 59, No. 4.

Buera, F., J. P. Kaboski, Y. Shin, 2011, "Finance and Development: A Tale of Two Sectors", *American Economic Review*, Vol. 101, No. 5.

Cassels, J. M., 1937, "Excess Capacity and Monopolistic Competition", *The Quarterly Journal of Economics*, Vol. 51, No. 3.

Caves, D. W. et al., 1982, "The Economic Theory of Index Numbers and the Measurement of Input, Output, and Productivity", *Econometrica*, Vol. 50, No. 6.

Cette, G. et al., 2015, "Production Factor Returns: The Role of Factor Utilization", *Review of Economics and Statistics*, Vol. 97, No. 1.

Chamberlin, E., 1933, *The Theory of Monopolistic Competition*, Cambridge, MA: Harvard University Press.

Chen, Z. et al., 2023, "Tax Policy and Lumpy Investment Behavior: Evidence from China's Vat Reform", *Review of Economic Studies*, forthcoming.

Chetty, R., 2009, "Is the Taxable Income Elasticity Sufficient to Calculate Deadweight Loss? The Implications of Evasion and Avoidance", *American Economic Journal: Economic Policy*, Vol. 1, No. 2.

Collard-Wexler, A., J. De Loecker, 2015, "Reallocation and Technology: Evidence from the US Steel Industry", *American Economic Review*, Vol. 105, No. 1.

Comin, D., M. Gertler, 2006, "Medium-Term Business Cycles", *American Economic Review*, Vol. 96, No. 3.

Corrado, C., J. Mattey, 1997, "Capacity Utilization", *Journal of Economic Perspectives*, Vol. 11, No. 1.

Cowell, Frank A., 1995, *Measuring Inequality*, Hemel Hempstead: Prentice-Hall.

Cummins, J. G. et al., 1994, "A Reconsideration of Investment Behavior Using Tax Reforms as Natural Experiments", *Brookings Papers on Economic Activity*, Vol. 2.

Das, S. et al., 2007, "Entry Costs, Producer Heterogeneity, and Export Dynamics", *Econometrica*, Vol. 75, No. 3.

De Loecker, J., 2011, "Product Differentiation, Multi-product Firms and Estimating the Impact of Trade Liberalization on Productivity", *Econometrica*, Vol. 79, No. 5.

De Loecker, Jan, Frederic Warzynski, 2012, "Markups and Firm-Level Export Status", *American Economic Review*, Vol. 102, No. 6.

De Loecker, Jan, Jan Eeckhout, 2017, "The Rise of Market Power and the Macroeconomic Implications", CEPR Discussion Papers.

De Loecker, J. et al., 2016, "Prices, Markups and Trade Reform", *Econometrica*, Vol. 84.

Dhingra, S., J. Morrow, 2019, "Monopolistic Competition and Optimum Product Diversity under Firm Heterogeneity", *Journal of Political Economy*, Vol. 127, No. 21.

Dixit, A. K., J. E. Stiglitz, 1977, "Monopolistic Competition and Optimum Product Diversity", *The American Economic Review*, Vol. 67, No. 3.

Doraszelski, U., J. Jaumandreu, 2013, "R&D and Productivity: Estimating Endogenous Productivity", *Review of Economic Studies*, Vol. 80.

Doraszelski, U., J. Jaumandreu, 2018, "Measuring the Bias of Technological Change", *Journal of Political Economy*, Vol. 126.

Doraszelski, U., J. Jaumandreu, 2019, "Using Cost Minimization to Estimate Markups", SSRN.

Eckel, C., J. P. Neary, 2010, "Multi-Product Firms and Flexible Manufacturing in the Global Economy", *The Review of Economic Studies*, Vol. 77, No. 1.

Ellison, G., E. L. Glaeser, 1997, "Geographic Concentration in US Manufacturing Industries: A Dartboard Approach", *Journal of Political Economy*, Vol. 105, No. 5.

Fan, H., Y. A. Li, S. R. Yeaple, 2015, "Trade Liberalization, Quality, and Export Prices", *Review of Economics and Statistics*, Vol. 97, No. 5.

Feldstein, M., 1978, "The Welfare Cost of Capital Income Taxation", *Journal of Political Economy*, Vol. 86, No. 2.

Feldstein, M., 1999, "Tax Avoidance and the Deadweight Loss of the Income Tax", *Review of Economics and Statistics*, Vol. 81, No. 4.

Fieler, Ana Cecília et al., 2014, "Trade, Skills, and Quality Upgrading: A Theory with Evidence from Colombia", National Bureau of Economic Research.

Foster, Lucia S. et al., 2008, "Reallocation, Firm Turnover, and Efficiency: Selection on Productivity or Profitability", *American Economic Review*, Vol. 98, No. 1.

Gabler, A., M. Poschke, 2013, "Experimentation by Firms, Distortions, and Aggregate Productivity", *Review of Economic Dynamics*, Vol. 16, No. 1.

Gajanan, S., D. Malhotra, 2007, "Measures of Capacity Utilization and Its Determinants: A Study of Indian Manufacturing", *Applied Economics*, Vol. 39, No. 6.

Gandhi, A., S. Navarro, D. Rivers, 2013, "On the Identification of Production Functions: How Heterogeneous Is Productivity", University of Wisconsin-Madison.

Goldberg, P. K., 1995, "Product Differentiation and Oligopoly in International Markets: The Case of the U. S. Automobile Industry", *Econometrica*, Vol. 63.

Goldberg, P. K., R. Hellerstein, 2012, "A Structural Approach to Identifying the Sources of Local Currency Price Stability", *Review of Economic Studies*, Vol. 80, No. 1.

Goulder, L. H., R. C. Williams Ⅲ, 2003, "The Substantial Bias from Ignoring General Equilibrium Effects in Estimating Excess Burden, and a Practical Solution", *Journal of Political Economy*, Vol. 111, No. 4.

Greenwood, J., Z. Hercowitz, G. W. Huffman, 1988, "Investment, Capacity Utilization, and the Real Business Cycle", *The American Economic Review*, Vol. 78, No. 3.

Grieco, P., R. McDevitt, 2017, "Productivity and Quality in Health Care: Evidence from the Dyalisis Industry", *Review of Economic Studies*, Vol. 84.

Guner, N., G. Ventura, Y. Xu, 2008, "Macroeconomic Implications of Size-Dependent Policies", *Review of Economic Dynamics*, Vol. 11, No. 4.

Hall, Robert E., 1986, "Market Structure and Macroeconomic Fluctuations", *Brookings Papers on Economic Activity*, Vol. 2.

Hall, Robert E., 1988, "The Relation between Price and Marginal Cost in U. S. Industry", *Journal of Political Economy*, Vol. 96, No. 5.

Hall, Robert E., 1990, "Invariance Properties of Solow's Productivity Residual", in Peter Diamond, ed., *Growth/ Productivity/ Unemployment: Essays to Celebrate Bob Solow's Birthday*, Cambridge, MA: MIT Press.

Haltiwanger, J., R. Kulick, C. Syverson, 2018, "Misallocation Measures: The Distortion that Ate the Residual", National Bureau of Economic Research.

Harberger, A. C., 1964, "The Measurement of Waste", *The American*

Economic Review, Vol. 54, No. 3.

Harberger, A. C., 1971, "Three Basic Postulates for Applied Welfare Economics: An Interpretive Essay", *Journal of Economic Literature*, Vol. 9, No. 3.

Harberger, Arnold C., 1966, "Efficiency Effects of Taxes on Income from Capital", in Marian Krzyzaniak, ed., *Effects of Corporation Income Tax*, Detroit: Wayne State University Press.

Hausman, J. A., 1981, "Exact Consumer's Surplus and Deadweight Loss", *The American Economic Review*, Vol. 71, No. 4.

Hausman, J. A., W. K. Newey, 1995, "Nonparametric Estimation of Exact Consumers Surplus and Deadweight Loss", *Econometrica: Journal of the Econometric Society*, Vol. 63, No. 6.

Hickman, B. G., 1964, "On a New Method of Capacity Estimation", *Journal of the American Statistical Association*, Vol. 59, No. 306.

Hsieh, C. T., P. J. Klenow, 2009, "Misallocation and Manufacturing TFP in China and India", *The Quarterly Journal of Economics*, Vol. 124, No. 4.

Hsieh, C. T., P. J. Klenow, 2014, "The Life Cycle of Plants in India and Mexico", *The Quarterly Journal of Economics*, Vol. 129, No. 3.

IMF, 2014, "Fiscal Policy and Income Inequality", IMF Policy Paper 23, Washington, D. C..

Jaumandreu, J., H. Yin, 2017, "Cost and Product Advantages: A firm-level Model for the Chinese Exports and Industry Growth", CEPR Discussion Paper.

Jaumandreu, J., H. Yin, 2018, "Comparing Productivity When Products

Differ in Quality: China Manufacturing Growth 1998 – 2013", Working Paper, Boston University and Renmin University of China.

Johnson, R. C., 2012, "Trade and Prices with Heterogeneous Firms", *Journal of International Economics*, Vol. 86, No. 1.

Jorgenson, D. W., Z. Griliches, 1967, "The Explanation of Productivity Change", *Review of Economic Studies*, Vol. 34, No. 3.

Karabarbounis, L., B. Neiman, 2018, "Accounting for Factorless Income", Discussion paper, National Bureau of Economic Research.

Keen, M., 2013, "The Anatomy of the VAT", *National Tax Journal*, Vol. 66, No. 2.

Khandelwal, A., 2010, "The Long and Short (of) Quality Ladders", *The Review of Economic Studies*, Vol. 77, No. 4.

Klein, L. R., 1960, "Some Theoretical Issues in the Measurement of Capacity", *Econometrica: Journal of the Econometric Society*, Vol. 28, No. 2.

Klette, T. J., Zvi Griliches, 1996, "The Inconsistency of Common Scale Estimators when Output Prices Are Unobserved and Endogenous", *Journal of Applied Econometrics*, Vol. 11, No. 4.

Lee, J. K., 1995, "Comparative Performance of Short-Run Capacity Utilization Measures", *Economics Letters*, Vol. 48, No. 3 – 4.

Lerner, A. P., 1934, "The Concept of Monopoly and the Measurement of Monopoly Power", *The Review of Economic Studies*, Vol. 1, No. 3.

Levinsohn, J., A. Petrin, 2003, "Estimating Production Functions Using Inputs to Control for Unobservables", *Review of Economic Studies*, Vol. 70, No. 2.

Levinsohn, J., M. Melitz, 2006, "Productivity in a Differentiated Products Market Equilibrium", mimeo, Princeton Vniversity.

Liu, Q., Y. Lu, 2015, "Firm Investment and Exporting: Evidence from China's Value-Added Tax Reform", *Journal of International Economics*, Vol. 97, No. 2.

Liu, Y., J. Mao, 2019, "How do Tax Incentives Affect Investment and Productivity? Firm-Level Evidence from China", *American Economic Journal: Economic Policy*, Vol. 11, No. 3.

Lu, Y., L. Yu, 2015, "Trade Liberalization and Markup Dispersion: Evidence from China's WTO Accession", *American Economic Journal: Applied Economics*, Vol. 7, No. 4.

Lu, Y., L. Yu, 2015, "Trade Liberalization and Markup Dispersion: Evidence from China's WTO Accession", *American Economic Journal: Applied Economics*, Vol. 3.

Mairesse, J., J. Jaumandreu, 2005, "Panel-data Estimates of the Production Function and the Revenue Function: What Difference Does It Make", *Scandinavian Journal of Economics*, Vol. 107, No. 4.

Marschak, J., William H. Andrews, 1944, "Random Simultaneous Equations and the Theory of Production", *Econometrica*, Vol. 12, No. 3–4.

Mayer, T. et al., 2014, "Market size, Competition, and the Product Mix of Exporters", *American Economic Review*, Vol. 104, No. 2.

Melitz, M., 2000, "Estimating Firm-Level Productivity in Differentiated Product Industries", mimeo, Harvard University.

Melitz, M., 2003, "The Impact of Trade on Intra-Industry Reallocations and Aggregate Industry Productivity", *Econometrica*, Vol. 71, No. 6.

Melitz, M., S. Polanec, 2015, "Dynamic Olley-Pakes Productivity Decomposition with Entry and Exit", *RAND Journal of Economics*, Vol. 46, No. 2.

Midrigan, V., D. Y. Xu, 2014, "Finance and Misallocation: Evidence from Plant-Level Data", *American Economic Review*, Vol. 104, No. 2.

Mirrlees, J. A., 1971, "An Exploration in the Theory of Optimum Income Taxation", *The Review of Economic Studies*, Vol. 38, No. 2.

Mirrlees, J. A., 1976, "Optimal Tax Theory: A Synthesis", *Journal of Public Economics*, Vol. 6, No. 4.

Mirrlees, J. et al., 2011, *Tax by Design: The Mirrlees Review*, Oxford University Press.

Morrison, C. J., 1985, "On the Economic Interpretation and Measurement of Optimal Capacity Utilization with Anticipatory Expectations", *The Review of Economic Studies*, Vol. 52, No. 2.

Nelson, R. A., 1989, "On the Measurement of Capacity Utilization", *The Journal of Industrial Economics*, Vol. 3.

Nevo, A., 2001, "Measuring Market Power in the Ready-to-eat Cereal Industry", *Econometrica*, Vol. 69.

Nygard, odd E., John T. Revesz, 2016, "A Literature Review on Optimal Indirect Taxation and the Uniformity Debate", *Review of Public Economics*, Vol. 218, No. 3.

Oates, W. E., R. M. Schwab, 2015, "The Window Tax: A Case Study in Excess Burden", *Journal of Economic Perspectives*, Vol. 29, No. 1.

Olley, G. S., A. Pakes, 1996, "The Dynamics of Productivity in the Telecommunications Equipment Industry", *Econometrica*, Vol. 64, No. 6.

Opp, M. M., C. A. Parlour, J. Walden, 2014, "Markup Cycles, Dynamic

Misallocation, and Amplification", *Journal of Economic Theory*, Vol. 154.

Perkins, Dwight H., Thomas G. Rawski, 2008, "Forecasting China's Economic Growth to 2025", in Loren Brandt, Thomas G. Rawski, eds. *China's Great Economic Transformation*, Cambridge University Press.

Piketty, T., E. Saez, 2013, "Optimal Labour Income Taxation", *Handbook of Public Economics*, Vol. 5.

Raval, D., 2019, "Examining the Sensitivity of the Production Approach to Markup Estimation", Federal Trade Commission, Mimeo.

Restuccia, D., R. Rogerson, 2008, "Policy Distortions and Aggregate Productivity with Heterogeneous Plants", *Review of Economic Dynamics*, Vol. 11, No. 4.

Restuccia, D., R. Rogerson, 2017, "The Causes and Costs of Misallocation", *Journal of Economic Perspectives*, Vol. 31, No. 3.

Robinson, Joan, 1934, *The Economics of Imperfect Competition*, London: Macmillan.

Romer, C. D., D. H. Romer, 2010, "The Macroeconomic Effects of Tax Changes: Estimates Based on a New Measure of Fiscal Shocks", *American Economic Review*, Vol. 100, No. 3.

Rosen, H. S., 1978, "The Measurement of Excess Burden with Explicit Utility Functions", *Journal of Political Economy*, Vol. 86, No. 2.

Saez, E., 2002, "The Desirability of Commodity Taxation under Non-Linear Income Taxation and Heterogeneous Tastes", *Journal of Public Economics*, Vol. 83, No. 2.

Schmalensee, R., 1989, "Inter-industry Studies of Structure and Performance", in R. Schmalensee, E. W. Robert, eds. *Handbook of In-*

dustrial Organization, North-Holland, Amsterdam.

Schott, P. K., 2004, "Across-Product versus within-product Specialization in International Trade", *The Quarterly Journal of Economics*, Vol. 119, No. 2.

Solow, R. M., 1957, "Technical Change and the Aggregate Production Function", *Review of Economics and Statistics*, Vol. 39, No. 3.

Syverson, Chad, 2011, "What Determines Productivity", *Journal of Economic Literature*, Vol. 49, No. 2.

Tinbergen, J., 1942, "Zur Theorie der Langfristigen Wirtschaftsentwicklung", *Weltwirtschaftliches Archiv*, Vol. 55.

Traina, James, 2018, "Is Aggregate Market Power Increasing? Production Trends Using Financial Statements", New Working Paper Series, No. 17, Stigler Center for the Study of the Economy and the State, University of Chicago Booth School of Business.

Van Biesebroeck, J., 2007, "Robustness of Productivity Estimates", *Journal of Industrial Economics*, Vol. 55, No. 3.

Weyl, E. G., M. Fabinger, 2013, "Pass-Through as an Economic Tool: Principles of Incidence under Imperfect Competition", *Journal of Political Economy*, Vol. 121, No. 3.

Wooldridge, J., 2009, "On Estimating Firm-level Production Functions Using Proxy Variables to Control for Unobservables", *Economics Letters*, Vol. 104, No. 3.

Zee, H., 2006, "VAT Treatment of Financial Services: A Primer on Conceptual Issues and Country Practices", *Intertax*, Vol. 34, No. 10.